備蓄品・持ち出し品チェックリスト

身を守るため、安全に避難生活を送るために、下記のものを備えておきましょう。
特筆のないものは1人分の量です（1家庭は4人家族の場合）。
持ち出し袋は1人1つ用意します。

自宅用備蓄 ▶P169、188〜

ローリングストックで備蓄

- □ 非常食（レトルト食品、フリーズドライ、缶詰など食べ慣れたもの。1週間分）
- □ 飲料水（1日2L×7本）
- □ 口腔ケア用ウェットシート（100枚入りを1〜2ボトル）
- □ 乾電池（各機器3回交換分）
- □ 生理用品（＋1カ月分）
- □ ラップ、アルミホイル（各2本）
- □ 布ガムテープ（1〜2個）
- □ ゴミ袋（45L。25枚）
- □ ポリ袋（中サイズ。25枚）
- □ マスク（30枚入りを＋1箱）
- □ 除菌グッズ（＋1個）
- □ トイレットペーパー（＋1パック）
- □ ティッシュペーパー（＋1パック）

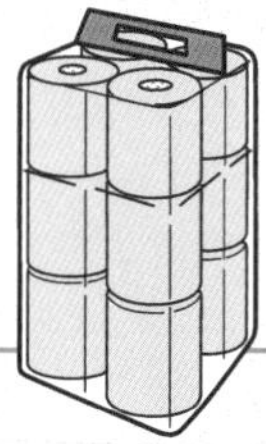

- □ 非常用トイレ（14〜17枚。1週間分）
- □ ラジオ
- □ 体ふき用ウェットシート（30枚入りを1パック
- □ LEDランタン（1家庭3台）
- □ ヘッドライト（1人1個）

<伝言を取り次いでもらう>

取り次いでくれる人（遠方の親戚や知人）の連絡先

名前：
電話番号：
携帯電話番号：
メールアドレス：

災害用伝言サービスはどの電話番号をキーにするのか。連絡を取り次いでくれる人は誰なのか。家族で確認しましょう。

安否確認をしたい人の連絡先

名前：
電話番号：
携帯電話番号：
メール：
職場の連絡先：

名前：
電話番号：
携帯電話番号：
メール：
職場の連絡先：

名前：
電話番号：
携帯電話番号：
メール：
職場の連絡先：

名前：
電話番号：
携帯電話番号：
メール：
職場の連絡先：

名前：
電話番号：
携帯電話番号：
メール：
職場の連絡先：

名前：
電話番号：
携帯電話番号：
メール：
職場の連絡先：

緊急時の連絡方法 ▶P216～

<災害用伝言ダイヤル171>

録音する場合

❶「171」にダイヤルする

❷「1」をプッシュする

❸被災地にいる場合は自宅の電話番号、被災地以外にいる場合は連絡をとりたい人の電話番号をプッシュした後、録音する

再生する場合

❶「171」にダイヤルする

❷「2」をプッシュする

❸被災地にいる場合は自宅または連絡をとりたい人の電話番号、被災地以外にいる場合は連絡をとりたい人の電話番号をプッシュした後、伝言内容を確認する

<災害用伝言板（web171）>

❶「web171」のサイトにアクセスする

❷自宅や連絡をとりたい人の電話番号を入力する（被災地内）

❸メッセージを書き込み登録、または確認する

伝言を録音・登録する電話番号 

・

・

※各キャリアが提供する「災害用伝言板」は被災地からのみ伝言の登録が可能。通信会社の公式サイトや専用アプリからアクセスする。

- □ 救急セット
- □ レインコート
- □ クーラーボックス（1家庭1～2台）
- □ 保冷剤（氷点下タイプ。1家庭1～2個）
- □ カセットコンロ（1家庭1台）
- □ カセットボンベ（ローリングストックできるとよい。1家庭15～20本）
- □ モバイルバッテリー（電池交換式）
- □ 新聞紙（朝・夕刊2日分）
- □ 革手袋
- □ 穴あき（通気孔つき）ヘルメット

常時携帯ポーチ ▶P140～

- □ ヘッドライト（1個）
- □ 自立式携帯トイレ（1枚）
- □ 携帯ラジオ（1個）
- □ ポリ袋（レジ袋）・輪ゴム（各1個）
- □ 口腔ケア用ウェットシート（10～20枚入りを1パック）
- □ エマージェンシーブランケット（1枚）
- □ 非常食（シリアルバーなどを3本）
- □ モバイルバッテリー（充電式。1個）
- □ 大判ハンカチ（手ふき用とは別のものを1枚）
- □ マスク（3～4枚）
- □ 飲料水（無理のない重さ）
- □ 乾電池（ラジオの替え）
- □ ホイッスル（1個）
- □ メモ帳・ペン（油性）
- □ コンタクトレンズの予備
- □ 現金
- □ 身分証明書

非常時持ち出し袋 ▶P190～

- □ 飲料水（2L～。持てるだけ）
- □ 非常食（缶詰やシリアルバー、アルファ米など、すぐに食べられるもの。3食分）
- □ 口腔ケア用ウェットシート（20～30枚入りを1～2パック）
- □ エアベッド（エアマット）（1個）
- □ LEDランタン（コンパクトタイプ。1個）
- □ 固形石けん（1個）
- □ 体温計（1個）
- □ スリッパ（1足）
- □ クッションマット（キャンプ用のものなど。1個）
- □ 体ふき用ウェットシート（30枚入りを1パック）
- □ 非常用トイレ（タブレットタイプのコンパクトなもの。5～6枚）
- □ 現金（1000円札と小銭で2万円程度）
- □ 下着・靴下（2～3日分）
- □ 新聞紙（朝刊1日分）
- □ 箸・フォーク・スプーン（1セット）
- □ ゴミ袋・ポリ袋（各5～6枚）
- □ 革手袋（1組）
- □ 印鑑、身分証明書・通帳のコピー
- □ お薬手帳
- □ 救急セット
- □ 除菌グッズ
- □ 耳栓・アイマスク
- □ ラップ（1本）
- □ マスク（多めに）
- □ 長袖・長ズボン（1着）
- □ レジャーシート
- □ 使い捨てカイロ
- □ タオル
- □ 油性マジック
- □ トイレットペーパー

避難時に左記の「常時携帯ポーチ」を加えて持ち出します。

連絡先・避難先確認リスト

いざというときに避難する場所や、家族とはぐれたときの待ち合わせ場所、
連絡の取り方を確認しておきましょう。

避難先・避難方法：地震 ▶P218〜

一時(いっとき)集合場所

●

自宅から徒歩（　　　）分

避難所

●

自宅から徒歩（　　　）分

避難場所

●

自宅から徒歩（　　　）分

はぐれたときの集合場所

●

集合場所が危険なとき

●

避難先・避難方法：風水害 ▶P238〜

自宅の浸水深

●（　　　　）川が
氾濫した場合：（　　　）m

●（　　　　）川が
氾濫した場合：（　　　）m

<浸水深の目安>
約50cm：床下浸水
約1m：床上浸水
約2m：1階の軒下ほど
約5m：2階の軒下ほど

避難のタイミング

警戒レベル　　　が
発令されたら

避難場所

●

所要時間：徒歩（　　　）分

避難した場所が危険なとき

●

新しい防災のきほん事典

監修
永田宏和（NPO法人プラス・アーツ）
石井美恵子

朝日新聞出版

はじめに

災害大国といわれる日本は、
これまでに何度も大きな災害に見舞われてきました。
そしてそれは、これからも変わりません。
どれだけ技術が進歩しても、災害そのものを防ぐことは難しいでしょう。

だからといって、悲観することはありません。
災害をなくすことはできなくても、
それに伴う被害を抑えることは可能です。

近い将来、必ず起こる大地震。毎年のように襲う豪雨や台風。
来るとわかっている災害に対して、
「十分な備えができている」と言える人は、
あまり多くないのではないでしょうか。

災害は、誰の身にも降りかかります。
自分だけは大丈夫、なんてことはありません。
「起こらないでほしいな」と思いながら漠然と過ごすのと、
できる限りの備えをしておくのとでは、
いざというときに大きな差が生まれます。

「防災」とは特別なものではなく、ちょっとした意識と行動で、
日々の暮らしのなかに当たり前に取り入れることができるものばかりです。

あなたと、あなたの大切な人たちを守るために。
本書を参考に、今この瞬間から、備えを始めてください。

目次

第6章
使える！ 防災テクニック

第7章
災害時の応急処置と健康管理

第8章
被災後の生活

第1章

防災の基本

最初から「完璧に備えよう!」と思うと、
すべてが中途半端に終わってしまう可能性があります。
ここでは、必ず押さえておきたい防災の基本を紹介します。

STEP 1

災害時に何が起こるか知っておく

「何をどう備えればいいのかわからない」という人にとってまず大切なのは、
災害時に何が起こるのかを知ることです。
起こることがわかっていれば、必要な備えも見えてきます。

発災時は何もできないのが普通

地震が起きたらあれをして、これをして……と冷静に考えることができるのは平時だけ。いざ大きな揺れに襲われたら、頭の中は真っ白になります。床にはいつくばっても、安全な場所まで移動することすらできないかもしれません。だからこそ、事前の備えが大切になります。これは、ほかの災害でも同様です。

何も考えられなくなり、その場で揺れに耐えるのが精一杯の可能性が大きい。家具やインテリアが襲ってきても避けられないかもしれない。

「正常性バイアス」が避難を遅らせる

周囲が異常な状態になっていたとしても「自分は大丈夫だろう」、「きっと、たいしたことはない」と、状況を過小評価してしまうことがあります。これは「正常性バイアス」という、自らの心を落ち着けようとする心理作用がはたらくためです。そうなってしまうと、危険が迫っていても迅速な避難行動をとれず、逃げ遅れに繋がります。「非常時はこういう心理状況になるのだ」ということを理解し、いざというときに緊張感を持って行動することが大切です。

逃げない・避難しない人の心理

今まで大丈夫だったから

今回も大丈夫という保証はない

ひとつとして同じ災害はありません。時と場合によって被害状況は変わります。

みんな逃げていないから

何かあったとき、周りのせいにしても遅い

周りに合わせているうちに逃げ遅れたとしても、時を戻せるわけではありません。自分の身は自分で守りましょう。

避難して何もなかったら無駄

「何もなくてよかったね」と笑いたい

結果的に被害が出ず、避難の必要がなかったとしても、それは結果論です。何かあってからでは、すべてが遅いのです。

真っ先に逃げるなんて恥ずかしい

見栄を張ったまま犠牲になるのか？

「自分だけ怖がって逃げたら笑われる」と思うかもしれません。しかし非常時の「冷静な行動」とは、正しく避難行動をとることです。

時系列でイメージする

災害への備えというと、発災直後か、2～3日後くらいまでで考えが止まってしまいがちです。しかし、いざ大きな災害が発生すると、その影響は数週間～数カ月続きます。時系列でシミュレーションしてみると、現実的に必要な備えがわかります。

〈冬、午前9時に震度6強の地震が発生した場合〉

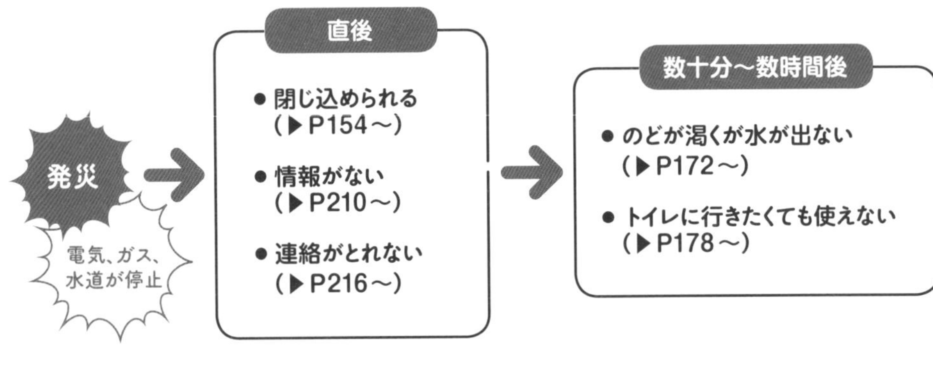

●ライフライン復旧の目安※

～半日後

- おなかが空くが食料がない
（▶P166～）
- 電気がつかないので暗い
（▶P174）
- スマートフォンの
充電が切れる
（▶P176）
- 寒い
（▶P176、327）
- 歯が磨けない
（▶P185）

翌日以降

- 栄養の偏りによる体調不良
（▶P167～）
- 冷蔵庫の中のものが腐る
（▶P175）
- ストレス
（▶P330～）
- 衛生環境の悪化による体調不良
（▶P183～、328～）

**ガス
30日目**

食料品の不足

南海トラフ地震
（予想）

1週間で
9600万食

首都直下地震
（予想）

1週間で
3400万食

※東日本大震災における日数。電気、上水道、ガス（都市ガス）は90～95%、下水道は90%が復旧するまでにかかった日数。携帯電話は4月末までに一部エリアを除いたほとんどの地域が復旧している。

出典：内閣府「南海トラフ巨大地震の被害想定について（第二次報告）」、総務省「大規模災害等緊急事態における通信確保の在り方について」、内閣府「首都直下地震の被害想定と対策について（最終報告）」

STEP2

自分の周りのリスクを考えてみる

それぞれが置かれている立場、環境、周囲の状況によって、災害時のリスクは変わります。
日常生活の中に潜むリスクを知ることで、
必要な対策やいざというときの行動のヒントになります。

土地のリスクを知っておく

災害に強い土地、弱い土地があります。自宅や職場など、日常生活の中でよく過ごす場所にはどんな災害の危険があるのか。これを知っておくことが、防災の基本です。

土地ごとの危険度は、「ハザードマップ」で確認できます。
ハザードマップとは、自然災害が発生したときの被害の範囲を予想し、地図上に表示したもの。災害のリスクが高い地域では、対策や避難が必要になります。

ハザードマップで危険とされていない場所でも被害が発生することがあるので、慢心せず避難行動をとることが大切です。

●ハザードマップポータルサイト

ハザードマップポータルサイト
～身のまわりの災害リスクを調べる～
使い方　利用規約　問い合わせ　関連情報

重ねるハザードマップ
～災害リスク情報などを地図に重ねて表示～
洪水・土砂災害・津波のリスク情報、道路防災情報、土地の特徴・成り立ちなどを地図や写真に自由に重ねて表示できます。
地図を見る
場所を入力
表示する情報を選ぶ
洪水(想定最大規模)　土砂災害　津波　道路防災情報
過去の代表的な災害事例をみる

わがまちハザードマップ
～地域のハザードマップを入手する～
各市町村が作成したハザードマップへリンクします。地域ごとの様々な種類のハザードマップを閲覧できます。
地図で選ぶ
まちを選ぶ
都道府県　市区町村

出典：ハザードマップポータルサイト

国土交通省の「ハザードマップポータルサイト」では、市区町村ごとの「わがまちハザードマップ」と、住所から検索できる「重ねるハザードマップ」が閲覧できる。ハザードマップは各自治体のホームページからも閲覧でき、庁舎などで配布していることもある。

シチュエーション別に考える

災害が発生したときのシチュエーションによっても、直面する危険は異なります。下の例を参考に、屋内と屋外に分けてリスクを書き出してみましょう。

屋内

- □地震で、家具が倒れてくる（▶P154、158～）
- □地震や強風で、ガラスが割れて怪我をする（▶P156）
- □地震で、暖房器具の上に燃えやすいものが落ちて火災が起きる（▶P164）
- □地震で、固定していないインテリアが飛んでくる（▶P158～）
- □台風や地震で、停電が起き、熱中症になる（▶P176）

確認しよう

考えられるリスク

屋外

- □地震で、古いブロック塀が崩れてくる（▶P146、231）
- □地震や強風で、老朽化した看板が落ちてくる（▶P146、226）
- □地震で、ビルからガラスが降ってくる（▶P146、226）
- □地震や洪水、停電などで、電車やエレベーターに閉じ込められる（▶P227、228）

確認しよう

考えられるリスク

STEP2

住宅のタイプごとに考える

自宅が戸建て住宅なのか、マンションやアパートなのかによってリスクが変わります。また、建物の何階にいるのかということや、住宅の構造や工法なども考慮する必要があります。

戸建て住宅

- □地震で、家屋倒壊の危険がある（▶P150～）
- □火災発生時、木造住宅密集地では延焼の危険性が高い（▶P100～、164～）
- □豪雨や洪水で、浸水・水没する（▶P52～）
- □台風・強風で、屋根が飛ばされる（▶P50～、151）
- □災害発生後に、詐欺や窃盗などの被害にあいやすい（▶P265）

確認しよう

考えられるリスク

マンション・アパート

- □地震などでエレベーターが停止すると、高層階ほど生活物資の確保が困難（▶P186～）
- □水害で1階が水没すると、身動きがとれなくなる（▶P186～）
- □地震発生時、高層階ほど揺れが大きく・長くなりやすい（▶P187）
- □火災のときなど、避難が遅れる可能性がある（▶P103～）
- □共用部分の損壊を、迅速に修理をしてもらえないことがある（▶P356）

確認しよう

考えられるリスク

ライフスタイルごとに考える

家にいるときに被災するとは限りません。自分や家族の日常の行動パターンを思い返し、リスクと必要な備えを考えましょう。

昼間は家にいないことが多い

- □備蓄品や非常用のグッズが家にあっても持ち出せない（▶P140～）
- □職場で被災して帰宅できなくなる（▶P192～）
- □家族と会えなくなる（▶P216～）
- □隣近所の人との関係性が薄く、いざというときに助け合うことが難しい（▶P221）
- □帰宅するまで、自宅が被災しているかどうかわからない

確認しよう

考えられるリスク

子どもが学校や保育園、幼稚園に通っている

- □お迎えに行けない（▶P207）
- □子どもが通う施設が安全かどうかわからない（▶P207）
- □園と連絡がとれない（▶P207）
- □子どもと行き違いになる可能性がある（▶P207、208）
- □子どもが1人になってしまう可能性がある（▶P208）

確認しよう

考えられるリスク

STEP2

個人の状態や家族形態ごとに考える

自身の健康状態や、家族構成を考慮した備えが必要です。非常時には、個人の要望に沿った支援はなかなか受けられません。自分にとって必要なものは何かを考えてみましょう。

女性

- □生理用品、下着など女性用の物資の確保が難しい（▶P184）
- □避難所に着替え場所がない（▶P261）
- □スキンケアができずに肌が荒れる（▶P184）
- □避難所での見知らぬ人たちとの共同生活に不安がある（▶P264）
- □通常時よりも性被害やDVにあいやすい（▶P264）

確認しよう

考えられるリスク

乳幼児がいる

- □避難に時間がかかる（▶P202）
- □ミルクやおむつ、おしりふきなどの物資が足りなくなる（▶P200～）
- □子どもが食べられる非常食が少ない（▶P200）
- □子どもが犯罪被害にあう可能性がある（▶P265）
- □不安感や疲労から、情緒不安定になったり、体調を崩したりする（▶P333～）

確認しよう

考えられるリスク

また、高齢者、障がい者、難病患者、乳幼児、妊産婦、外国人などは「災害時要配慮者」とされ、自治体ごとに支援体制や避難マニュアルが設けられています。あらかじめ調べておきましょう。

妊婦

- □衛生環境の悪化による影響を受けやすい（▶P183～）
- □おなかで足元が見えづらく、避難の際に転倒の危険がある（▶P203）
- □病院や保健センターが被災した場合、カルテなどの情報を損失する（▶P203）
- □分娩準備品や出産後のおむつ、おしりふきなどの物資がない（▶P203）
- □健診が受けられない（▶P203）
- □強いストレスを受け、早産しやすい

確認しよう
考えられるリスク

高齢者、障がいや持病がある

- □衛生環境の悪化による影響を受けやすい（▶P183～、196～）
- □環境の悪い避難所での生活がつらい（▶P196～）
- □薬が手に入らない（▶P196～）
- □避難所のトイレが使いづらい（▶P196～、303）
- □避難に時間がかかる（▶P198）
- □車椅子で通行できない（▶P198）

確認しよう
考えられるリスク

在宅介護をしている

- □在宅での生活が続けられなくなる（▶P197）
- □停電によって電子医療機器が停止する（▶P197）
- □ヘルパーさんと連絡がとれなくなる（▶P197）
- □薬が手に入らない（▶P197）
- □介護食の支給が少ない（▶P197）
- □迅速な避難ができない（▶P198）

確認しよう

考えられるリスク

一人暮らし・引越ししたて

- □近所づきあいがない場合、緊急時の援助が望めない（▶P221）
- □土地勘がないので迅速な避難ができない（▶P146～）
- □遠方の家族と連絡がとれない（▶P216～）
- □避難所で寂しい思いをする（▶P221）
- □賃貸契約で禁止されている場所に置いていたものによって建物が損傷し、修繕費を要求される

確認しよう

考えられるリスク

ペットを飼っている

- □ペットを連れて逃げると、時間がかかる（▶P204～）
- □ペット同伴で避難所へ行ってよいかわからない（▶P204、270～）
- □外出時に被災したら、ペットと離れ離れになる（▶P206）
- □ペットフードやトイレ用品、薬などがなくなる（▶P205）
- □熱帯魚などの水槽の水があふれて電源コードにかかると火災の危険がある（▶P101）

確認しよう

考えられるリスク

そのほか

ここまで考えてきたもの以外にも、自分の生活の中に潜むリスクを書き出してみましょう。災害への備えは、1人ひとり異なります。

確認しよう

考えられるリスク

STEP3

必要な備えを考える

防災の基本として、必ず考えておきたい「備え」を紹介します。
重要度の高いものなので、漏らさずに実践しましょう。

災害への備えは「いつもの暮らしの延長」として考える

災害は、いつどこで襲ってくるかわかりません。万が一のために特別な備えをしても、効果を発揮できないかもしれません。だからこそ、日常の暮らしの中に防災を取り入れましょう。普段から備えができている状態で生活をすることが大切です。

いつでも安全な空間で過ごす

▶P154～

家の中は、**いつ大きな揺れが起こっても家具が倒れたり、ものが飛んでこない状態にします**。いざというときに、避ける余裕はありません。

非常時に役立つものを携帯する

▶P140～

非常時に**最低限必要なものは、いつも持ち歩くポーチなどに入れて携帯する**ようにします。カバンを替えても忘れずに入れ替えましょう。

（持ち歩きたいものの一覧はP142参照）

命を守るための備えをする

避難後の生活を考えるより先に、発災時に命を落とさないようにする備えが急務です。家具や自宅を凶器にしないための対策や、無事に安全な場所へ避難するための準備をしましょう。

家具の配置を見直す ▶P155～

タンスや本棚、食器棚などの大きく重い家具は、倒れてくるととても危険です。出入り口がふさがれると、避難の遅れに繋がります。**固定して倒れないようにすることが前提ですが、もし倒れてしまったとしても危険が少ない配置にしましょう。**

棚

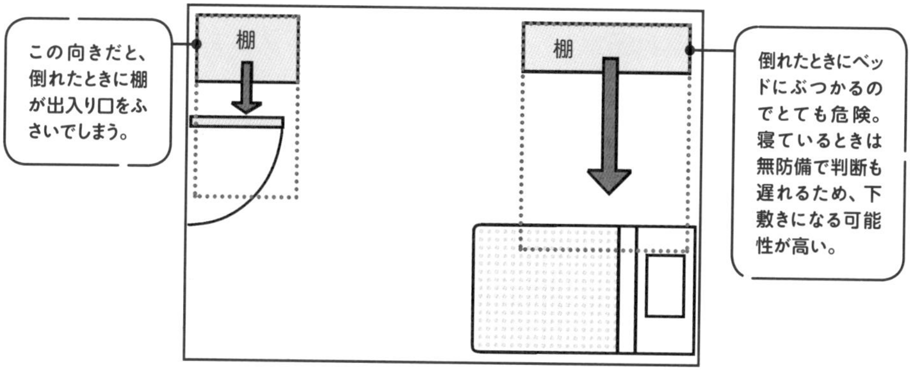

この向きだと、倒れたときに棚が出入り口をふさいでしまう。

棚

倒れたときにベッドにぶつかるのでとても危険。寝ているときは無防備で判断も遅れるため、下敷きになる可能性が高い。

OK

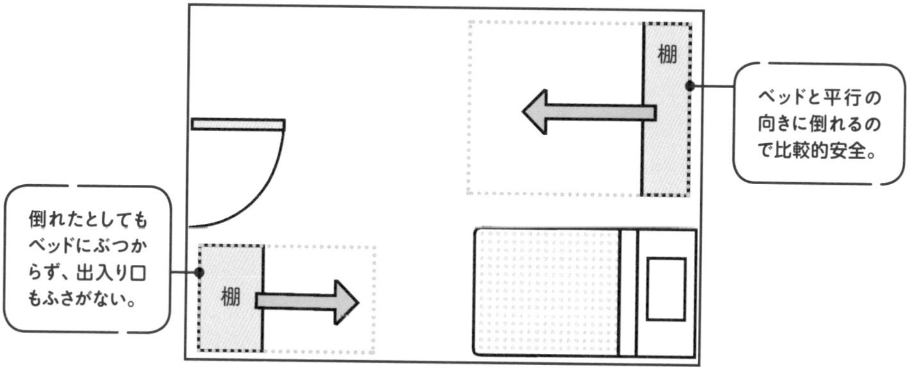

棚

ベッドと平行の向きに倒れるので比較的安全。

棚

倒れたとしてもベッドにぶつからず、出入り口もふさがない。

家具を固定し、移動や飛び出しを防ぐ ▶P158～

これは動かないだろう、というような**重い家具も、大きな地震の際には倒れる**可能性があります。**扉が開いて中のものが飛び出してくる**可能性もあるので、危険がないかよく確認してみましょう。

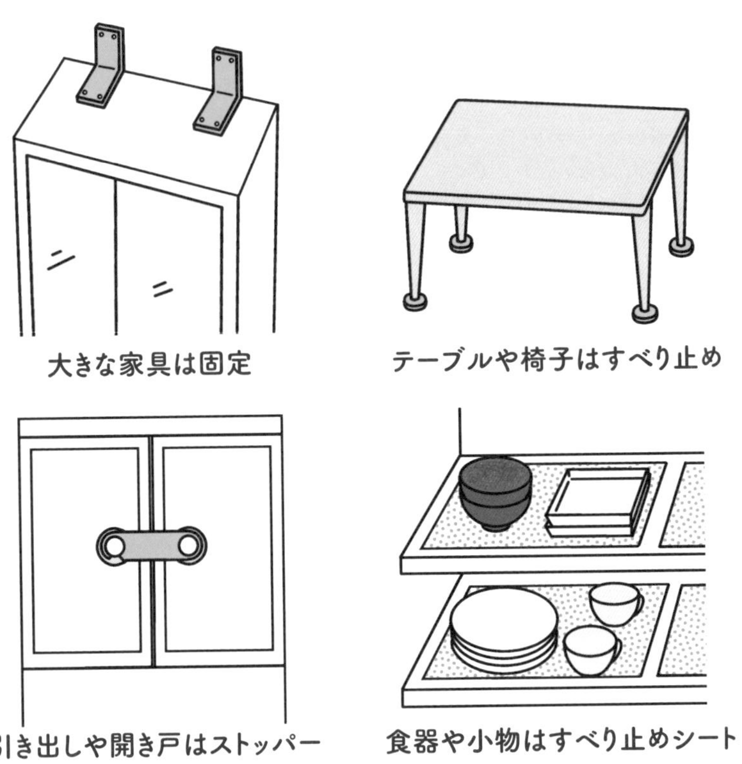

大きな家具は固定

テーブルや椅子はすべり止め

引き出しや開き戸はストッパー

食器や小物はすべり止めシート

ガラスの飛び散りを防ぐ ▶P156～

ガラスは割れて飛び散ると怪我の危険があります。割れたときの勢いのまま体に突き刺さってしまった場合、命を落とすこともあります。「ガラスは割れるもの」と認識し、**割れたときに飛び散らない対策**が必要です。**窓ガラスや食器棚のガラスなどに、飛散防止フィルムを貼りましょう**。カーテンを閉めておくことでも一定の効果を期待できます。

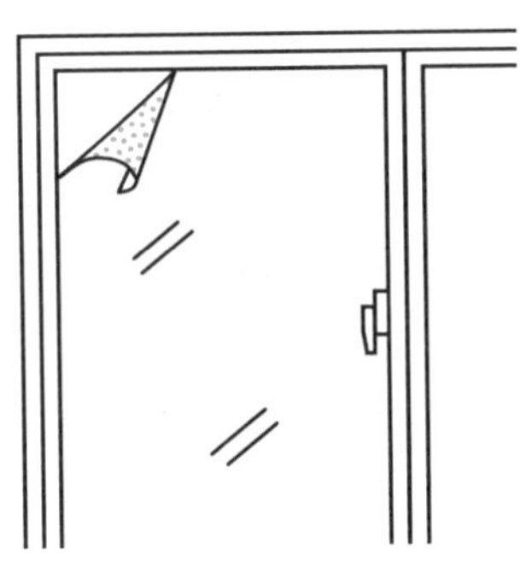

枕元に防災ポーチを用意する ▶P162

就寝中はとても無防備です。地震が発生して目覚めても、辺りは暗く視界が悪いです。加えて薄着で、裸足の場合が多いので、散乱したインテリアやガラスの破片で怪我をする危険があります。
枕元には、明かり、メガネ、携帯電話、履物など、安全に避難するために必要なものを備えておきましょう。揺れで飛ばされないようにポーチや袋にまとめ、ベッドの脚や柵に繋いでおきます。

耐震診断・耐震補強をする ▶P150〜

どれだけ家具やインテリアの対策をしても、家そのものが潰れてしまっては意味がありません。まずは自宅の強度を確認しましょう。目安のひとつとなるのが、耐震基準です。**「新耐震基準」を満たした建物は、震度6強〜7の大規模地震でも倒壊しないことを規定**に建築されています。**建築を許可する「建築確認済証」が1981年6月以降に交付されていれば、新耐震基準で建てられています。**耐震性に不安がある場合は、耐震診断と耐震補強をしましょう。

Check

助成制度を活用しよう

耐震診断や耐震補強は、自治体から助成金が出る場合があります。対象となる範囲や金額は自治体によって異なるので、自分の居住地域ではどのような制度が設けられているのか問い合わせをしてみましょう。

新耐震基準の建物でも、経年劣化や増改築によって弱っている可能性があります。

火災の被害を減らす備えをする ▶P104～

火災に気づいたら早期に避難するのが前提ですが、できれば初期消火をして、被害拡大を防ぎましょう。**いち早く火災の発生に気づくため、火災警報器の設置を忘れずに。**すべての一般住宅は火災警報器の設置が義務づけられています。**消火器は家庭用のコンパクトなものがホームセンターなどで売られているので、自宅に備えておくと安心です。**火災の原因になりやすいキッチンの近くなどに置き、すぐに取り出せるようにしましょう。

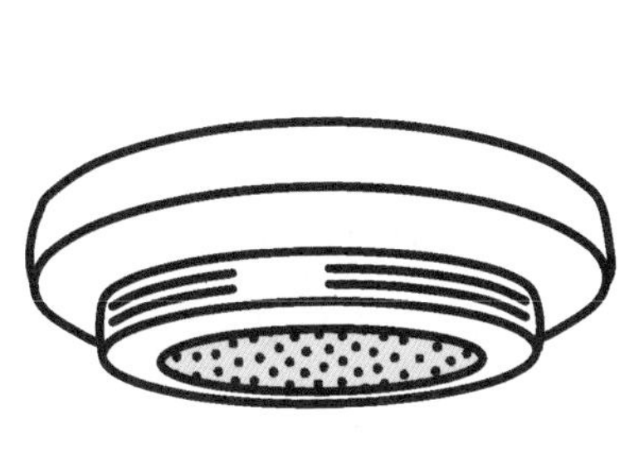

住宅用火災警報器

天井または壁面の、煙や熱を素早く感知できる場所に設置する。階段最上部と寝室は、設置が義務づけられている。

住宅用消火器（家庭用消火器）

一般住宅用の消火器は業務用と比べてコンパクトなので扱いやすい。スプレータイプ（簡易消火具）は軽くて手軽だが、消火力にやや劣る。

応急処置ができる準備をしておく ▶P306～

大規模災害時は、医療現場が逼迫(ひっぱく)します。怪我をしてもすぐに処置を受けられない可能性もあります。**最低限の応急処置ができるように、道具の準備と使い方の確認をしておきましょう。**

救急セットの中身

- □ばんそうこう
- □包帯
- □三角巾
- □固定用テープ
- □滅菌ガーゼ
- □脱脂綿
- □綿棒
- □消毒液
- □常備薬
- □とげ抜き、ピンセット
- □ハサミ、カッターナイフ
- □ビニール手袋

など

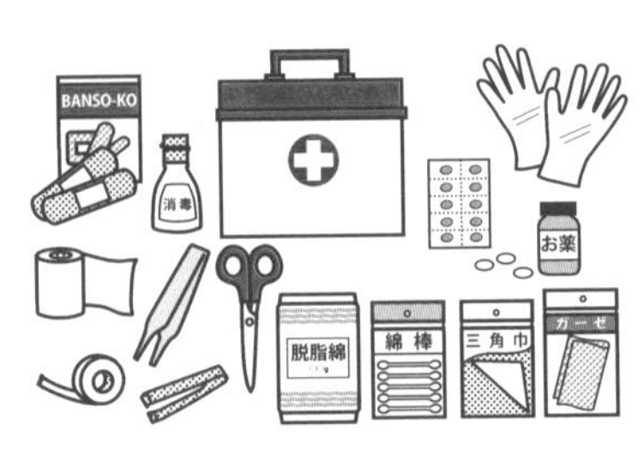

家族で避難行動や避難場所を確認する ▶P216～

どんな事態になったとき、どこへどう避難するのか、家族で話し合いましょう。自宅周辺の危険な場所なども共有しておくと安心です。**家族がバラバラの状態で被災した場合にどのような対応をするのかも必ず決めておきます。**確証がないまま「迎えに来るかも」と危険な自宅にとどまって逃げ遅れたり、行き違いになると、被害の拡大を招きます。災害時は通信が制限されるので、**連絡の取り方も決めておきましょう。**

備えよう

災害用伝言サービスを確認する

大規模災害が発生すると、通常の電話は繋がりにくくなります。伝言の録音・再生ができる「災害用伝言サービス」が開設されるので、使い方を家族で確認しておきましょう（→P217）。

SNSの機能で家族グループを作っておく

過去の災害では、通信が制限された場合でも、SNS は比較的繋がりやすい媒体でした。日ごろから家族の連絡にはグループチャットを使い、慣れておくようにしましょう。

近所の人と顔見知りになっておく ▶P221～

非常時には、周囲の人との助け合い（共助）が欠かせません。瓦礫（がれき）の下敷きから救助したり、足りない物資を分け合ったり、情報を共有したりできます。しかし、日ごろまったく交流がなく、顔も名前も知らない人同士では、非常時に連携するのは難しいでしょう。日常的にコミュニケーションをとっておくことが大切です。防災のために仲良くしよう！と意気込むのではなく、**すれ違うときに挨拶するなど、ちょっとしたことの積み重ねが、もしものときの備えに繋がります。**

とっさにとるべき行動を知っておく ▶P224～

大きな災害が突然襲ってきたら、その瞬間はあれこれ動くことは無理だと考えておきましょう。とにかく必死に身を守ります。そのあとは、**被害を大きくしないように状況を見極めて冷静に行動しましょう。あらかじめイメージをしておかないと、いざというときには混乱して考えられなくなってしまいます。**実際はそのときの状況によってとるべき行動は変わりますが、理想とされる行動を知っておきましょう。

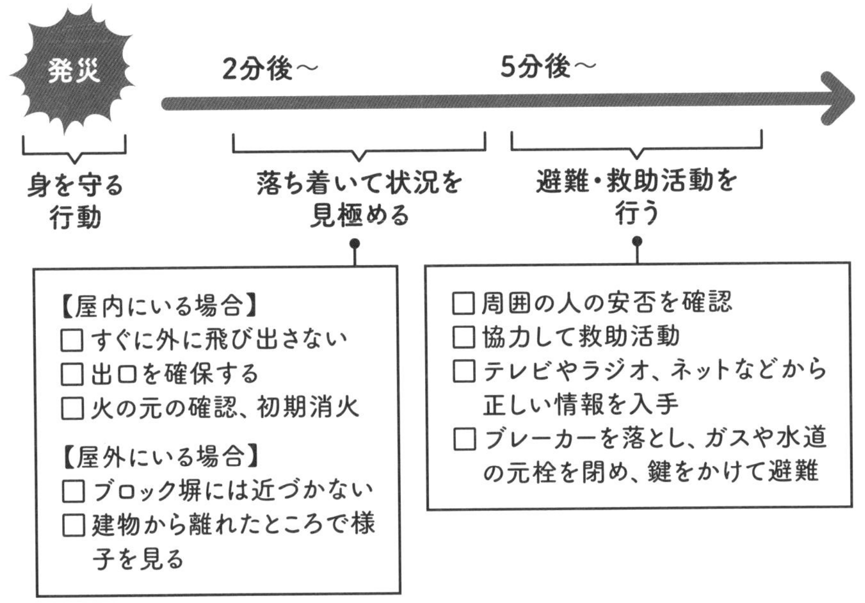

災害時のマイ・タイムラインを考える ▶P238～

災害が発生したとき、または発生しそうなときにどのような行動をとるべきなのかは、その人の状況によって異なります。たとえば風水害なら、浸水の危険の有無、避難にかかる時間（高齢者などは時間がかかる）などを考慮しながら、適切な避難行動を考える必要があります。風水害など、事前に発生を予想できるものであれば、**どのタイミングで、どこに避難をするのか、自分（家族）専用のタイムラインを作成して、具体的に考えておくようにしましょう。**

避難生活を生き抜く備え

災害という非常事態が発生しても、人は時間が経てばお腹が空き、のどが渇き、トイレに行きたくなります。いつもとは違う環境の中でも、生命活動を維持するために必要なものは変わりません。避難生活を健康に過ごし、生活再建に向かっていくためには、災害前の備えが必要不可欠です。

食料品・日用品は「いつものもの」を多めに用意 ▶P166～

非常食と聞くと、カンパンやアルファ米など、長期保存のきくものを想像しがちです。ただ、**「非常時のために」と特別に備えておくと、いざというときに賞味期限が切れていたり、口に合わなかったりする可能性があります。**
レトルト食品やフリーズドライ食品など、**いつも使っているものを常に多めに買っておき、使った分をまた追加で購入するという「ローリングストック」による備蓄がおすすめです。**これは食品だけでなく、トイレットペーパーやマスクなどの日用品でも使える備蓄方法です。

●ローリングストック

備える

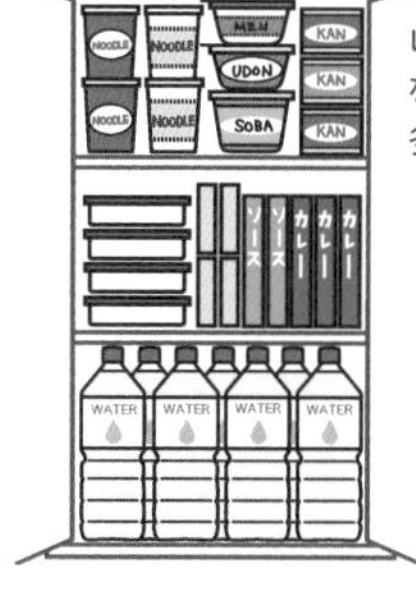

レトルト食品や飲料水、日用品など、いつも使っているものを多めに備蓄する。

食べる（使う）

備蓄の中から普段使いする（賞味期限の早いものから）。

買い足す

常に多めに備蓄できるように、使った分だけ買い足す。

ライフラインの停止に備える ▶P172～

災害の後は、**電気やガス、水道など、生きていくために必要なライフラインが止まる**可能性があります。生命の維持や健康を保つのに欠かせないものばかりなので、必ず備えをしておきましょう。

水道

飲料水
1人2L×7本（1週間分）※

1人あたり最低1日2Lの飲料水が必要。断水は数週間に及ぶこともある。最低1週間分は常備しておきたい。

※レトルト食品の湯せん用の水は含まない。

生活用水は日ごろからタンクやペットボトルに入れて確保しておきます。

電力

LEDランタン
1家庭3台

停電時、安定して使えるLEDランタンは便利。リビング、トイレ、キッチンに置けるように、1家庭に3つあるとよい。

ヘッドライト
1人1個

足場が悪くなり、両手を使う作業も増える被災地。片手がふさがる懐中電灯よりも、両手をあけられるヘッドライトがおすすめ。

クーラーボックス
1家庭1～2台

保冷剤（氷点下タイプ）
1家庭1～2個

停電により冷蔵庫が止まるので、クーラーボックスで対応する。保冷剤はブロックの氷点下タイプがおすすめ。冷凍室に常備したい。

ガス

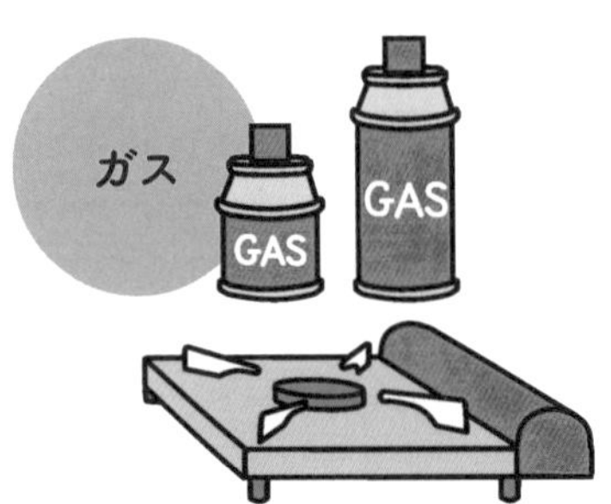

カセットコンロ
1家庭1台

カセットボンベ
1家庭15～20本※

備蓄品を食べるのに不可欠。カセットボンベは1カ月毎日調理用のお湯を沸かせられる量は用意しておきたい。普段から鍋料理などで使用し、ローリングストックするとよい。

※「イワタニカセットガス（250g）」を3.5kw（3000kcal ／ h）のカセットコンロで1日30 ～ 45分使用する場合。

※1家庭は4人家族の場合。

トイレ対策・衛生対策 ▶P178〜、183〜

食事はある程度我慢できても、トイレは数時間で限界がきます。また、非常事態においては多少汚くても、などと思ってしまいがちですが、**衛生環境の悪化は体調不良に繋がります**。非常時のトイレ対策と衛生対策は必須事項です。

トイレ

非常用トイレ

1人14〜17枚（1週間分）

給水力・凝固力・消臭力が高いものを選ぶ。1人あたり1日5回（小4回、大1回）使用すると考えて、最低でも1週間分は用意する（上記の枚数は、小便の際は毎回交換せず、3〜4回に1回交換することを想定した枚数）。

体の清潔

体ふき用ウェットシート

1人1パック（30枚入り）

背中まで1枚でふけるような大判タイプがおすすめ。1カ月毎日体をふける分だけ用意しておく。

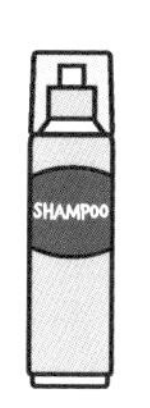

ドライシャンプー

1カ月分

冬場であっても、何日も髪を洗えなければかゆくなる。ドライシャンプーは水なしで使えて、スースーするのでさっぱりできる。

使い捨てショーツ
おりものシート

1カ月分

洗濯ができず、下着はなかなか替えられない。おりものシートだけを取り替えて、デリケートゾーンの清潔を守りたい。数日間であれば使い捨てショーツも便利。

口腔ケア

口腔ケア用ウェットシート

1人1〜2ボトル（100枚入り）

ノンアルコールで、口内をふけるウェットシート（ウェットティッシュ）。1枚で口内をきれいにできる。水が出ない間は歯磨きができない。口内の衛生環境が乱れると、においが気になるだけでなく、肺炎などの病気に繋がるので、口内衛生の対策は重要。手をふいたり食器の洗浄に使うこともできる（→P141）ので、多めに用意しておく。

情報を確保するための備えをする ▶P212～

非常時は情報が得にくくなります。停電するとテレビも見られません。いつでも正確な情報を得るための準備をしておきましょう。**非常時に急に使おうと思ってもうまく使えないので、日ごろから使って慣れておくことが大切です。**

ラジオ
1家庭1台＋持ち歩き用1台

ラジオは停電の影響を受けないので、非常時にも有効な情報源。1家庭に1台と、1人1台持ち歩き用の携帯ラジオを持っておくと安心。家庭用のラジオは、乾電池と手回し充電やソーラー充電を切り替えられるタイプがおすすめ。

ラジオアプリ

スマートフォンのアプリでラジオを聞くこともできます。「radiko.jp（ラジコ）」はインターネット経由でパソコンやスマートフォンから聴取可能です。スマートフォンの充電が切れないように、必ずモバイルバッテリーも携帯しましょう。

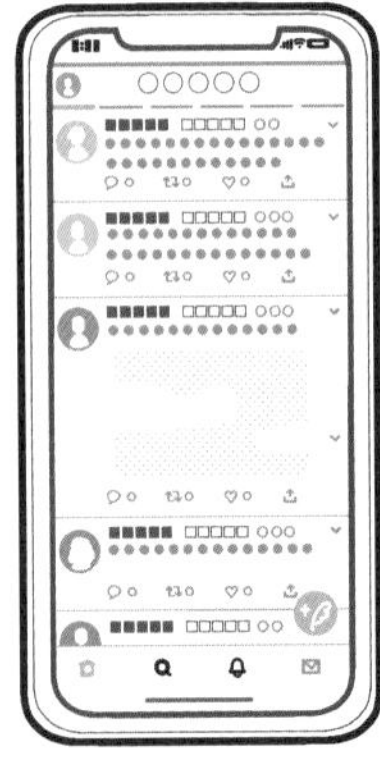

インターネット・SNSの活用

公的機関のホームページやSNSから最新の情報を得ることも可能。信頼できるアカウントをフォローしたり、ホームページをブックマークしたりしておくなど、いつでも開けるようにしておきたい（SNSアカウントの例はP215参照）。

SNSは便利な一方で、間違った情報も拡散されやすいので注意が必要です。情報の発信元をよく確認しましょう。

口コミ情報

地元に根差した情報は、口コミで得られるものが役立つことが多く、近所の人との関係性が大切になる。ただし、デマや真意の定かではないものもあるので、根拠のない情報には惑わされないように注意が必要。

避難所に集まる情報

行政からの資料や新聞、安否状況の情報や支援物資などは避難所に集まる。在宅避難をする場合でも、定期的に避難所へ出向いて情報を得ることが望ましい。

被災後の生活を続ける備え

被災後、ある程度落ち着いてきたら、元の生活に戻るための行動が必要になります。生活を再建するためにはどんなことを考えなければいけないのか、どんな仕組みがあるのかをあらかじめ知っておくと、選択の幅が広がります。

避難先の選択肢を知っておく ▶P242～

被災後の生活場所＝避難所、と思ってしまいがちですが、本来はそうではありません。大規模災害であるほど避難者は増え、避難所はパンク状態になります。**感染症の危険もあるため、二次災害の危険がないのであれば、自宅や親戚・知人宅で避難生活を続けることが推奨されます。**

自宅

プライバシーが守れ、最もこれまでと近い生活を送ることができる。二次災害の危険がないことが必須条件。

親戚・知人宅

被害を受けていない親戚や知人がいれば、しばらくの間住まわせてもらうのも手段のひとつ。あらかじめ、何かあったときは協力し合うことを話しておくとよい。

避難所

在宅避難が難しい場合は、学校や公民館などに開設される避難所で生活を。人が多く、快適な環境ではないということを理解しておく。感染症対策を忘れずに。

被災後の生活拠点の選択肢を知っておく ▶P340～

災害で自宅が損傷した場合、修理や改築、建て直し、引っ越しなど、何かしらの対応が必要です。定住する場所が決まるまでは、仮住まいをすることになります。行政が用意する応急仮設住宅に入居するパターンや、自ら住まいを確保するパターンがあります。**家をなくしたら応急仮設住宅に入れる、というイメージがあるかもしれません。しかし過去の震災では、自宅が全壊・半壊した世帯の7～8割が、自ら仮住まい先を確保しています。**

行政が用意する応急仮設住宅に入居するのは2～3割。自ら確保した人の中には、遠隔地へ避難した人もいる。

出典：東京都住宅政策本部 リーフレット「東京仮住まい」

公的支援だけでは生活再建はほぼ不可能であると知る ▶P347～

被災者は、国や自治体からさまざまな支援が受けられます。正しく受け取って、生活再建に役立てましょう。ただし、**公的支援は生活再建の一助であって、被害分をすべてまかなってくれるものではありません**。「被災したら国が何とかしてくれるだろう」という考えは持たず、事前にできることは自ら備えておくことが大切です。

●災害救助法による応急修理制度

大規模半壊・半壊	一部損壊（準半壊）
最大59万5000円	最大30万円

※2020年12月現在の額。行政から業者に依頼する形式のため、勝手に工事をして代金を請求することはできない。

●被災者生活再建支援制度 交付金

＜基礎支援金＞

全壊・解体・長期避難	100万円
大規模半壊	50万円
半壊	支給無し
一部損壊	支給無し

＋

＜加算支援金＞

新しい住宅の建設・購入	200万円
元の住宅の補修	100万円
新しい住宅の賃借（公営住宅以外）	50万円

＝

※解体は半壊解体、大規模半壊解体、敷地被害解体。

備えよう

火災保険・地震保険

あらかじめ、保険に加入しておくというのも対策のひとつです。火災保険は、火災だけでなく落雷や水漏れ、風水害、積雪による損傷などにも対応しています。地震による火災や建物の損傷を補償してくれるのは地震保険だけなので、併せて検討しておきましょう。

今のうちに備えておけば、災害の被害を少しでも小さくすることができます。できることからすぐ、始めましょう！

第2章

なぜ？ いつ？ どこで？ 災害別 基本情報

災害の種類別に、メカニズムや備え、避難の際の注意点などを紹介します。
災害の特性に合わせて、適した行動がとれるようにしましょう。

1 地震のメカニズム

地震発生の仕組みと種類

地球の表面は14～15枚の「プレート」という岩盤で覆われています。プレートはその下で対流しているマントル[※1]に乗ってそれぞれ移動し、あちこちでぶつかり合っています。このぶつかる場所に強い力がはたらくため、地震が引き起こされます。地震は、震源[※2]の場所によって「海溝型地震」と「内陸型地震」に分けられます。

●海溝型地震

海側のプレートが陸側のプレートの下へ潜り込むように動き、陸側のプレートが引きずり込まれる。

耐えられなくなった陸側のプレートが、元に戻ろうと跳ね上がり、地震が発生する。

このタイプの特徴

- 広範囲のプレートが動くため、規模が大きく、長い横揺れになりやすい。
- 津波が発生しやすい。

ex.）関東大震災、東日本大震災、南海トラフ地震（予想）

●内陸型地震（直下型地震）

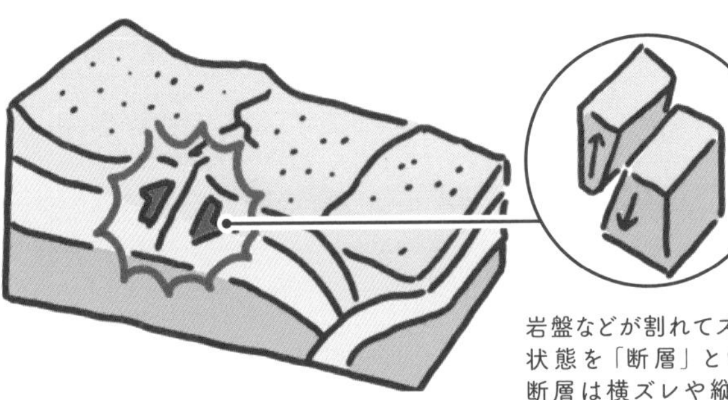

海側のプレートが潜り込む動きの影響で、陸地にも押す力や引っ張る力が加わり、ひずみがたまる。ひずみが限界に達して割れてズレるとき、地震が起きる。

岩盤などが割れてズレた状態を「断層」という。断層は横ズレや縦ズレがある。

このタイプの特徴

- 地震の規模は海溝型地震よりも小さいが、陸地の浅い部分で発生するため、被害が大きくなりやすい。
- 初期微動[※3]の時間が短い。

ex.）阪神・淡路大震災、熊本地震、首都直下地震（予想）

日本で地震が頻発するワケ

日本は世界有数の地震大国です。世界で発生するマグニチュード6以上の地震のうち、20％は日本で起こっています（2000～2009年）。これは、日本列島の位置に原因があります。日本列島は、地震の原因となるプレートが4つも集まった場所に位置しているのです。つまり、日本は地震が起きやすい場所にあるといえます。

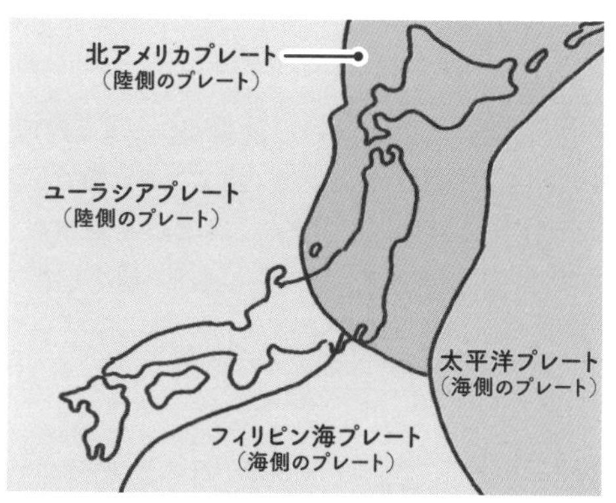

日本はプレートの崖っぷちにある

日本列島は、海側のプレートが陸側のプレートの下に沈み込む深い海底の溝（海溝）に囲まれています。そのため「崖っぷちにある」とも表現されます。プレート同士がぶつかる海溝は、地震の多発地帯。**日本で生活する限り、地震からは逃れられません。**

日本の活断層の数は2000以上

内陸型地震を引き起こす「断層」のうち、数十万年前以降に繰り返し活動し、将来も活動するであろうものを「活断層」と呼びます。活断層がある地域では地震のリスクが高いとされていますが、日本には確認されているだけで2000以上、未確認のものも多くあるといわれています。日本で地震が絶えない理由のひとつです。

〈現在確認されている活断層〉

memo

家を建てるときは、活断層上は避ける

活断層の上、もしくは近くに住むということは、それだけ地震被害のリスクが大きくなるということです。新しく家を建てたり、購入したりするときは、国土地理院の「活断層図」などで近くに活断層がないかどうかチェックしましょう。

■国土地理院「活断層図」
https://www.gsi.go.jp/bousaichiri/active_fault.html

※1 マントル：地球は表面から中心に向かって、プレート、マントル、核からなっていると考えられている。このうちマントルは、地球の体積の80％以上を占める硬い岩石で、地球内部を対流している
※2 震源：地震が発生した地中の場所。震源の直上の地表面を震央という
※3 初期微動：地震の最初期に発生する小さな振動

知識　備える　避難　アイデア

マグニチュードと震度

マグニチュードと震度の違い

マグニチュードとは、地震が発するエネルギーを数値化したもので、地震の大きさ（規模）を測るものさしです。一方、震度は地表のある地点で観測された地震による揺れの強さを表しています。このため、ひとつの地震にマグニチュードはひとつですが、震度は観測地点によって異なります。また、マグニチュードが大きければ震度も大きいとは限らず、震度は震源からの距離や地盤、地形などに影響されます。

●マグニチュードと震度の関係

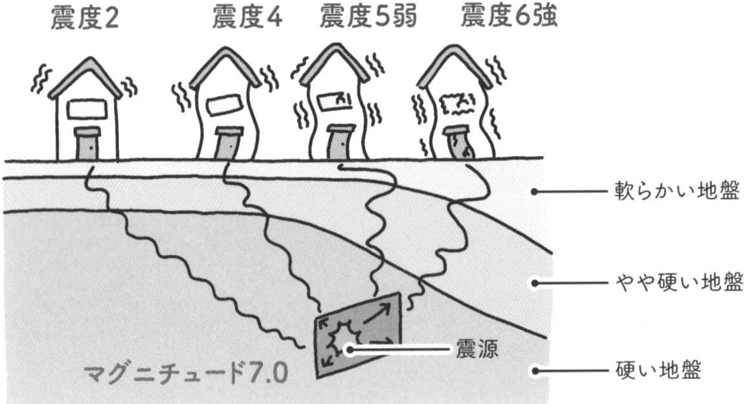

震源から近く、地盤が軟らかいほど揺れが大きくなる。

マグニチュードと震度は10段階

マグニチュード（M）と震度は10段階の数字で表され、マグニチュード10は地球で起こりうる最大規模の地震と想定されています。また、日本ではマグニチュード7以上を大地震と呼びます。

たとえ震度が同じ地域でも、建物の壊れやすさや地盤の状況によって被害に差が出ます。

マグニチュードが1上がるごとにエネルギーは32倍に

マグニチュード（M）の数値が１上がると、地震のエネルギーは32倍になります。
つまり、マグニチュードが２上がると、エネルギーは約1000倍になります。

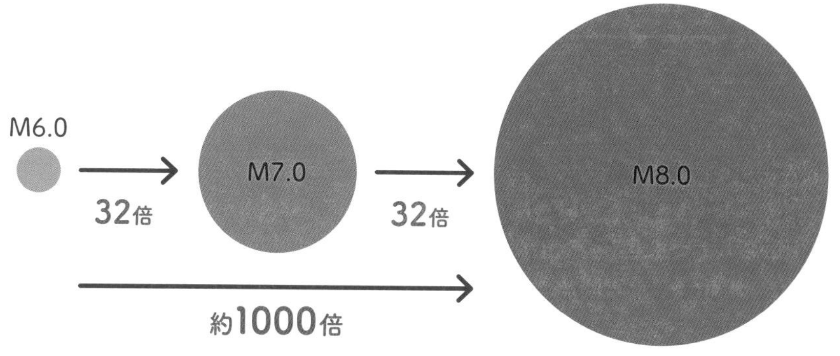

●震度と揺れ方・被害

震度	
0	人は揺れていることに気づかない。地震計だけが計測する。
1	屋内で静かにしている人のうち少数が、わずかな揺れを感じる。
2	屋内で静かにしている人の多くが、揺れを感じる。
3	歩行中でも揺れを感じることがある。食器棚の食器が音を立てることも。
4	ほとんどの人が揺れに驚く。電線が大きく揺れる。
5弱	ほとんどの人が恐怖を感じ、何かに掴まりたいと思う。棚の中のものが落ちてくることもある。
5強	大半の人がものに掴まらないと歩くことが困難。固定していない家具が倒れてくることもある。
6弱	立っていることが難しい。ドアが開かなくなる場合も。屋外のタイルや窓ガラスが破損、落下することもある。
6強	揺れに翻弄され、はわないと動けず、飛ばされることもある。補強されていないブロック塀のほとんどが崩れる。
7	固定していない家具のほとんどが倒れ、飛ぶことも。補強されているブロック塀も壊れることがある。

出典：気象庁「気象庁震度階級関連解説表」

3 次に起こる大地震は?

30年以内の発生確率

日本列島の周りでは、4つのプレートがぶつかり合っています。過去の事例を見ても、プレートの境界付近で大きな地震が発生しているため、日本にいつ大きな地震が来ても不思議ではないといわれています。今後30年以内にマグニチュード7以上が発生する可能性が高いエリアは、南海トラフや三陸沖北部など、複数存在します。

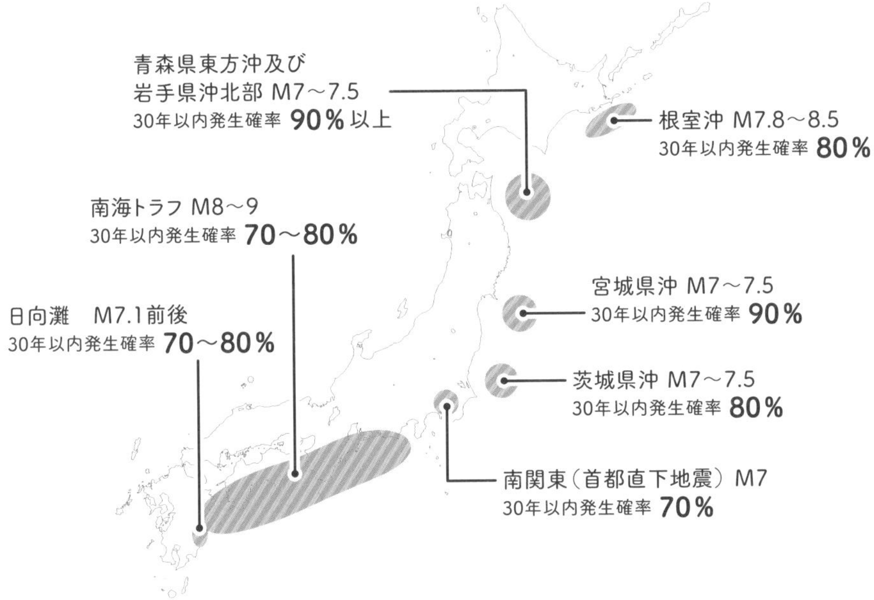

出典:地震調査研究推進本部事務局「活断層及び海溝型地震の長期評価結果一覧(2020年1月1日算定)」

大地震は「必ず」来る

プレート活動が行われる限り、大地震はいつか必ず起こります。地震のメカニズムからもわかる通り、大地震は同じ場所で繰り返し発生します。たとえ30年以内に起こらなかったとしても、地震のリスクは決して消滅しません。むしろ時間が経てば経つほど、発生確率は高まっていきます。

●過去（18世紀以降）に発生した南関東の地震

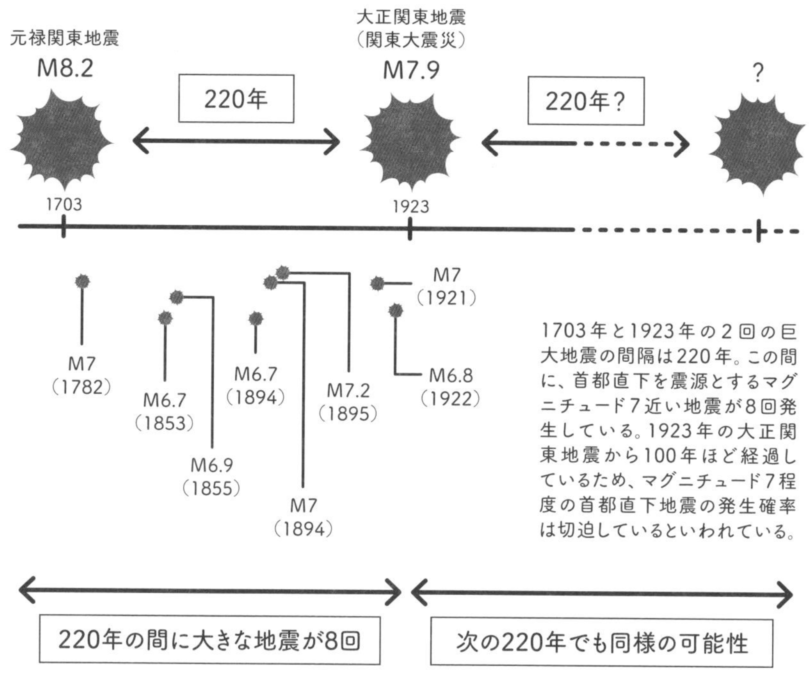

1703年と1923年の2回の巨大地震の間隔は220年。この間に、首都直下を震源とするマグニチュード7近い地震が8回発生している。1923年の大正関東地震から100年ほど経過しているため、マグニチュード7程度の首都直下地震の発生確率は切迫しているといわれている。

“30年以内”は明日かもしれない

地震は自然現象なので、突然起こっても不思議ではありません。残念ながら現在の科学的知見からは、地震を正確に予測することはできません。**30年以内という数字は、「30年後」ではなく、「明日」かもしれないということ**です。実際に地震が発生しても、慌てずに行動できるように、今この瞬間から意識することが大切です。

いつか来るそのときのために、地震に対する正しい知識を身につけましょう。

4 地震によって起こる被害

土地や状況によってリスクが異なる

地震の揺れは、建物の倒壊や損壊だけでなく、土砂災害や津波、火災などのさまざまな被害をもたらす場合があります。どんな災害が起こるかは、その土地の性質やその場の状況によって異なります。**自分の住んでいる地域に災害が起きたとき、どのような被害がもたらされるのか、ハザードマップ（→P149）などで確認しておきましょう。**

【土砂災害】

地震の強い揺れや断層のズレは、山地や造成地の斜面崩壊を引き起こすことがあります。このとき、土砂が水分などを含んで流れ下ると、土石流となります。また、**土砂で川の水がせき止められて湖ができ、それが決壊すると洪水が起きることもあります。**

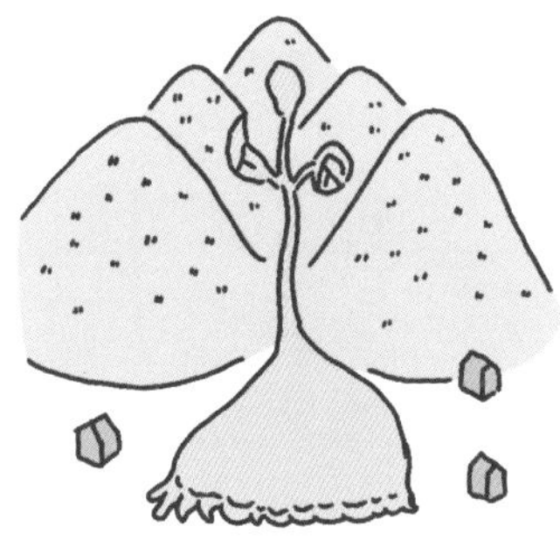

【津波】

海底にある陸のプレートと海のプレートがズレると、海面も海底の動きに伴って一気に上下します。これが波となって周囲に広がっていく現象を津波といいます。この波は莫大なエネルギーを持ち、水深が深いほど速く伝わります。かつてチリの地震津波（1960年）が1日経って沖縄に到達し大きな被害を与えたように、**震源地から遠い場所にも到達することがあります。**

グラッと来たら津波に注意

津波は、早い場合だと地震から数分で襲ってくることがあります。その場合、警報が出るのを待っていては間に合わないかもしれません。津波の危険がある地域では、「大きな揺れ、または小さくても長い横揺れ」が来たら津波が来ると予見して、ためらわずに高台へ避難するようにしましょう。

【液状化】

液状化とは、緩く堆積した砂地盤が地震などの強い揺れに襲われたとき、砂の粒子がバラバラになり、一時的に水に浮いた状態になって、地盤が液体のように軟らかくなる現象のこと。**地盤が液状化すると地面が沈下したり、道路などに亀裂や陥没が生じることがあります**。建物を支える力がなくなるため、場所によっては**家屋や電柱が傾くなどの深刻な被害**をもたらします。

Check

危険な土地は?

旧河道、旧池沼、埋立地、大河川の沿岸、沢埋め盛土(もりど)の造成地などは液状化しやすい土地。とくに低地の造成地や埋立地は要注意です。土地の成り立ちは国土地理院のホームページで確認できます(→P59)。

地面に大きな段差ができてしまっている。
(千葉県浦安市)

出典:浦安市「浦安震災アーカイブ」

ガードレールや電柱が大きく傾いている。
(千葉県浦安市)

出典:浦安市「浦安震災アーカイブ」

【火災】

地震による二次災害で多いのが火災です。1923年の関東大震災では、地震が起因の大火災で多くの人が焼死しました。また、1995年の阪神・淡路大震災でも、293件の火災が発生しています※。地震後の火災の原因は、**半数以上が発熱機器に覆いかぶさった衣類などへの着火や、電気配線のショートなどの電気関係です**。また、ガソリンなどを扱う工場では、地震のはずみで引火し爆発、火災になったケースも見られます。

※消防庁「阪神・淡路大震災について(確定報)」(平成18年5月19日)

●東日本大震災での火災の発生原因

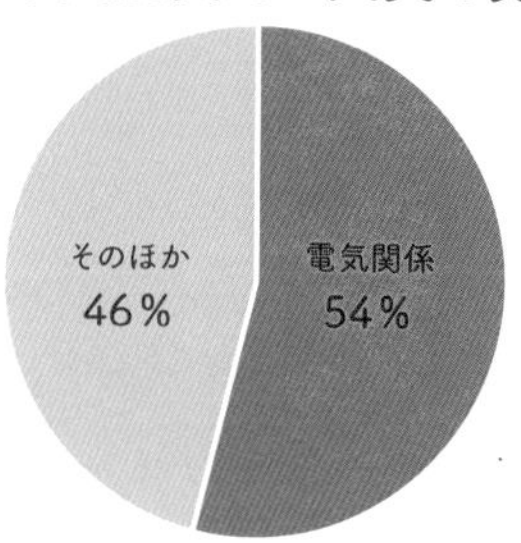

出典:内閣府ホームページ「大規模地震時の電気火災の発生抑制に関する検討会」

半数以上が電気火災

地震時の出火原因で最も多いのは、電気関係。感震ブレーカーを設置する、ブレーカーを落としてから避難するなどの出火防止対策が必要(→P164)。

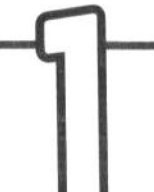

知識　備える　避難　アイデア

1 津波のメカニズム

津波発生の仕組み

津波の発生原因には海溝型地震（→P34）、海底地すべり、火山の山体崩壊などがあります。この中で最も一般的なのが海溝型地震です。海底で地震が起こると、その衝撃で膨大な量の海水が持ち上げられたり、引き下げられたりして大きな波が発生し、津波となって陸地へ押し寄せます。

●津波が発生するメカニズム

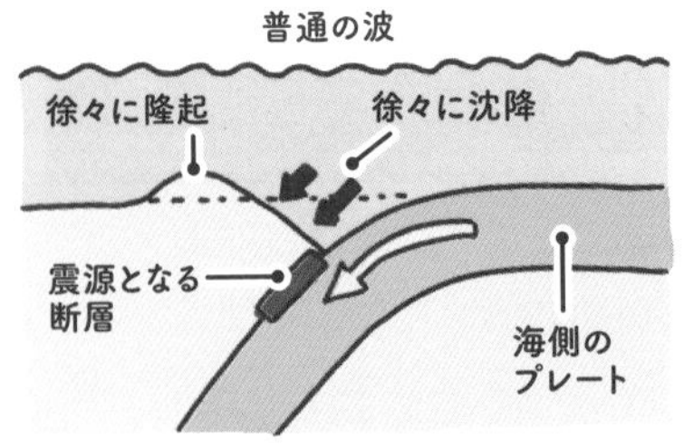

陸側のプレートが海側のプレートに引きずり込まれてひずみが生まれる。それによって、海底の一部が隆起・沈降する。

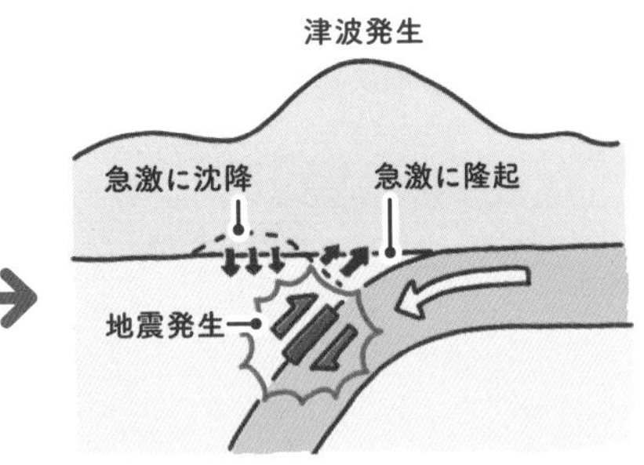

ひずみが大きくなると、陸側のプレートが跳ね上がる（地震発生）。跳ね上がった衝撃で周辺の海水が押し上げられ、津波が発生する。

Check

火山噴火も津波の原因になる

津波の発生原因の約5%は、火山活動によるものとされています。海底で火山が噴火すると噴出物が海水の運動を引き起こし、津波が発生します。また、陸で火山が噴火した際も山崩れが起き、大量の土砂が海に流れ込むことで津波が生じることがあります。

普通の波と津波の違い

通常の波は、海域で吹く風によって生じる海面付近の現象で、波長（波の山から山までの長さ）は数ｍから数百ｍ程度です。一方の津波は、海底から海面までの海水全体が塊となって複数回沿岸に押し寄せるもの。波長は数kmから数百kmにも及びます。大きな水の塊が何度も押し寄せるため威力が絶大です。

海面で波打っているだけなので、大量に流れ込んでくるものではない。

●津波

海面自体が高く盛り上がり、膨大なエネルギーを持ったまま移動してくる。

小さな地震、遠くの地震でも津波は起こる

波はとても遠くまで伝播する性質があります。そのため、たとえ小さな地震でも、南米のように遠く離れた地域で起きた地震でも、時間をかけて津波となって日本に到達する可能性があります。とくに沿岸部に住んでいる人は「遠くのことだから大丈夫」と安心せず、ニュースなどで確認するようにしましょう。

津波が高くなりやすい場所

津波は、海岸や海底の地形によって威力が変わります。中でも、岬の先端やV字型の湾の奥などの特殊な地形の場所は、津波のエネルギーが一点に集中し、波が著しく高くなる傾向があります。

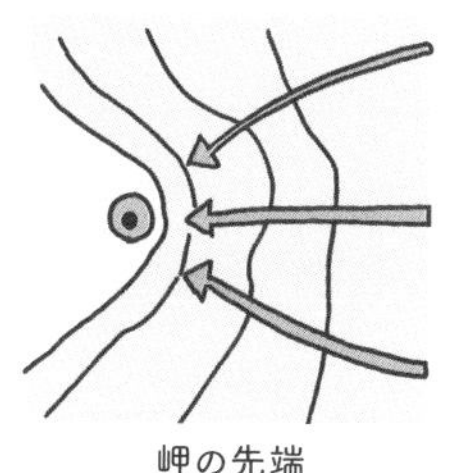

岬の先端

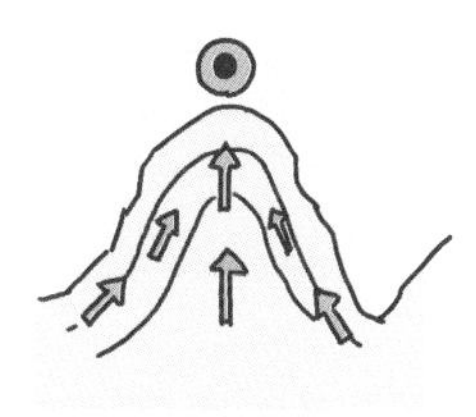

V字型の湾

知識　備える　避難　アイデア

2 津波のスピードと威力

津波は見えてからでは逃げられない

津波は水深が深いところほど速度が速く、水深5000mで時速800km、水深500mで時速250km、水深100mで時速110km、陸地に近いところでは時速36kmほどです。時速36kmとは、オリンピックの100m走の選手ほどの速さです。津波が近づいてから逃げても間に合わず、一気に波に飲み込まれてしまいます。命を守るため、津波の危険があるときは迷わず避難することが大事です。

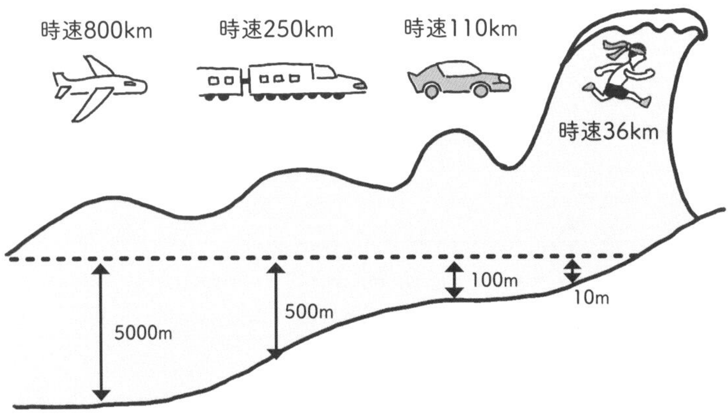

猛スピードで沖から迫ってきた津波は、陸に近づくにつれて波高が高くなる。

南海トラフ地震の津波到達予想は最短「2分」

南海トラフ地震では、震度7の強い揺れのほか、高さ10mを超える巨大津波が襲来すると想定されています。さらに速い所では、高さ1mの津波が最短2分で陸地に到達するといわれています。

津波の大きさごとの被害予想

津波の大きさ（波高）によって、予想される被害の程度が変わってきます。波高1mの津波でも、木造家屋は部分的に破壊、2m以上になると全壊する恐れがあります。

●津波波高と被害程度

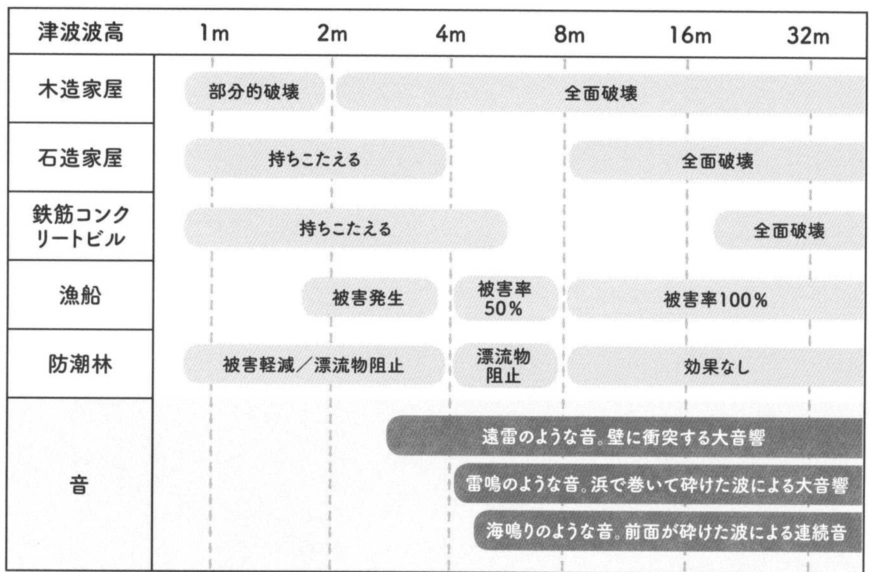

津波波高	1m	2m	4m	8m	16m	32m
木造家屋	部分的破壊	全面破壊				
石造家屋	持ちこたえる			全面破壊		
鉄筋コンクリートビル	持ちこたえる				全面破壊	
漁船		被害発生	被害率50%	被害率100%		
防潮林	被害軽減／漂流物阻止		漂流物阻止	効果なし		
音		遠雷のような音。壁に衝突する大音響				
音			雷鳴のような音。浜で巻いて砕けた波による大音響			
音			海鳴りのような音。前面が砕けた波による連続音			

※津波波高（m）は、船舶など海上にあるものに対してはおおむね海岸線における津波の高さ、家屋や防潮林など陸上にあるものに関しては地面から測った浸水深。
※沿岸の状況によっては、同じ津波の高さでも被害の状況が上表と大きく異なることがある。
※音については、周期5分～10分程度の近地津波に対してのみ適用可能。

出典：気象庁ホームページ「津波について」

50cmの津波で成人男性が流される

津波の深さ（浸水深）が30cmになると、成人男性でも歩くことが困難になり、50cmを超えると何かにしがみついていないと流される危険性があります。さらに1mを超えると立つこともできず、死亡率はほぼ100%といわれています。手遅れになる前に避難することが大切です。

水深（cm）

100　まったく立てない。漂流物にぶつかる。死亡率はほぼ100%。

70　水の力が強く、健康な成人でも流される。

50　何かにしがみついていないと立てない。車や空のコンテナが浮く。

30　健康な成人はなんとか立てる。歩行はできない。

3 津波被害を避けるための備え

事前にその場所のリスクを知っておく

津波の情報が入ったときに冷静に避難できるように、まずは自宅や勤務先、学校など、普段生活している地域がどんな場所なのか（もともと津波被害の多い場所なのかなど）、どこに避難すべきなのか、把握しておく必要があります。

＜ハザードマップを確認する＞

各市町村が作成したハザードマップ（→P149）には、津波のリスク情報がエリアごとに記されています。

＜土地の歴史を知る＞

文献や石碑、インターネットから過去の津波被害を把握しておくことも賢明です。

津波来襲の危険がある地域に表示

＜津波標識を確認する＞

津波が襲ってくる危険がある場所には、「津波標識」が設置されています。海の近くに暮らしている人はもちろん、海水浴や釣りなどのレジャーで海辺にいるときなども、確認しておきましょう。

津波に対して安全な高台の情報を表示

津波避難ビルの情報を表示

＜川沿いでも津波を意識する＞

津波が川を遡上（そじょう）※1し、河川津波が起こることがあります。東日本大震災では河口から49km上流まで遡上し、河口から12km付近まで被害が及びました。川沿いでも標高表示などに意識を向け、注意しておきましょう。

※1 遡上：流れをさかのぼること。

4 津波避難のタイミングと行動

津波注意報・警報の見方

地震が発生してから約３分を目標に、大津波警報（特別警報）、津波警報、または津波注意報が、津波予報区単位で気象庁から発表されます。ただし、警報が間に合わないこともあるので、強い揺れや弱くても長い揺れを感じたら、ためらわずに避難してください。

	予想される津波の高さ		とるべき行動
	数値での発表（発表基準）	巨大地震の場合の津波の表現	
大津波警報	10m超（10m＜高さ）	巨大	沿岸部や川沿いにいる人は、ただちに高台や津波避難ビルなど安全な場所へ避難 「ここなら安心」と思わず、より高い場所を目指して避難しましょう
	10m（5m＜高さ≦10m）		
	5m（3m＜高さ≦5m）		
津波警報	3m（1m＜高さ≦3m）	高い	
津波注意報	1m（20cm＜高さ≦1m）	—	海の中にいると速い流れに巻き込まれる。ただちに海から上がり、海岸から離れる

出典：気象庁ホームページ「津波警報・注意報、津波情報、津波予報について」

＜津波フラッグを見たらすぐ避難＞

2020年６月より、海水浴場などで大津波警報（特別警報）、津波警報、または津波注意報が発表されたことを知らせる「津波フラッグ」による視覚的伝達が行われるようになりました。**遊泳中にこのフラッグを見たら、すみやかに海から上がり、避難を開始してください。**

津波フラッグ

5 津波からの避難方法と注意点

避難は「津波てんでんこ」が基本

「てんでんこ」とは東北地方の方言で、“それぞれ”、“各自で”という意味。つまり「津波てんでんこ」とは、津波が起きたら各自がてんでばらばらになって高台（避難場所）に走って逃げなさい、という教訓です。津波からの避難は一刻を争います。家族を迎えに行ったり、待ったりしている間に津波に襲われてしまうことのないように、自分の命は自分で守ることが大原則なのです。事前にこの意識を家族で共有していれば、安心して自分の身を守る行動に専念することができます。

俗説は信じず最悪を想定する

津波の前兆に「急な引き潮」というものがあります。確かに一度波が引いてから津波が来るケースもありますが、前兆なしでいきなり高波が襲ってくることもあります。また、高齢者はとくに「前は大丈夫だったから」と、過去を知っているからこその慢心で、楽観視することもあるようです。逃げないという選択は、周りの人をも危険にさらすことになります。このような俗説は安易に信じず、常に最悪の事態を想定して、即座に避難しましょう。

自動車はなるべく使わず、遠くよりも高く

車での避難は、道路の渋滞に巻き込まれる恐れがあります。なるべく車は使わず、徒歩で避難しましょう。**避難先は海から“遠く”よりも“高く”を意識して。「津波避難ビル」や頑丈で高いビルに逃げるのが賢明です。**また、川から津波が襲ってくる場合もあります。**避難する際は、できるだけ川からも離れた方向に進みましょう。**

周りに呼びかけながら逃げる

一目散に逃げている人を見ると、周りもつられて行動します。このように率先して行動する人のことを「率先避難者」といいます。周りに呼びかけながら逃げることで、自分だけでなく周囲の命も助けることになります。**1人ひとりが率先避難者になることが大切です。**

絶対に戻らない

高台に避難後、津波が来なかったり、来た津波があまり高くなかったからといって、安易に自宅に戻ることは絶対にしてはいけません。**津波は1回とは限りません。第2波、第3波と長時間にわたって繰り返し襲ってきます。**津波警報・注意報が解除されるまでは、「もっと高い波がくるかもしれない」と警戒して、避難場所で待機することが大事です。

9時間後に最大の波が襲来したことも

東日本大震災の際、地震発生後しばらくしてから最大の津波を観測した地点が多くありました。岩手県宮古市では地震発生から40分後に波高8.5m以上、福島県相馬市では1時間5分後に波高9.3m以上を記録しました。北海道函館市では、約9時間後に記録した波高約2.4mが、最大の津波でした。（「国土交通白書2011」）

1 台風・豪雨のメカニズム

風水害の原因はさまざま

地球温暖化の進行をはじめ、さまざまな要因により、台風や集中豪雨など、日本列島を襲う風水害が年々増えています。災害規模も大きくなる傾向があるため、これまで以上の備えが必要です。

【台風】

毎年夏から秋にかけて、日本は台風シーズンを迎えます。とくに太平洋高気圧の勢力が弱まる秋は、台風が日本列島を直撃しやすいので注意が必要です。さらに近年は、**台風の勢力が増し、発生・上陸数も増加する傾向**が見られます。

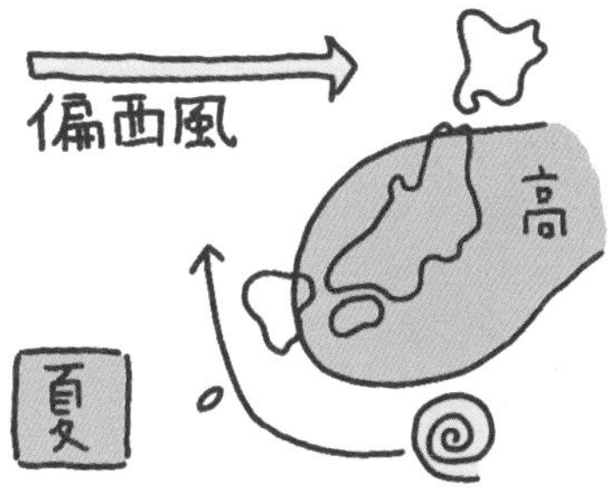

台風は太平洋高気圧の縁に沿って北上してくるが、張り出した太平洋高気圧に阻まれる。偏西風の影響をあまりうけないため流れにのれず、ゆっくりと迷走しがち。

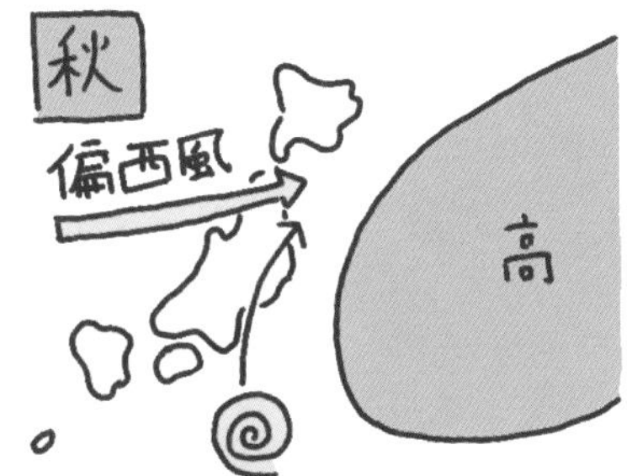

勢いが弱まった太平洋高気圧の縁に沿って台風が北上するため、日本列島を直撃しやすい。偏西風の影響を受けて通過スピードが上がるが、その分風が強くなりやすい。

Check

台風は強風にも警戒を

台風が接近・上陸すると、地上付近では中心に向かって反時計回りに強風が吹き込みます。とくに、**台風の進行方向の右側では、風速とともに台風の移動速度も加わるため、いっそう風が強くなります**。また、台風の中心付近（台風の目）に入ると、いったん風がおさまるので安心しがちですが、通過後に風向きが反対の強い風（吹き返しの風）が吹くため注意しましょう。

【集中豪雨】

短時間に局地的に強い雨が降ることを、集中豪雨といいます。ゲリラ豪雨（局地的大雨）もそのひとつで、**突発的・局地的に降るのが特徴です**。非常に狭い範囲で雨が降るため、予測が困難です。**積乱雲が出てきたら大雨が降るサイン**なので、注意が必要です。

【停滞前線、線状降水帯】

上空の暖気と寒気の境目が地表に接しているところには、前線が発生します。その中でも、近年、とくに注視されているのが停滞前線。**ほぼ同じ位置にとどまり続ける前線で、梅雨前線や秋雨前線は停滞前線になります**。ここに暖かく湿った空気が流入すると、**発達した雨雲が連なった線状降水帯が形成され、猛烈な雨が数時間にわたって降り続けます**。

【突風】

発達した積乱雲は、竜巻（→P92）やダウンバースト（積乱雲からの下降気流が地表に衝突して強烈に広がる突風）、ガストフロント（積乱雲からの冷たい下降気流が周囲の暖かい空気と衝突して、突風や上昇気流を生み出す）などの突風を伴います。また、晴れた日中は、じん旋風（地表付近で温められた空気が上昇して起こる突風）に注意が必要です。

2 洪水の種類

外水氾濫と内水氾濫

大雨などによって、河川や湖などの水量が急激に増え、通常時には水が流れていない場所を水が流れている状態を「洪水」といいます。洪水はその原因によって、大きく「外水氾濫」と「内水氾濫」の２種類に分けられます。

【外水氾濫】

大量の雨により、河川が氾濫したり、堤防が決壊することで起こる洪水を外水氾濫といいます。河川の水が勢いよく流れ込み、**とくに河川に近い地域に大きな被害をもたらします。子どもや高齢者などは逃げ遅れる危険**があります。万が一避難場所へ向かうことができなくなったら、家の中のより安全な場所（２階以上など）へ移動する「垂直避難」が必要になります。

【内水氾濫】

大雨などにより市街地の排水が間に合わずに側溝や地下水路からあふれ出したり、河川の本流の排水が間に合わずに、支流に逆流・あふれ出すことを内水氾濫といいます。内水氾濫は**標高が低い場所や舗装された地面の多い都市部で、発生リスクが高まります**。冠水した道路で足をとられて流されたり、側溝やマンホールなどにはまって溺れたりする危険性があります。

3 河川の氾濫情報を確認する

指定河川洪水予報

あらかじめ指定した河川の水位または流量を区間単位で示した洪水予報を「指定河川洪水予報」といいます。自治体から住民に伝えられるほか、気象庁ホームページ（指定河川洪水予報／ https://www.jma.go.jp/jp/flood/）などでも確認できます。

●指定河川洪水予報ととるべき行動

情報	とるべき行動	相当する警戒レベル
○○川氾濫 **発生情報**	すでに河川が氾濫している状態。 ただちに命を守る行動をとる。	＜5相当＞ **命を守る行動**
○○川氾濫 **危険情報**	いつ氾濫してもおかしくない状態。 迅速な避難行動をとる。	＜4相当＞ **全員避難**
○○川氾濫 **警戒情報**	高齢者や障がいのある人、子どもなど、 避難に時間がかかる人たちは避難をする。	＜3相当＞ **高齢者などは避難**
○○川氾濫 **注意情報**	ハザードマップなどで危険な箇所をチェックし、 避難先や避難経路を確認する。	＜2相当＞ **避難行動を確認**

※指定河川洪水予報と、市区町村が発表する警戒レベルは同時に発令されるとは限らない。どちらか一方の発令でも迅速に避難をする。
※警戒レベルは内閣府「令和元年台風第19号等を踏まえた避難情報及び広域避難等のあり方について（最終とりまとめ）」に準拠している（2021年1月現在）。

参考：気象庁ホームページ「指定河川洪水予報」

Check

ダムの緊急放流

ダムには河川の水の一部をため込み、水害を防止・軽減する役割があります。一方で、想定以上の大雨で貯水量の限界を超えそうなときは、水量の調整のために緊急放流（特例操作）を行うことがあります。**緊急放流は下流の河川を氾濫させる危険性があるため**、近隣住民は、ダムの放流警報に注意し、避難行動に繋げることが大切です。

洪水被害が増えている理由

水害の規模が大きくなっている

日本は国土の大半が山で、限られた平地に人口の多くが住んでいます。河川が氾濫したときに浸水の危険があるエリアも開発され、危険を知らずにいると、大きな被害を受ける可能性があります。さらに、近年の気候変動により自然が凶暴化しつつあります。国土交通省によると、豪雨の発生件数は約30年前の1.4倍程に増加しています。

●気候変動による影響

すでに起きていること

- 観測史上初めて3つの台風が北海道に上陸（平成28年8月）
- 約30年前に比べて、1時間降水量50mm以上の短時間強雨の発生回数が約1.4倍に増加
- 1850～1900年に比べ、2003～2012年の世界の平均気温が0.78度上昇

今後、予測されること

- 日本周辺に到達する猛烈な台風が増加する
- 台風の通過経路が北上する
- 豪雨の発生回数が21世紀末に約2倍以上になる
- 短期間豪雨の発生回数と降水量がそれぞれ増加
- 流入する水蒸気の量が増え、総降水量も増加
- 21世紀末までに、世界の平均気温がさらに0.3～4.8度上昇

出典：国土交通省「気候変動を踏まえた治水計画のあり方」

ハードの備えには限界がある

自然災害に対するハード面の対策（堤防の整備など）には時間がかかります。対策がされているからといって、絶対安心ということもありません。だからこそ、危険な土地には住まない、防災グッズを準備する、迅速に避難するといった、各自の防災意識の向上（ソフト面の対策）も大切です。

5 危険な降水量・風速

降水量の目安

猛烈な雨はがけ崩れや洪水、浸水などの自然災害を引き起こします。1時間あたりの降水量が多いほうが災害の恐れがありそうですが、たとえ短時間の降水量が比較的少なくても、長時間降り続けると被害が大きくなることもあります。

やや強い雨

10〜20mm／1時間

家の中※にいても、相手の声が聞きづらいくらいの雨音。地面からの跳ね返りで足元が濡れる。

※木造住宅を想定。

強い雨

20〜30mm／1時間

家の中※で寝ている人の半数が雨に気づく。どしゃぶり状態で傘をさしていても濡れる。

激しい雨

30〜50mm／1時間

バケツをひっくり返したような雨。道路が川のようになり、車で高速走行時、ブレーキがきかなくなる。

非常に激しい雨

50〜80mm／1時間

雨がゴーゴーと降り続け、視界が悪くなるほどの水しぶきで、あたりが白っぽくなる。傘はまったく役に立たず、車の運転も危険。

猛烈な雨

80mm〜／1時間

恐怖を感じるほどの雨。息苦しくなるような圧迫感がある。

出典：気象庁「雨と風」

風水害（台風・豪雨など）

風速の目安

台風の接近～通過時は、激しい雨とともに強風にも注意が必要です。風速20m以上になると、転倒したり、飛来物による負傷の恐れもありますので、不要不急の外出は避けましょう。

やや強い風

10～15m／秒

傘はさせず、風に向かって歩くのが困難。街路樹、電線が揺れ始める。道路の吹き流しが水平になり、高速運転中は横風で流される感覚を受ける。

強い風

15～20m／秒

風に向かって歩けず、転倒することも。高所での作業はとても危険で、看板やトタン板ははずれ始める。高速運転中は、横風に流される感覚が強くなる。

非常に強い風

20～25m／秒、25～30m／秒

何かに掴まっていないと立っていられない。飛来物による負傷の恐れもある。看板が落下・飛散する。自動車は通常の速度で運転するのが難しくなる。

猛烈な風

30～35m／秒

屋外の行動はきわめて危険。固定の不十分な金属屋根の葺材（ふきざい）がめくれ、養生の不十分な仮設足場が崩壊する。電柱や街灯が倒れることがある。

35～40m／秒

走行中のトラックが横転する。建物の外装材が広範囲にわたって飛散し、下地材が露出するものもある。多くの木々が倒れ、ブロック壁が倒れることも。

40m／秒以上

住宅が倒壊することがある。鉄骨構造物の中でも、変形するものが出てくる。

出典：気象庁「雨と風」

台風の強さと大きさ

台風のおおよその勢いは「強さ」と「大きさ」で表現します。「強さ」は最大風速で階級分けします。「大きさ」は強風域（風速15m／秒以上の風が吹いているか、吹く可能性がある範囲）の半径から区分けします。台風情報では「大型で強い台風」などと表現します。

強さの階級分け

階級	最大風速
強い	33m／秒（64ノット）以上、44m／秒（85ノット）未満
非常に強い	44m／秒（85ノット）以上～54m／秒（105ノット）未満
猛烈な	54m／秒（105ノット）以上

大きさの階級分け

階級	強風域（風速15m/秒以上）の半径
大型（大きい）	500km以上～800km未満
超大型（非常に大きい）	800km以上

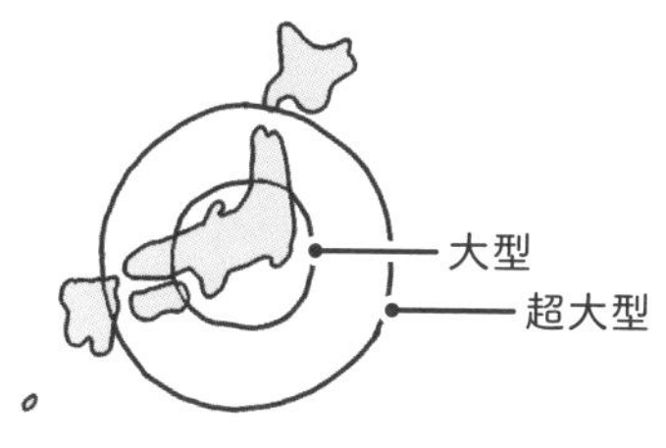

日本列島との大きさ比較

memo

中心気圧とは

中心気圧とは、台風の中心部の気圧のこと。台風の風は高い気圧から低い気圧に吹き込むので、中心気圧が低いほど、発達した低気圧になり、強風になります。

強風域の半径が500km未満の場合には「大きさ」を表現せず、最大風速が33m/秒未満の場合には「強さ」を表現しません。

6 水害に弱い土地の見極め方

ハザードマップを確認する

洪水などの被害を最小限に食い止めるためには、住んでいる地域が水害に強い／弱い土地であるか認識しておくことが大切です。洪水（水害）ハザードマップには、浸水想定区域や避難情報が記載されています。家族で確認しましょう。

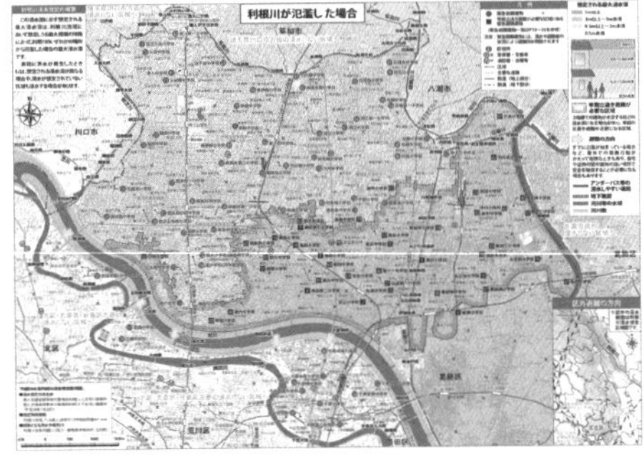

出典：足立区「洪水ハザードマップ（利根川が氾濫した場合）」

Check

地名に隠されたヒント

地名は、先人たちがその土地の特徴から名付けたものが多く見られます。中でも「沼」や「池」など、**水に関連する漢字が入っている地名は、かつてその場所が、湿地帯などの氾濫平野であったことを示している場合があります**。こうした場所は、大雨や地震が発生した際に、浸水や液状化などの被害が出る可能性があるので、念頭に入れておきましょう。また、新興住宅地などによくある「**光**」や「**希望**」などの**きれいな単語を使った地名**。こうした場所は、その昔**災害を示唆して先人たちが名付けた地名を、印象のよいものに改名している場合がある**ので、要注意です。自分の住んでいる地域の旧地名は役所やインターネットでも調べられるので、一度調べてみるのもいいでしょう。

要注意な地名の漢字例

土地の成り立ちで判断する

かつて沼や川、海だった地域に地震で液状化現象が起きるように、**土地の成り立ちと自然災害は密接に関係しています**。国土地理院のウェブ地図「地理院地図」では、身の回りの土地の成り立ちと、その土地が本来持っている自然災害リスクを公開しています。土地選びの判断基準に活用できます。

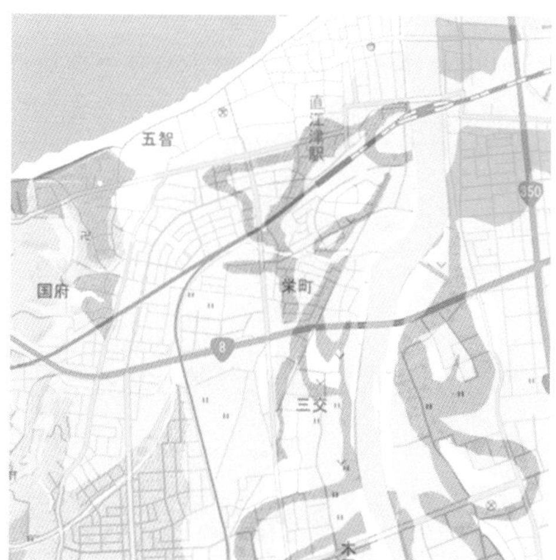

出典：国土地理院「地形分類」地図より一部を抜粋

国土地理院のホームページ内「地形分類（ベクトルタイル提供実験）」（https://maps.gsi.go.jp/）から閲覧が可能。地域を指定すると、土地の成り立ちと災害リスクを確認できる。

台地・段丘

周囲より階段状に高くなった平坦な土地。河川氾濫のリスクはほぼない（河川との高低差が小さい場合は注意）。地盤がよく、液状化のリスクも少ない。縁辺部の斜面近くでは土砂災害に注意。

自然堤防

周囲より0.5 ～数m高い土地。現在、もしくは昔の河川に沿って分布する。洪水には比較的強い（大規模な洪水では浸水の可能性も）。縁辺部は液状化のリスクがある。

扇状地

山麓の谷の出口から扇状に広がる緩やかな斜面。山地からの出水による浸水や、谷口に近い場所では土石流のリスクがある。地盤は比較的よく、地震では揺れにくい。下流部は液状化のリスクがある。

氾濫平野

低くて平坦な土地。洪水で運ばれた砂や泥が堆積したり、昔の海底が干上がったりしてできている。河川氾濫に注意が必要。海岸に近いほど地盤が弱くなり、地震で揺れやすい。液状化のリスクがある。

後背低地・湿地

主に氾濫平野の中にあり、周囲よりわずかに低い土地。河川氾濫の際には長期間浸水し、水はけが悪い。地盤が非常に弱いため、地震で揺れやすい。液状化のリスクもある。

旧河道

過去に河川の流路だった土地。砂や泥などで埋め立てられた。周囲よりわずかに低い。河川氾濫時は長期間浸水し、水はけが悪い。地盤が弱く、地震で揺れやすい。液状化のリスクも高い。

参考：国土地理院ホームページ「地形分類（ベクトルタイル提供実験）」

7 豪雨・台風の前にしておくべき対策

災害発生前の対策が被害回避の大原則

河川から離れた地域でも、豪雨や台風で浸水する可能性はあります。地震と違い、台風や大雨、洪水は事前にニュースや天気予報などで知ることができます。被害を最小限に食い止めるためにも、早め早めの行動を心がけましょう。

＜土のう・水のうの用意＞

浸水の被害を食い止めるために有効なのが土のうです。**土のうで玄関や車庫の入り口をふさぐことで、道路からの雨水を防ぐ**ことができます。土のう袋はホームセンターなどで入手できるため、自分で作れます。ただし、土や砂を袋詰めするのはなかなか大変な作業なので、**用意するのが困難な場合は、簡易水のうでもよい**でしょう。

台形に整えた土のうの横に、平行四辺形にした土のうを並べていく。2段目からは半分ずつズラして置けるように、土のうの大きさを調整する。

●簡易水のうの作り方

❶ 40 ～ 45L程度のゴミ袋を二重にして、水を半量程度入れる。
❷ 中の空気を押し出し、袋の口をねじって縛る。

大雨により下水が逆流して、トイレや洗濯機の排水口から吹き出ることがある。便器の中や排水口に水のうを置くと、逆流を抑えられる。

memo

土のう配布サービス

大雨による床下浸水などの恐れがある地域では、希望者に土のうを配布したり、自由に持ち帰って利用できる「土のうステーション」を設けているところがあります。各自治体に問い合わせてみましょう。

<窓ガラスの飛散対策>

台風では、飛来物がぶつかって、窓ガラスが割れることがあります。**外にある植木鉢などは片づけましょう**。窓が割れた際にガラス破片が飛び散ることを防ぐため、**飛散防止フィルムを貼っておく**とよいです。事前に養生テープやガムテープで**縦・横・斜めに目張りする**ことでも飛散を軽減できます。雨戸やシャッターがあれば必ず閉めましょう。

<停電対策>

停電は長期化することがあるので事前の対策は万全に。**浸水などでコンセントに水分が付着し、漏電が原因で火災になるケースもある**ので、二次災害を防ぐためにも、**停電したらまずブレーカーを落とす**こと。また、夏や冬はエアコンが使えません。とくに**夏は窓を開けられず熱中症の危険があるので、電池式の扇風機なども用意しておきましょう**。

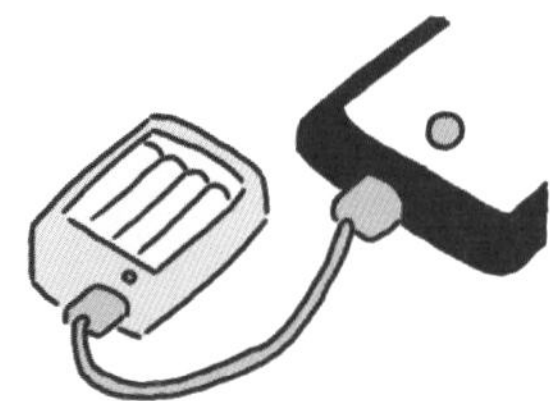

モバイルバッテリー

スマホの台数分、用意しておくと安心。1人3日分の容量の目安は2万mAh。乾電池式の充電器を常に自宅に備えておきたい。

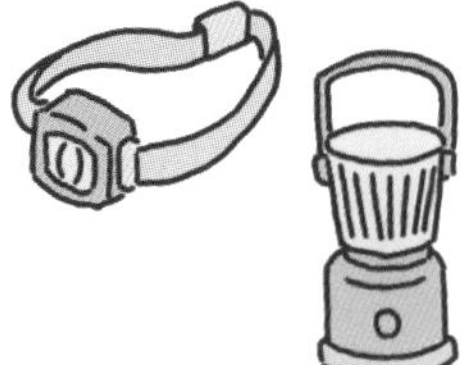

ヘッドライト、ランタン

ヘッドライトは両手が使えるので便利。明るく安全性が高いLEDランタンもおすすめ。

乾電池

乾電池はサイズ違いで用意する。各機器の3回交換分を常にローリングストックしておくとよい。

〈生活用水・飲料水の確保〉

台風による停電などで水道が使えなくなることがあります。お風呂の残り湯を湯船に残しておけば、生活用水として使えます。そのほかにも、**日ごろからポリタンクなどの容器に入れて、毎日交換する習慣をつける**とよいでしょう（使わなかったら植物の水やりなどに利用）。また、**飲料水は1人あたり1日2L×7日分を備蓄しておく**と安全です。

風水害（台風・豪雨など）

＜半地下・地下の駐車場、玄関の対策＞

半地下・地下にある駐車場や玄関、居室の浸水被害が発生しています。**入り口に土のうなどを設置して浸水被害を軽減させましょう。大雨の危険があるときはそのような場所に近づかない**ことが大切です。

＜雨水ますをふさがない＞

道路上の雨水は、雨水ますを通って下水道管に流れていきます。この場所がふさがっていたら、雨水は道路にたまってしまい、家屋の浸水にも繋がります。**落ち葉やゴミが詰まらないように日ごろから掃除を心がけ、植木鉢で穴をふさがないようにしましょう。**

＜側溝を掃除しておく＞

側溝の詰まりも浸水の原因になります。落ち葉やゴミを取り除き、**雨水が流れる状態をキープすることが、被害を食い止める備えになります。**台風シーズンはとくにこまめに掃除しましょう。

Check

大雨のときは洗濯機や浴槽の水は流さない

大量の雨水が下水道管に流れ込むと、管内の空気が各家庭の排水設備に押し戻され、流れが悪くなることがあります。マンホールから水が溢れる原因になるので、大雨時は排水をなるべく控えてください。

Check

マンションにも影響が出る

雨水がエレベーターシャフトに流れ込むと、センサーがはたらき、運転が停止します。エレベーターが停止してしまうため、高層階の住民は身動きがとれなくなります。また、給水設備に影響が出ると断水してしまいます。浸水の危険がないからと慢心せず、**しばらくの間は自宅で避難生活ができるように、備蓄などの備えをしておく**ことが大切です(→P186)。

突然の豪雨への対策

晴天が急変して大雨や雷、ひょうなどに見舞われた経験はありませんか? ゲリラ豪雨の危険は今後さらに増えるといわれています。対策を知っておきましょう。

<前兆現象に注意する>

❶真っ黒い雲が近づいてきた ❷雷の音が聞こえた ❸急に冷たい風が吹いてきた
これらは積乱雲が近づいてきたサイン。まもなく雷雨がやってきます。

<川や側溝からはすぐ逃げる>

河川敷や中洲などはもちろん、**小川や側溝でも、大雨が急に降ると一瞬で水かさが増します**。流されたり溺れたりする危険がありますので、すぐに離れるようにしましょう。

<地下からは脱出しておく>

地上が浸水すると、地下に一気に水が流れ込み、脱出するのが困難になります。**少しの浸水でも扉が開かなくなる**恐れがありますので、大雨になる前に早めに地上に脱出しましょう。

8 風水害避難のタイミングと行動

降水情報を随時チェックする

天気の急変については、さまざまな機関がインターネットなどで情報を発信しています。中でも気象庁の防災気象情報サイト「ナウキャスト」は、5分ごと、60分先まで調べたい地域の降水情報をピンポイントで確認できます。とても便利なのでぜひ活用しましょう。

●高解像度降水ナウキャスト

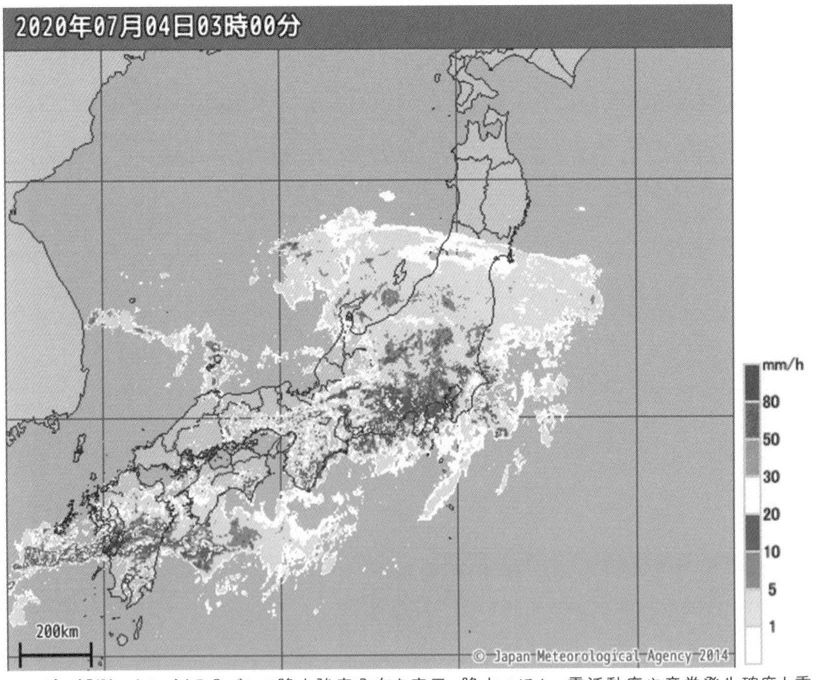

レーダー観測にもとづく5分ごとの降水強度分布を表示。降水のほか、雷活動度や竜巻発生確度も重ね合わせて表示することができる。

提供：気象庁

警戒レベルと避難のタイミング

台風や豪雨時には、市区町村からその地域の状況に合わせた避難情報(警戒レベル)が発表されます。適切なタイミングで確実に避難しましょう。一方で、気象庁や都道府県からは「警戒レベル相当情報」が発表されます。市区町村から避難情報が発表されていない場合でも、この情報をもとに自主的に早めの避難を心がけます。

警戒レベル

発信者:市区町村など
内容:避難情報など
確実に避難行動をとる

警戒レベル相当情報

発信者:気象庁、都道府県など
内容:河川水位や雨の情報
参考にして自主的に避難

警戒レベル	住民がとるべき行動	避難情報など	防災気象情報
5	・災害が発生、または切迫 ・命の危険。ただちに安全確保	緊急安全確保	氾濫発生情報 大雨特別警報 など
4	危険な場所から全員避難 ・災害が発生する恐れが極めて高い ・指定緊急避難場所などへ立ち退き避難	避難指示	氾濫危険情報 土砂災害警戒情報 など
3	危険な場所から高齢者などは避難 ・高齢者など避難に時間のかかる人は立ち退き避難 ・高齢者など以外の人も、危険を感じたら自主的に避難	高齢者等避難	氾濫警戒情報 洪水警報 など
2	避難行動を確認	—	氾濫注意情報
1	災害への心構えを高める	—	—

※警戒レベルと警戒レベル相当情報が出るタイミングや対象地域は必ずしも一致するわけではありません。
※警戒レベルは1〜5まで順番に発令されるわけではありません。
内閣府「令和元年台風第19号等を踏まえた避難情報及び広域避難等のあり方について(最終とりまとめ)」をもとに作成。
2021年出水期より運用開始予定(2021年1月現在)。

風水害（台風・豪雨など）

避難方法と注意点

豪雨や洪水で浸水被害にあうと周辺の光景は一変します。泥水や浸水の深い場所などを避けて安全に避難しましょう。

＜長靴は履かない＞

避難時、長靴を履いて移動すると中に水が入って重くなり、歩きづらくなる可能性があります。サンダルも脱げて流される可能性があるのでNG。履き慣れたスニーカーを選び、動きやすい格好で避難しましょう。

＜マンホールや用水路に注意＞

浸水している場所を歩くときは、マンホールや側溝に注意が必要です。**雨水の流入によりふたがはずれていることがあり、転落する恐れがあります。**傘や長い棒などで水中をつついて確かめながら、“思わぬ穴”にはまらないよう、十分気をつけましょう。

＜風が強いときに傘はささない＞

強風時に傘をさしても大半が壊れるうえに、壊れた傘で怪我をすることもあります。また、**強い風に傘があおられて事故の原因にもなるので、レインコートを着用する**ようにしましょう。

＜車中閉じ込めに注意＞

冠水した道路では、**10cm の浸水で車のドアが開きづらくなります。最悪の場合、閉じ込められてそのまま流される危険性があります。**徒歩よりも車で避難したほうが安全に思われがちですが、かえって危険です。どうしても車を使うのであれば、災害発生前に移動しておくことが賢明です。

運転中に豪雨に襲われたときは

運転中突然の雨にあったときは、無理は禁物です。安全な場所に停車して雨が弱くなるのを待ちます。その際、遠回りになったとしても、**立体交差のアンダーパスなど、周囲より低い場所を通るのは避けましょう。川沿いや崖のそばにも近づかない**ようにルートを選択します。

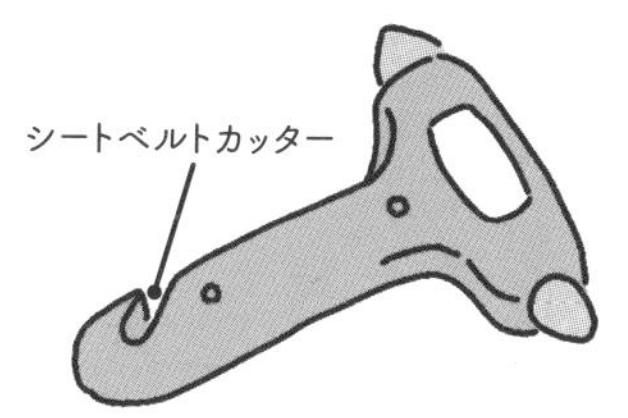

脱出用ハンマーを用意する

車内に閉じ込められたときのために、少ない力で車の窓ガラスを割ることができる「緊急脱出用ハンマー」を車内に常備しておきましょう。シートベルトカッターつきがおすすめです。

＜逃げ遅れたときは無理して外に出ない＞

市街地や家屋が浸水すると、大人の膝程度の深さでも水の中では歩けなくなるので、浸水する前に避難するようにしましょう。安全な場所まで移動する「立ち退き避難」が前提です。
しかし、もし**逃げ遅れたときは、屋内の上階や近くの堅牢な建物で待機する「垂直避難」のほうが安全な場合があります。**自宅がマンションの場合も同様に、自室に浸水の危険性がなければあえて外に避難することはありません。ただし、長期間取り残される可能性があるので、1週間分の備蓄は常に用意しておくようにしましょう。

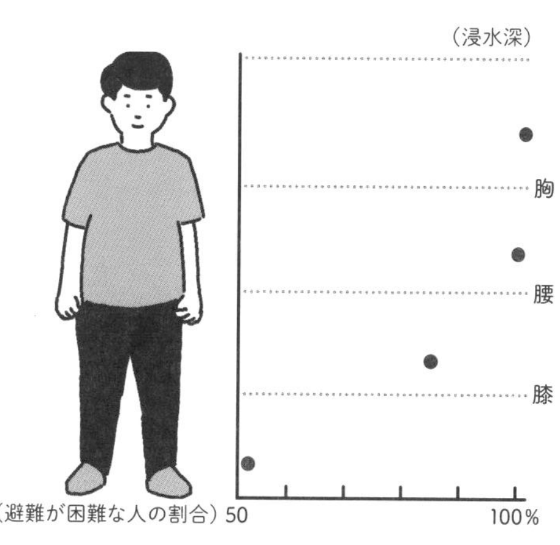

浸水深が0.5m（大人の膝）の高さを越えると、氾濫流速[※1]が0.7m/秒ほどでも、ほとんどの人が避難が困難になる。

出典：国土交通省「水害ハザードマップ作成の手引き」

※1 氾濫流速：氾濫水の流れる速度。

土砂災害

知識　備える　避難　アイデア

1 土砂災害とは?

土砂災害の種類

土砂災害は大きく分けて、豪雨や地震などで急な斜面が緩み、突然崩れ落ちる「がけ崩れ（急傾斜地の崩壊）」、地下水の影響などで斜面が下方へすべり落ちる「地すべり」、長雨や集中豪雨の影響で、渓流などにたまった土砂や石が一気に押し流される「土石流」の3種類があります。被害にあわないために、特徴や前兆現象を頭に入れておきましょう。

【がけ崩れ】

がけ崩れとは、斜面が突然崩れ落ちる現象。**豪雨や長雨などで地面に水がしみ込み、緩むことで発生します**。地震の影響で起こることもあります。前ぶれがあまりなく、崩れ落ちるスピードが速いのが特徴です。逃げる時間がなく、人的被害も大きくなります。

前兆は?

- がけから小石がパラパラと落ちてくる
- 地鳴りや異様な音がする
- がけや斜面にひび割れができる
- がけの湧き水が濁ってきた

【地すべり】

すべりやすい地層（粘土や泥岩などを含む層）の地盤が、雨や地下水などの影響を受けてゆっくりと下方にすべり落ちる現象。地すべりは広い範囲で起こるため、人家や田畑にも大きな影響を与えます。川をせきとめて、洪水を引き起こすこともあります。

前兆は？

- がけや斜面から水が吹き出る
- 沢や井戸水が濁る
- 木々が傾く
- 地面に亀裂が入る、陥没する

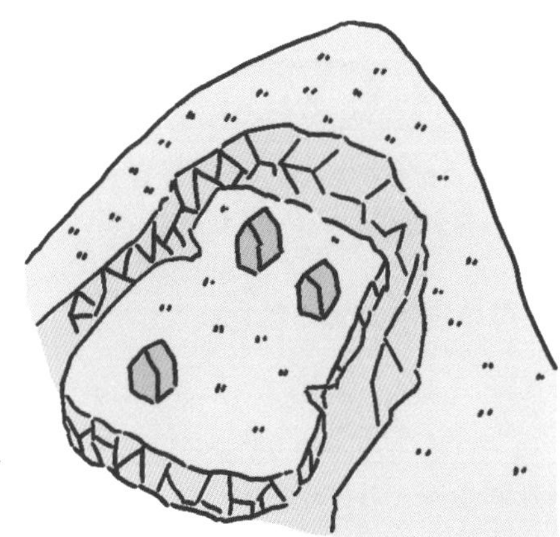

【土石流】

山腹や渓流にたまった土砂や石が、長雨や集中豪雨によって一気に下流に押し流される現象。その勢いは時速20～40kmと速く、あっという間に人家や田畑を押し流します。自動車並みのスピードなので、人的被害も大きくなります。「てっぽう水」と呼ばれることもあります。

前兆は？

- 雨が降っているのに川の水位が下がる
- 山鳴り（うなるような音）がする
- 川の水が濁り、流木が流れてくる
- 土臭いにおいがする

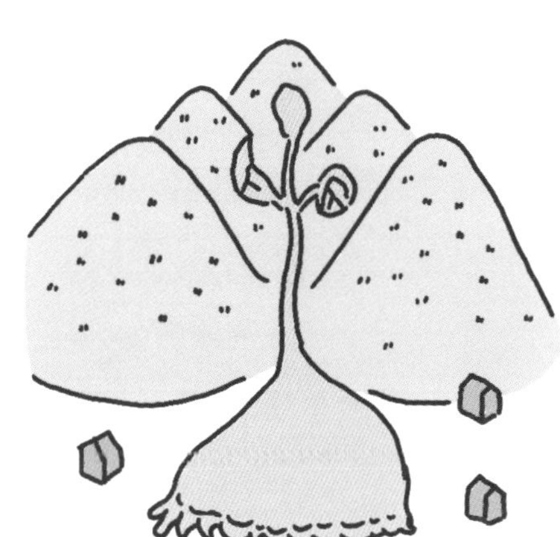

2 土砂災害から身を守るために

災害警戒区域か確認する

土砂災害のリスクがある地域は「土砂災害警戒区域」や「土砂災害危険箇所」に指定されています。自宅が該当するかどうかは、ハザードマップ（→P149）で確認できます。

●土砂災害の危険がある地区

土砂災害 危険箇所	土石流、地すべり、急傾斜地の崩壊が発生する恐れがある箇所。法的な位置づけはない。
土砂災害 警戒区域	土砂災害の恐れがあり、生命または体に危険が生じる恐れがある地域（通称：イエローゾーン）。
土砂災害 特別警戒区域	土砂災害警戒区域の中で、建築物に損壊が生じ、人体に著しい危害が生じる恐れがある区域（通称：レッドゾーン）。

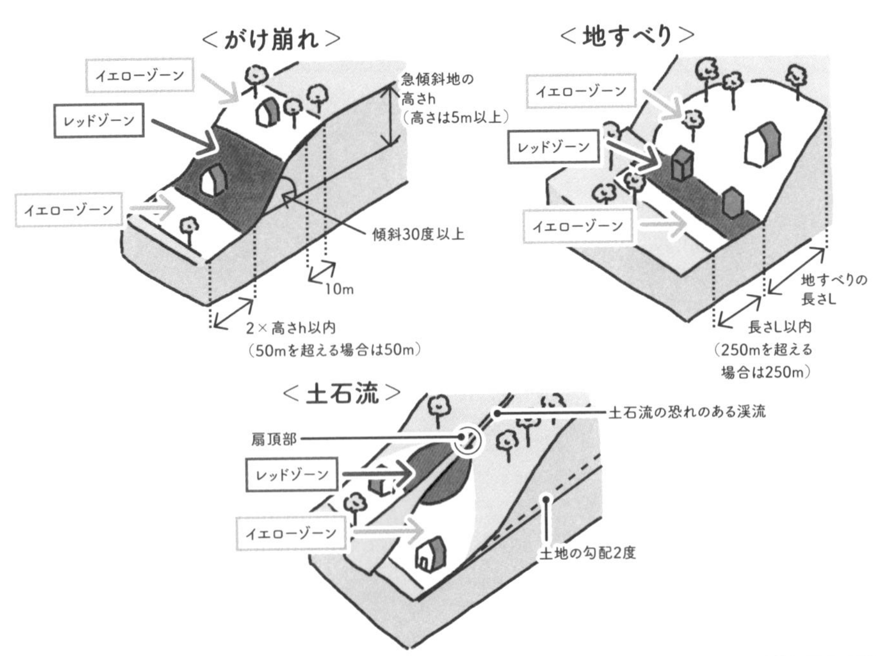

雨が降り出したら情報を随時入手する

いくつかの前兆はあるものの、土砂災害はいきなり起こり、またたく間に田畑や建物を飲み込みます。雨が降り出したら、テレビやラジオなどで気象情報を随時確認し、避難の準備をしましょう。

●大雨警報(土砂災害)の危険度分布

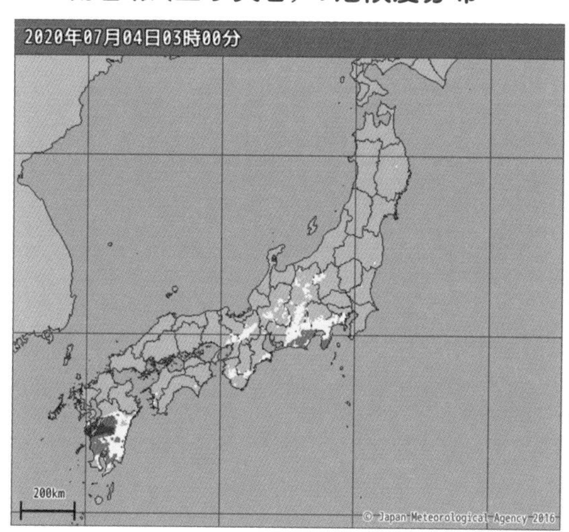

気象庁のホームページで現在発表中の土砂災害警戒情報をチェックできます。

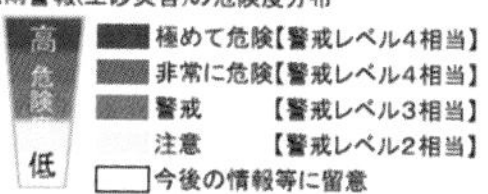

提供：気象庁

●大雨警報の危険度の色と、とるべき避難行動

色が持つ意味	住民等の行動の例	相当する警戒レベル
極めて危険 すでに土砂災害警戒情報の基準に到達	この状況になる前に土砂災害危険箇所や土砂災害警戒区域外の安全な場所に避難しておく必要がある	＜4相当＞ **全員避難**
非常に危険 2時間先までに土砂災害警戒情報の基準に到達すると予想	すみやかに土砂災害危険箇所や土砂災害警戒区域外の少しでも安全な場所への避難を開始する	
警戒(警報級) 2時間先までに警報基準に到達すると予想	避難の準備が整い次第、土砂災害危険箇所や土砂災害警戒区域等の外の少しでも安全な場所へ避難を開始	＜3相当＞ **高齢者等は避難**
注意(注意報級) 2時間先までに注意報基準に到達すると予想	ハザードマップなどにより避難行動を確認する。今後の情報や周囲の状況、雨の降り方に注意する	＜2相当＞ **避難行動を確認**
今後の情報等に留意	今後の情報や周りの状況、雨の降り方に留意する	—

※気象庁の警報と市区町村が発表する警戒レベルは同時に発令されるとは限りません。どちらか一方の発令でも迅速に避難をしましょう。

土砂災害

違和感を感じたら早めに避難を

土砂災害は人命に関わる大変危険な災害です。発生してから逃げても間に合いません。雨が降っているのに川の水位が下がるなど、P68-69の前兆現象はもちろん、「いつもと違う」と違和感を感じたら、早めに避難をしましょう。

安全な避難行動

避難指示があった場合はもちろん、土砂災害の前兆現象があったり、不安を感じたときは、すみやかに、土砂災害危険箇所や土砂災害警戒区域の範囲外に避難すること。夜間の避難は危ないので、できるだけ明るいうちに行動しましょう。家を出るときは、ガスの元栓を閉め、ブレーカーを落とし、戸締りも忘れずに。なるべく車は使わず、浸水していない道路を選んで歩きましょう。

●避難するときの服装

- 動きやすい長袖・長ズボン
- 履き慣れた靴
  （なるべく厚底のもの。長靴はNG）
- 穴あきヘルメット※で頭を保護
- 非常時持ち出し品（食料品含む）を詰めたリュック（両手を空ける）

※水抜き用の穴があいているもの。あいていないと、流水がヘルメット内に浸入したときに水圧で首が締まる危険がある。

避難が間に合わないときは、がけから離れた2階以上へ

避難が間に合わないときや、夜間で避難が困難と思われるときは、無理に外に出てはいけません。土砂などに巻き込まれる恐れがあり大変危険ですので、屋内で安全を確保します。その際は、**斜面とは反対側の、2階以上の部屋に移動します**。指定の避難場所までは行けなくても、近くに自宅よりも堅牢な建物があり、移動が可能な場合は、その2階以上に避難するのも手段の1つです。

雨がやんでも油断しない

土砂災害は大雨のピーク時にだけ発生するとは限りません。小雨になったり、雨がやんだ状態のときでも突発的に発生する可能性があり、とても危険です。**避難指示や大雨警報が解除されるまでは自宅に戻らず、避難場所で待機することが重要です。**

命を守るため、解除されるまではぐっと我慢！

雪害（大雪・雪崩）

知識

1 大雪で起こること

大雪はいつもの世界を異世界にする

あたり一面が雪に覆われ、地吹雪などで視界が真っ白になる「ホワイトアウト」が起こると、数メートル先の自宅にさえたどり着けないほど視界が悪くなる危険があります。

●除雪中の事故

屋根の雪下ろしや雪かき作業中に事故が起こることが多く、とくに高齢者の被害が目立ちます。

- 屋根の除雪作業中、バランスを崩して転落
- 軒下での除雪中、屋根からの落雪に埋まる、落雪が直撃する
- 除雪機のエンジンを止めずに雪詰まりを取り除こうとして巻き込まれる
- 除雪の重労働による心肺停止

●車による雪道での事故

路面の凍結や吹雪などによる視界不良により、車の運転中に事故が発生します。

- アイスバーン（氷のように凍った路面）によるスリップ事故。とくに信号交差点、橋の上、トンネル出入り口は凍結してすべりやすい
- 降雪や吹雪による視界不良
- 数cm先も見通せないようなホワイトアウトの発生や、降雪による立ち往生

●歩行中の事故

豪雪地帯に限らず、雪が少ない地域でも積雪や凍結が原因で歩行中に転倒事故が起きます。

- 歩行中の転倒

（すべりやすい場所）

・横断歩道の白線の上（薄い氷膜ができていることがある）

・車の出入りする場所（駐車場、ガソリンスタンドの出入り口、バスやタクシー乗り場など）

・坂道

・道路の凍結防止のため、路面の温度を上げる設備「ロードヒーティング」の切れ目（雪や氷が溶けずに段差ができている）

- ホワイトアウトで道がわからなくなり遭難する

2 大雪から身を守るために

除雪の準備をして、外出を控える

大雪時は生活機能が混乱するため、事前の対策が大切です。雪がひどくなる前に、スコップなどの除雪道具、すべりにくい靴などを備えておきましょう。雪の重みで電線が切れたときに備え、停電の対策も必要です。事故に繋がる恐れがあるので、不要不急の外出は避けましょう。

●どうしても外出するときは

外出が避けられないときは、以下のことに注意しましょう。「少しの間だけだから」「近くへ出かけるだけだから」という慢心が事故に繋がります。

- □転倒防止のため、歩道は走らない
- □普段よりも時間に余裕をもって行動する
- □すべり止めのついた長靴などを履く
- □近場への外出や短時間の外出でも、必ず防寒をする（あっという間に視界が悪くなり身動きがとれなくなる可能性がある）
- □手袋をして、両手が常に使えるようにする
- □歩幅を狭くして、靴の裏全体を地面につける感覚で歩く
- □落雪事故防止のため、軒下には近づかない
- □用水路などが雪で埋もれて見えなくなっている可能性があるため、転落に注意する

雪のときは車を運転しない

降雪時の運転は、スリップや、視界不良による事故、雪に埋もれて立ち往生などさまざまなリスクがあります。大雪のときは運転を控えるのが基本です。降雪が1cm以上あったり、雪が降って間もない時間帯（およそ24時間以内）、冷え込む夜間や明け方、日陰などは路面が凍結していることが多いので、事故の危険が高まります。

雪害（大雪・雪崩）

どうしても車を運転するときは

- □急ブレーキをかけるとタイヤがロックして止まれないため、普段より手前からソフトにじんわりとブレーキを踏んで止まる
- □カーブ手前から十分減速し、カーブ中は控えめな速度で走行する
- □坂道は適切なギヤにシフトダウンし、アクセルを一定に保つ
- □吹雪の中ではライトを点灯して存在を知らせる。スピードダウンして車間距離も十分とる
- □防寒着、毛布、非常食、飲料、携帯電話の充電器、除雪用のスコップなどを積んでおく
- □ガソリンが十分な状態で走行する（立ち往生した際、エンジンが切れると車内が一気に冷える）

車で身動きがとれなくなったときは

□ 救援を呼ぶ

道路緊急ダイヤル（#9910）や、JAF（#8139）に連絡して救援を求める。ハザードランプを点灯させて待つ。脱出が必要になる場合に備えて、風下側の窓が開くかどうか定期的に確認する。

□ 排気口の周りを除雪する

マフラーの排気口が雪でふさがれると排気ガスが車内に逆流する可能性がある。一酸化炭素は無色無臭で気づきにくいが、中毒になるととても危険。排気口の周りだけでも除雪する。

□ 完全に雪に覆われたらエンジンを切る

救援を待つ間に完全に雪に覆われたら、排気ガスの逆流を防ぐため、エンジンを切る（完全に覆われてしまえば気温の低下は緩やかになる）。定期的に風下側の窓を1cmほど開けて換気する。

除雪は複数人で行う

除雪の際の事故で多いのは、高齢者や、1人で作業をしているときです。慣れや過信は禁物です。除雪作業は複数で声をかけ合って行いましょう。

除雪するときの注意点

- □作業は家族または近隣住民と2人以上で行う
- □屋根の雪下ろしをするときは、建物の周りに雪を残しておく（落下時の衝撃緩和のため）
- □晴れの日は屋根の雪が緩んでいるので、とくに注意する
- □屋根に上がるときは、はしごはしっかり固定し、ヘルメットと命綱を装着する
- □除雪機を使うときは故障がないか点検する。雪詰まりの雪を取り除くときはエンジンを切る

雪崩のメカニズム

雪崩の仕組み

斜面上にある雪や氷の全部、またはその一部が肉眼でわかる速さで流れ落ちる現象が雪崩です。雪崩はすべり面の違いにより、「表層雪崩」と「全層雪崩」に区別されます。雪崩による災害は1～3月を中心に発生していて、毎年死者・行方不明者が出ています。

表層雪崩

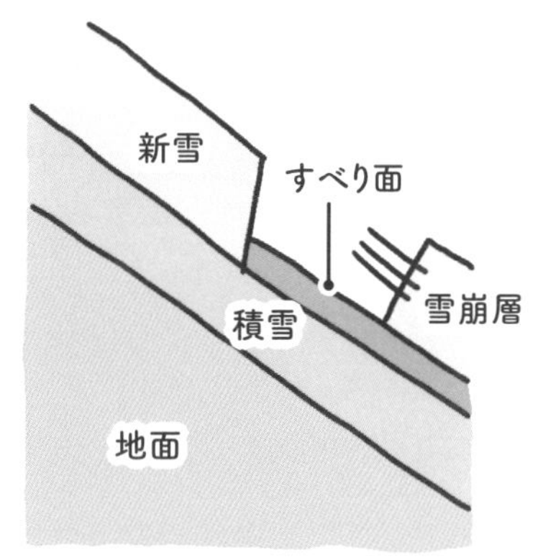

古い積雪面に降り積もった新雪がすべり落ちて発生します。すべり面は積雪内部。**1～2月頃の気温が低く、降雪が続く極寒期に多い**雪崩です。山麓から数kmに達する大規模なものもあります。

スピードは？

時速100～200km。新幹線並みの速さです。

全層雪崩

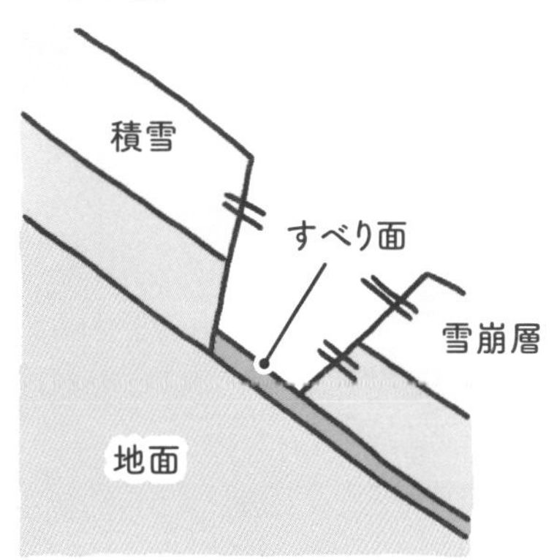

斜面上の硬くて重たい雪が、地表の上を流れるようにすべり落ちる現象。融雪や降雨により、積雪と地面の間に水が入るなどして摩擦力が弱まったときに発生します。**気温が上昇する融雪期（春先）に多い**雪崩です。

スピードは？

時速40～80km。自動車並みの速さです。

雪害（大雪・雪崩）

雪崩が発生しやすいケース

雪崩が起こりやすいのは、急斜面や低木林・まばらに木が生えている斜面など。気温や降雪量の条件がそろうと、さらに発生しやすくなります。

●雪崩のリスクが高い場所

斜面の角度が30度以上、とくに35 ～ 45度が最も危ないといわれています。中高木が密生している斜面は危険度が低いです。

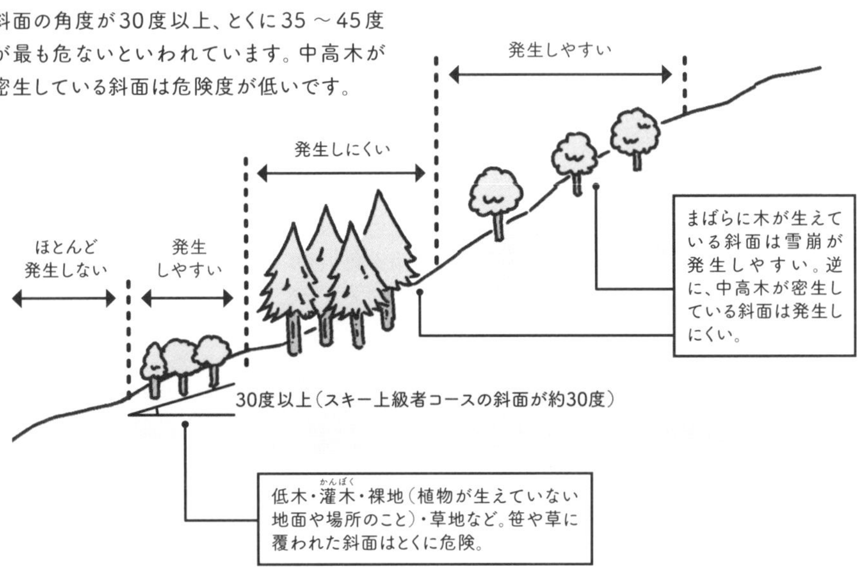

低木・灌木（かんぼく）・裸地（植物が生えていない地面や場所のこと）・草地など。笹や草に覆われた斜面はとくに危険。

●雪崩発生リスクが高まる条件

表層雪崩の場合	全層雪崩の場合
1 0度以下の気温が続き、吹雪や強風も発生している状態	1 過去に雪崩があった斜面
2 急傾斜で雪庇（せっぴ）（→P79）や吹きだまりができている斜面	2 積雪の亀裂が入っている斜面
3 低い気温で、かなりの積雪の上に短期間に多量の降雪があった場合	3 春先や雨の降った後、フェーン現象などの気温上昇時

雪崩の前兆現象

雪崩は最大で時速200km ものスピードになり、大きな被害に繋がる恐れがあります。雪崩の前兆現象に気づいたら、即座に斜面から離れ、絶対に近づかないようにしましょう。

❶ 雪庇（せっぴ）

山の尾根や山頂からの雪の張り出し。風が一方方向に吹くことで、風下方向に庇（ひさし）のように張り出す。張り出した部分が雪の塊となって、斜面に落下する。

❷ 巻きだれ

雪崩予防柵からの雪の張り出し。張り出した部分が自重に耐えられなくなると、雪の塊となって斜面に落下する。

❸ スノーボール

斜面をコロコロと落ちてくる、ボールのような雪の塊。これは、雪庇や巻きだれにたまった雪がとくに落下したもの。スノーボールが多く見られるときは要注意が必要。

❹ クラック

まるでひっかき傷のように、斜面にギザギザの亀裂が入った現象。積もっていた雪が緩み、少しずつ動き出そうとしている状態で、この動きが大きくなると全層雪崩の危険が高まる。

❺ 平滑化（斜面が平ら）

元の地形がわからないほど斜面に凹凸がなく、平らになっている状態。この場合、表層雪崩が起こる恐れがあり、とくに家の裏山などは注意が必要。

❻ 雪しわ

斜面にふやけた指先のような、しわ状の雪の模様ができた状態。積もっていた雪が緩み、少しずつ動き出している状態で、全層雪崩が起こる危険がある。

提供：新潟県土木部砂防課

4 雪崩から身を守るために

雪崩に巻き込まれないための事前対策

雪崩のスピードは速いので、発生に気づいてから逃げるのは難しく、大変危険です。雪崩に巻き込まれないためにも、ハザードマップや気象情報、自治体が発表する情報などを随時チェックし、安全を確認してから行動することが大切です。

＜ハザードマップで危険箇所を確認する＞

豪雪地帯に出かけるときは、市区町村が作成しているハザードマップで、雪崩などの危険箇所を把握しましょう。ホームページで確認できます。

出典：新潟県「なだれ危険箇所マップ　魚沼市」

＜雪崩注意報を確認する＞

気象庁が発表する気象情報をチェック。雪崩注意報が出ていないかを確認しましょう。

＜自治体が発信する情報を確認する＞

気象庁の情報と同時に、該当する自治体が発信する気象情報などを合わせて確認しましょう。より細かな情報を正確に入手することができます。

雪崩に遭遇してしまったら

スキーやスノーボード、登山などのレジャー中に雪崩に巻き込まれてしまったときに備えて、対処法を覚えておきましょう。

●周りの人が雪崩に巻き込まれてしまったら

- □雪崩に流されている人を見続け、だいたいの遭難場所を把握する
- □雪崩に巻き込まれた地点（遭難点）と見えなくなった地点（消失点）を確認し、雪崩がおさまったら、それぞれ木などで目印をつける
- □遭難点と消失点を結んだ直線上のデブリ（雪崩によって堆積した雪）の中に埋没している可能性が高いので、その周辺を重点的に探す
- □雪崩ビーコン（無線機）などを使って捜索し、見つかったら即座に応急処置（→P313）をとる

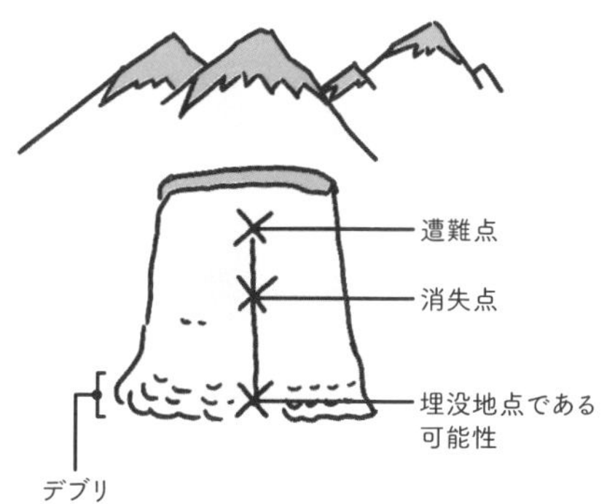

●自分が雪崩に巻き込まれてしまったら

- □仲間が巻き込まれないように大声で知らせる
- □雪崩の本流から離れるように、雪崩の端へ逃げる
- □体から荷物をはずす
- □飲み込まれても諦めずに、泳ぐようなイメージで浮上するようにする
- □デブリの深い部分に埋まってしまう危険性があるので、木などの掴むものがあればしがみつく
- □雪崩が止まりそうになったら、手で口の前に空間をつくり、呼吸スペースを確保する
- □上を歩いている人の声が聞こえるときがあるので、気づいたら雪の中から大声で存在を知らせる

知識 備える 避難 アイデア

1 火山とは?

発生する被害

火山が噴火すると、巨大な石や灰、ガスなど、さまざまなものが火口から噴き出され、建物や人に深刻な被害をもたらします。

火山灰

噴火とともに火山灰が噴き出し、広い範囲に降下、堆積する。灰といっても、その成分はマグマが噴火するときに破砕・急冷したガラス片や鉱物の結晶片。硬く角ばっていて、吸い込むとノドの痛みや咳を発症する。

噴石

およそ20 ～30cm以上の巨大な岩石が、風の影響をほとんど受けず、弾道を描いて火口から吹き飛ぶ。避難する猶予はほぼなく、建物を破壊し、人命にも影響を及ぼす。直径数cmの小さな噴石は風によって遠方まで飛ばされる。

火山ガス

水、二酸化硫黄、硫化水素、二酸化炭素などを主成分とする高温のガスが噴出される。また、噴火がなくてもガスだけ放出されることもあり、ガス中毒による死者が出ることもあるほど危険なもの。

火山泥流・土石流

火山灰などの噴出物が水と混ざり、地表に流れ出る現象が火山泥流。水と土砂が混ざり、流下する現象が土石流。どちらも流速は時速数十km に達することがあり、大災害になる。雨が降ったときは要注意。

融雪型火山泥流

冬季、火山を覆う雪や氷が噴火の熱によって水になり、火山噴火物と混ざって地表に流される現象。流速は時速数十km に達することがある。積もった雪が一気に溶けるので、遠方の広い範囲まで流下する。

火砕流

溶岩片や火山ガスなどの混合物が山の斜面に沿って急速に流れる現象のこと。火砕流は時速100km以上、温度は数百℃と高温で、恐ろしい破壊力を持っている。発生してからでは逃げられないので、火砕流発生の前に避難することが大切。

溶岩流

マグマが火口から噴火し、地表に流れ下る現象。温度は1000℃を超え、通過したエリアの火災を引き起こす。ただし、溶岩流はゆっくり流れるので、歩行での避難が可能。

日本には100以上の活火山がある

以前は、現在噴火している火山を「活火山」、噴火していない火山を「休火山」もしくは「死火山」と呼んでいました。しかし、**数千年活動していなかった火山が突然噴火して活動し始めたケースも過去にあった**ことから、2003年に「おおむね過去1万年以内に噴火した火山及び現在活発な噴気活動のある火山」を活火山と定義し直しました。**現在、活火山は全国に111あります**（2020年12月現在）。

恐山
岩木山
八甲田山
十和田
八幡平
秋田焼山
岩手山
秋田駒ヶ岳
鳥海山
栗駒山
肘折
鳴子
蔵王山
吾妻山
安達太良山
日光白根山
沼沢
磐梯山
妙高山
燧ヶ岳
那須岳
新潟焼山
高原山
草津白根山
男体山
弥陀ヶ原
浅間山
赤城山
焼岳
榛名山
白山
乗鞍岳
横岳
御嶽山
アカンダナ山
三瓶山
富士山
箱根山
伊豆東部火山群
伊豆大島
利島
新島
神津島
三宅島
御蔵島
八丈島
青ヶ島
硫黄鳥島
西表島北北東海底火山

※島嶼部の一部は省略。
出展：気象庁ホームページ「我が国の活火山の分布」

火山の噴火への対策

ハザードマップで噴火の被害範囲を確認する

火山ハザードマップは、活火山の過去の歴史をもとに、実際に噴火した場合に予測される被害とその範囲を算出しています。自分の住んでいる地域に火山噴火のリスクがあるのか、ハザードマップで把握しておくことは備えの第一歩です。

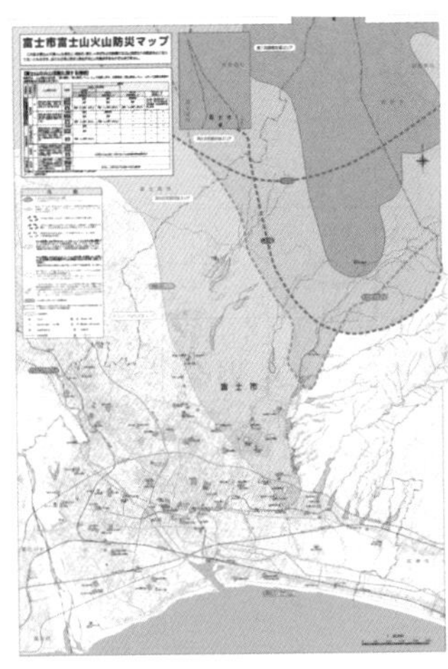

出典：静岡県富士市「富士市富士山火山防災マップ」

エリアによって危険度が異なる

「火口ができる可能性の高い範囲」「噴火しそうなとき、噴火が始まったときすぐに避難が必要な範囲」などを記号や色で区別しています。ただし、色がついていないエリアでも被害が生じる可能性はあります。

避難の道具を準備しておく

噴火に備え、装備品と非常時持ち出し品を事前に用意しておきましょう。

●準備するもの

- □ゴーグル（メガネ）
- □ヘルメット
- □防じんマスク
- □革手袋
- □長袖・長ズボン
- □底の厚い靴

持ち出し袋の中身はP191を参考に準備しましょう。

火山灰の対策をする

噴火による被害のひとつに火山灰があります。火山灰は目や呼吸器系を傷つけるなど、さまざまな健康被害をもたらします。また、火山灰が降り続くと、長いときは数日間外出できなくなる場合があります。降灰に向けての備えが必要です。

●事前の対策

- □防じんマスクとゴーグルを用意する
- □最低3日分の家族分の飲料水（1人あたり約2L／日）および1週間分の非常食を用意する
- □壊れやすい電化製品にカバーをして、完全に火山灰がなくなるまではずさない
- □湿ったタオルでドアのすき間や通気口をふさぐ。すき間風が入る窓にはテープを貼る
- □雨どいや配水管を排水溝からはずし、下水が詰まらないようにする

●火山灰が降っているとき

- □外出は控えて、屋内で待機する
- □屋外にいるときは、車内や建物内に避難する
- □屋外ではマスクやハンカチ、衣服などで鼻と口を覆う
- □コンタクトレンズの使用は控える
- □気象庁や各自治体が発信する降灰予報をチェックする

●火山灰の片付け

- □清掃時はマスク（防じんマスク）と長袖の上着を着用。コンタクトレンズを使用している人は、コンタクトレンズをはずし、メガネをかける
- □乾いた火山灰を片付ける際は、事前に水をまいて巻き上がるのを防ぐ。ただし、過剰にまくと火山灰が固まり、扱いが大変なので注意する
- □排水管が詰まり、下水処理施設を傷める恐れがあるため、排水溝や下水、雨水管に流さない
- □屋根に積もった火山灰への水のかけすぎは注意。屋根に荷重がかかり、潰れる危険性がある。屋根に数cm以上積もる前に掃除すること
- □火山灰は非常にすべりやすいため、屋根やはしごに登るときは注意する
- □集めた火山灰は丈夫なポリ袋に入れる。処分方法は各自治体の指示に従う

噴火が予想されるときの避難行動と注意点

警戒レベルをチェックする

警戒が必要な範囲と、防災機関や住民などがとるべき防災対応を5段階に区分したものを「噴火警戒レベル」として発表しています。現在、警戒レベルが運用されているのは48火山（2020年12月現在）。各火山のレベルは気象庁のホームページより確認することができます。

種別	名称	対象範囲	レベルと対応	火山の状態ととるべき行動
特別警報	噴火警報（居住地域）または噴火警報	居住地域及びそれより火口側	**レベル5** 避難	居住地域に重大な被害を及ぼす噴火が発生、あるいは切迫している状態。住民などは危険な居住地域からの避難などが必要（状況に応じて対象地域や方法などを判断）。
			レベル4 避難準備	居住地域に重大な被害を及ぼす噴火が発生すると予想される（可能性が高まってきている）。住民などは警戒が必要な居住地域での避難準備、要配慮者の避難などが必要。
警報	噴火警報（火口周辺）または火口周辺警報	火口から居住地域近くまで	**レベル3** 入山規制	居住地域の近くまで重大な影響を及ぼす噴火が発生、あるいは発生すると予想される。住民などは通常の生活をしながら、状況に応じて要配慮者の避難準備をする。登山者は登山禁止など。
		火口周辺	**レベル2** 火口周辺規制	火口周辺に影響を及ぼす噴火が発生、あるいは発生すると予想される。住民などは通常の生活をする。登山者・入山者は火口周辺への立ち入り規制。
予報	噴火予報	火口内など	**レベル1** 活火山であることを留意	火山活動は静穏。活動の状態によって、火口内で火山灰の噴出などが見られる。住民などは通常の生活。登山者・入山者への規制は特になし（状況に応じて火口内への立入規制などを行う）。

避難の流れ

火山が噴火すると、災害の要因となる火山現象が次々と起こります。迅速な避難が必要です。あらかじめ避難場所や避難経路を確認したうえで、気象庁が発表する噴火警戒レベルの内容に応じて避難します。また、各市区町村から避難指示があった場合には、それに従います。

避難時の格好

避難する際、噴石や火山灰などから身を守るための装備が必要です。実際に噴火が起きてからではパニックに陥ってしまうので、すぐ取り出せる場所に用意しておきましょう。

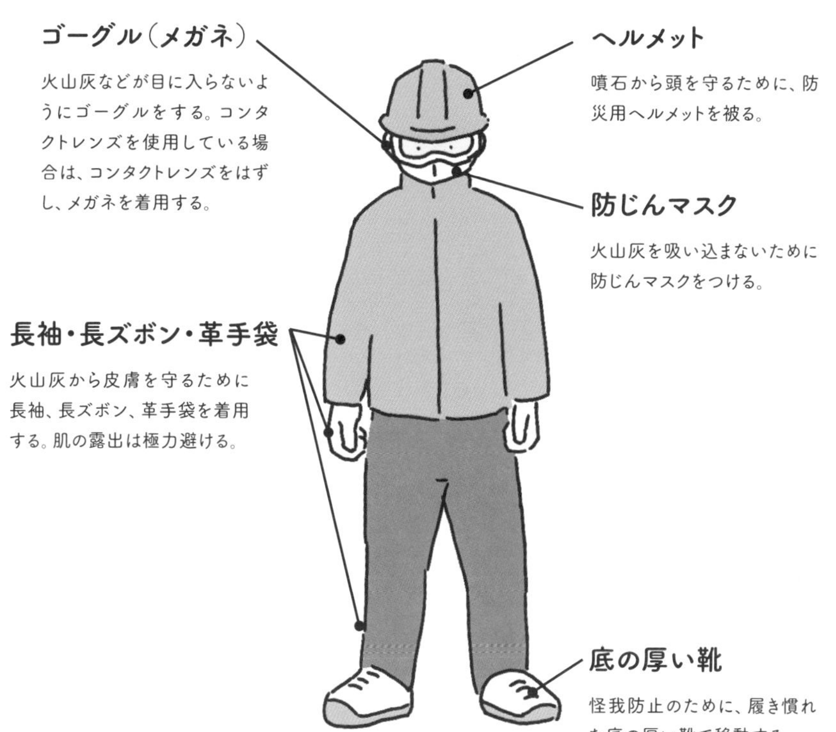

 登山中に噴火が起きたら

登山中の心得

まずは、登ろうとしている山が活火山かどうか調べましょう。登山届制度を導入している火山に登る際は、必ず事前に登山届を提出すること。入山時は火山防災マップや携帯電話、ゴーグル、非常食など万が一の場合に必要なものを装備し、登山中も常に火口付近の様子に注意を払うよう徹底してください。

memo

火山の最新情報

火山に登る際は、気象庁のホームページなどで最新情報を入手しましょう。

■気象庁 火山登山者向けの情報提供ページ（全国）
https://www.data.jma.go.jp/svd/vois/data/tokyo/STOCK/activity_info/map_0.html

異常現象を発見したら

火口付近に噴気などの異常現象を発見したら、安全な場所まで避難するか、すみやかに下山してください。余裕があれば、警察や地元市町村、気象台などに火口付近の様子を通報しましょう。

Check

登山中は携帯電話の電源をオンに

電波が入りにくいからと、登山中は携帯電話をあてにしていないという人も多いと思います。しかし、気象庁が配信する噴火の緊急速報メールや、防災行政無線が送信されてくる可能性があります。登山中も携帯電話の電源はオンのままにして、送信されてくる情報を見逃さないようにしましょう。また、万が一噴火した場合、通報・救護要請をするのに携帯電話を使うことがあります。モバイルバッテリーも持参すると安心です。

噴火が起き始めたら

火山は前ぶれなく突然噴火することもあります。登山中、噴火が起きたら火口からできるだけ離れ、山小屋やシェルターに避難することが大切です。

●登山中に噴火が起きたときの対応

- □ 噴火した場所の風下は、火山灰や火山ガスが流れて危険。なるべく風下を避けて移動する
- □ 山小屋やシェルターが見当たらないときは、大きな岩陰などに避難する
- □ 噴石から頭を守るためにヘルメットをかぶる。なければリュックサックを頭にのせる
- □ 火山ガスや粉じんを吸わないために、タオルやマスクで口元を覆い、ゴーグルを着用する

山小屋やシェルターに入って噴石から身を守る。なるべく多くの人が入れるように、荷物は外に出す。

富士山の噴火で首都圏がマヒする可能性があります。備蓄などの対策が必要です。

Check

富士山が噴火したらどうなる!?

現在、国内で指定されている111ある活火山の中の1つが富士山です。約300年前の江戸時代に噴火して以来、地下に大量のマグマをため続け、「いつか必ずまた噴火する」といわれています。国の検討会は、富士山で大規模な噴火が起きた場合、周辺で1m以上、首都圏でも数～10cmほどの火山灰が降り積もる予想であると公表しました。この降灰は、富士山周辺の建物倒壊などのほか、首都圏の交通機関やライフラインにも甚大な被害をもたらすと予想されています。

1 竜巻とは?

竜巻のメカニズム

竜巻とは、非常に発達した積乱雲によって発生する、強い空気の渦巻きのこと。地上付近でゆっくり回転していた渦巻きが、積乱雲の強い上昇気流によって上空に吸い寄せられることで細く縮められ、回転のスピードが速まり、竜巻になります。竜巻は上から伸びる柱のような形で突発的に発生し、激しい突風とともに大きな被害をもたらします。

暖かく湿った空気が上昇し、地表付近の積乱雲が発達する。

地上付近でゆっくり回転していた渦巻きが積乱雲に引き上げられる。

回転の半径が小さくなることでスピードが上がり、竜巻が発生する。

竜巻の形は“漏斗(ろうと)”に似ています。

竜巻が発生しやすい場所・季節

日本では年間およそ23件の竜巻が確認されています（2007 ～ 2017年の平均。海上竜巻を除く）。季節を問わず、一年を通して各地で発生していますが、**とくに積乱雲が発達しやすい7 ～10月は確認件数が増える傾向にあります。**また、**総じて沿岸部で発生しやすい**といわれています。ただし、夏場は内陸部でも発生することが確認されています。

●竜巻の月別発生確認数（1991～2017年）

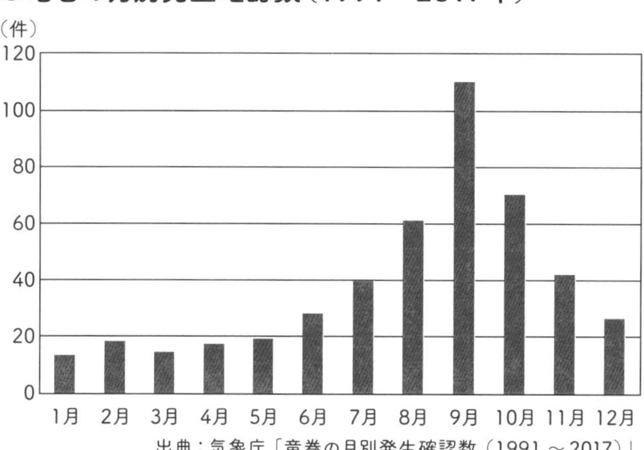

出典：気象庁「竜巻の月別発生確認数（1991 ～ 2017）」

※海上で発生し、その後上陸しなかったもの（海上竜巻）は除いた集計結果。

memo

竜巻とつむじ風の違い

竜巻は積乱雲の下に垂れ下がるようにできます。前線の通過や台風の接近に伴い発生し、大きさは直径10 ～600m前後まで大小さまざまあります。一方、**つむじ風は晴れた日に地面が太陽光で暖められることで発生するため、上空に雲は伴いません。**直径も数ｍ ～数十ｍと小規模で、破壊力も竜巻ほどではありません。しかし、砂が目に入ったり、風が巻き上げたものにぶつかって大きな怪我をする危険があります。つむじ風が発生したら、すぐに屋内に避難しましょう。

竜巻の前兆現象

竜巻にはいくつかの前兆現象があります。「**太陽光が雲でさえぎられ、急に暗くなった**」、「**冷たい風を感じる**」、「**ひょうが降ってくる**」などの異変に気づいたら、不要な外出は避け、安全な場所に避難しましょう。

●竜巻の前兆現象の例

☑ 暗くなる	☑ ひょうが降ってくる	☑ 冷たい風	☑ 独特のにおい
積乱雲で日差しがさえぎられ、突然空が夜のように暗くなる。	積乱雲から吹き下ろすダウンバースト（下降気流）に伴い、ひょうが降る。	積乱雲の下で形成された冷たい空気が暖かい空気と衝突した際に小規模な前線（ガストフロント）が発生する。冷たい風はガストフロント通過のサイン。	ガストフロントの通過直前に、草むらや土、アスファルトからむわっとした独特のにおいがする。
☑ アーククラウド	**☑ 乳房雲**	**☑ 雷鳴・雷光**	**☑ 耳鳴りがする**
ガストフロントが発生すると、その上にアーチ状の雲（アーククラウド）ができる。	底面がでこぼこした乳房状の雲をみかけたら、積乱雲が近づいているサイン。	遠くのほうで雷鳴が聞こえたり、雷光が見えたりする。	竜巻が発生すると付近の気圧が下がるため、耳鳴りがしたり、気分が悪くなったりすることがある。

アーククラウド

乳房雲

提供：気象庁

memo

竜巻発生情報

気象庁のホームページ「竜巻発生確度ナウキャスト」では、全国の竜巻情報を10分ごとに更新しています。発生確度を1時間後まで予想しているため、屋外での活動時などに便利です。

■竜巻発生確度ナウキャスト
https://www.jma.go.jp/jp/radnowc/

2 竜巻から身を守るには

屋内にいる場合

2階以上の場所は突風で吹き飛ばされる危険性があるので、1階に避難します。窓際は風の衝撃でガラスが割れる恐れがあるのでNG。頑丈なテーブルの下、トイレや風呂場、階段下の収納など風通しの悪い場所に避難しましょう。地下室があれば、より安全です。

竜巻が近づいてきたときの行動

- □ 竜巻が来る前に窓・雨戸・カーテンを閉める
- □ 1階に避難（できれば窓のない部屋に）。窓がある場合は窓から離れる
- □ テーブルの下などに身を小さくして隠れ、頭を守る

屋外にいる場合

竜巻が発生した際は、すみやかに堅牢な建物に避難してください。間に合わないときは、物陰に隠れ、風と飛来物から身を守ってください。樹木や電柱、木造の古い建物、プレハブ小屋などは突風で倒壊する恐れがあるので絶対に近づいてはいけません。

竜巻が近づいてきたときの行動

- □ 建物に避難。シャッターがあれば閉める
- □ 樹木や電柱、プレハブ小屋などには近づかない
- □ ビルのすき間など頑丈な建物の陰に隠れる
- □ 車の運転中なら、降りて頑丈な建物のすき間に隠れる
- □ 車からの脱出が間に合わないときは、車を路肩に止めて頭を窓よりも低くして前かがみになるなど、頭を守る

落雷

知識

1 落雷とは?

落雷の被害

雷は積乱雲の位置次第で海、山、平野と、場所を選ばず落ちます。とくに周囲よりも高い場所に落ちる特徴があり、ゴルフ場やグラウンドなど周りに何もない場所では人に直接落雷する（直撃雷）危険があります。雷が直撃した人は7～8割が死亡するとされています。また落雷を受けたものや人から別の人に電流が飛び移って死傷したり（側撃雷）、家屋への落雷で火災が発生したりと、さまざまな被害をもたらします。

金属をつけていると落ちやすい、というのは誤り。金属をつけていてもいなくても、落雷の危険度は変わりません。

●発生しやすい季節

太平洋側…夏 ／ 日本海側…冬

（ただし年間通して発生する）

●落ちやすい場所

周囲より高い場所（ただし、どこにでも落ちる）

【直撃雷・側撃雷】

落雷による被害で代表的なものに直撃雷と側撃雷があります。**直撃雷とは人や建物、木などに直接落雷すること。人に直撃した場合、非常に高い電圧・電流が体内に一気に流れるため、**大半の人が死亡します。**側撃雷とは物体や人に直撃した雷の電流が、周囲の人に再放電すること。木の下で雨宿りをしている際に被害にあう**ことが多く、直撃雷と並んで死亡率が高くなっています。

【誘導雷】

落雷は人的被害だけでなく、物的被害ももたらします。**雷が落ちると、その周辺に大きな電圧・電流が発生し、電線やアンテナ、電話線などを伝って誘導雷が建物内に入り込みます。その結果、電化製品などが焼損・故障してしまいます。**エアコンが動かなくなったり、インターネットや電話が繋がらなくなるなどの被害をもたらします。誘導雷は数km先まで伝わります。

落雷時に危険な場所

雷は場所を選ばず落ちますが、とくに高いものに落ちる性質があります。**木からは最低2m、電柱、鉄塔、煙突などの高いものからは4m以上離れましょう。グラウンドや山頂など、開けた場所や高い場所では人に落雷する可能性があるので、すみやかに安全な空間に避難します。**鉄筋コンクリートの建物や自動車（オープンカーは除く）、電車、バスの内部は比較的安全です。

●とくに危険な場所

- ゴルフ場、広場、グラウンド、屋外プール、堤防、砂浜、海上などの開けた場所
- 山頂、尾根などの高い場所
- 樹木、電柱、鉄塔、煙突などの高いものの近く

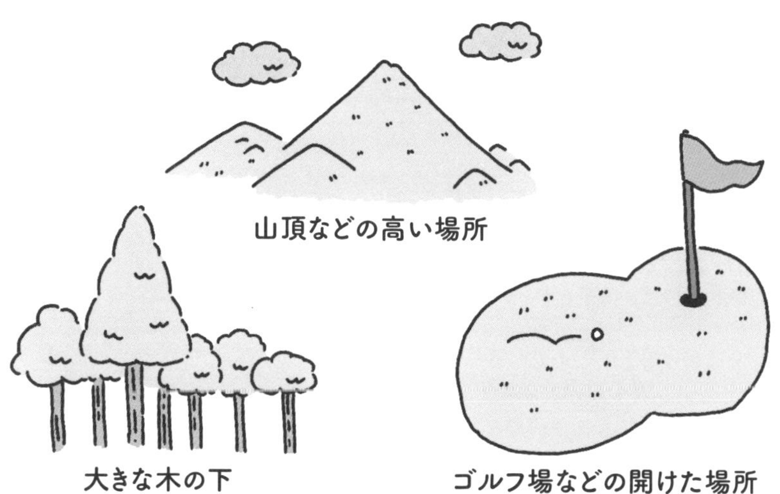

2 落雷が心配されるときの行動

身を守るための行動

雷鳴が聞こえたり、雷光を間近で感じたら、それは雷が迫っているサイン。いち早く安全な場所に避難することが重要です。

●家の中にいるときは

家の中は、基本的には安全です。ただし雷が落ちると、周囲に異常高電圧（雷サージ）が瞬間的に発生します。この高い電圧が誘導雷となって電化製品などに侵入します。そのため、感電しないように**雷が鳴っている間は水道管などの金属部や照明器具にはふれないようにして、電化製品のコンセントも抜いておきましょう。**

停電時に怪我をしないように、ヘッドライトやLEDランタンを用意しておきましょう。

●外にいるときは

雷は高いものに落ちる性質があります。**広場などの開けた場所にいるときは鉄筋コンクリートの建物内などに避難しましょう。高い場所のそばも危険なので、木からは最低2m、電柱などからは4m以上離れます。**避難場所がない場合は、頭を低くして、両足をそろえてしゃがみ、自分が突出物にならないようにします。地面との接触面積が増えると、地面への落雷電流が体内に流れ込む危険があるので、腹ばいは避けます。**傘をさしたり、釣り竿などの細長いものを頭より高くかかげたりするのは雷を誘っていることになります。**絶対にやめましょう。

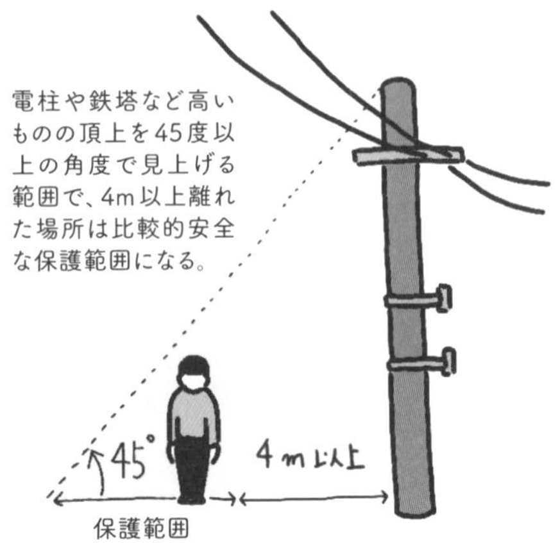

電柱や鉄塔など高いものの頂上を45度以上の角度で見上げる範囲で、4m以上離れた場所は比較的安全な保護範囲になる。

家電を守るための行動

落雷で過大な電圧が発生し、その電流（雷サージ）がアンテナや電線から侵入することで電化製品やPC機器が壊れるケースがよくあります。大切な家電の被害を防ぐためにも、以下の対処をしてください。

＜電化製品のコンセントやケーブルを抜く＞

可能な限りテレビやエアコン、パソコンなどに使用しているコンセントやケーブルを抜いておきましょう。これで**雷サージの侵入を防ぐ**ことができます。

コンセントプラグやケーブルを抜くのが手軽で簡単な対処法。

＜避雷器をつける＞

冷蔵庫やインターネット回線など、**ケーブルを抜けない家電には避雷器（サージアレスタ、サージアブソーバ）を取りつける**のも手段のひとつです。落雷による高圧電流を遮断する装置で、家電量販店などで販売されています。延長コードの電源タップに内蔵されているものもあります。

避雷器をつけておけば、外出時でも突然の落雷に対処できて安心。

memo

雷情報をチェックする

気象庁が配信するレーダー・ナウキャストでは、10分ごとに60分先までの雷発生情報を提供しています。調べたい地域や時間も指定できるので、天気が気になる場合は参考にするとよいでしょう。同様に、日本気象協会の雷レーダーもおすすめです。

■気象庁「レーダー・ナウキャスト（降水・雷・竜巻）」
https://www.jma.go.jp/jp/radnowc/

■日本気象協会「雷レーダー」
https://tenki.jp/lite/thunder/

1 火災の原因と対策

火災は14分に1件発生している

令和元年（1 ～12月）の全国の総出火件数は3万7683件で、これは1日あたりおよそ103件、14分に1件の頻度で火災が発生したことになります（消防庁調べ）。出火原因の1位はタバコ、2位は焚き火、3位はコンロと、どれも私たちにとって身近な場所で起きていることがわかります※。人命にも関わる恐ろしい火災について、その危険性と対策を理解しましょう。

※出火原因の順位は年によって変わる。

【タバコ】

タバコは常に、火災原因の高い割合を占めています。**河川敷や空き地などにタバコをポイ捨てした、消えたのを確認せずに室内のゴミ箱に捨てた、タバコをくわえたまま室内を歩き回り、火種がカーペットなどに落下したのに気づかずそのまま外出した**、などが代表例です。

〔対策〕
- □タバコを吸いながら歩き回らない
- □タバコはしっかりと消し、水をかける
- □布団に寝転がりながら吸わない

●出火原因

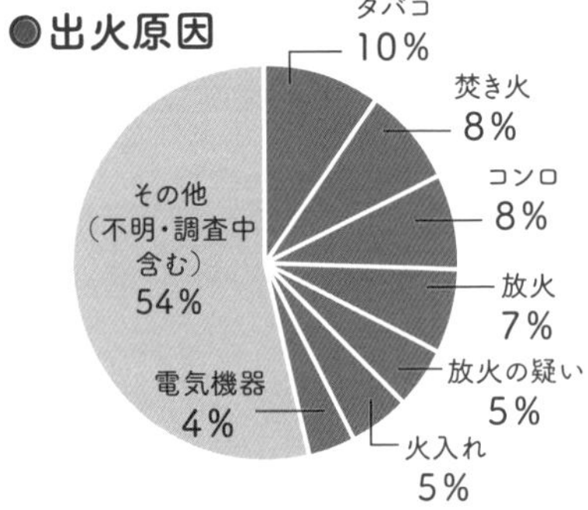

出典：消防庁「令和元年（1 ～12月）における火災の状況（確定値）」

【焚き火】

焚き火の中でとくに多いのが野焼きです。**乾燥した風の強い日に屋外で焼却すると、火の粉が風にあおられ周囲に着火したり、焼却後の不始末が原因で火災になります。** 現在、野焼きは法律で原則禁止されていて、見かけた場合は警察署などに通報する必要があります。

〔対策〕
- □焚き火台を使用し、周囲に燃えやすいものがないか確認する
- □失火の際にすぐ対応できるよう、そばに水を用意しておく

【コンロ】

コンロ関連の原因で一番多いのが火の消し忘れです。**揚げ物の調理中に電話がかかってきてその場を離れたり、コンロを使っていることを忘れて外出したりしてしまう**ことなどで火災が発生します。ほかにも、**コンロの火が袖に引火したり、魚焼きグリルに残った油かすが原因で火災になる**こともあります。

〔対策〕
□キッチン周りはいつもきれいにしておく
□火を使っているときはコンロから目を離さない
□袖口はまくり、火にかからないように気をつける

【放火】

家の周りに置かれた新聞紙や古紙、ダンボールなどに火をつけられるケースが多くなっています（死角になる場所はとくに注意）。また、施錠していない物置などに放火されることもあります。

〔対策〕
□建物の周りに燃えやすいものを置かない
□空き家や物置には鍵をかける
□シャッターやガレージの扉は閉じ、センサーライトをつける

【電気火災】

電気火災の原因にトラッキング現象というものがあります。**コンセントのプラグ部分にたまったほこりに湿気などの水分が付着し、そこに電気が流れることで炎が発生する現象**です。また**電気コードを束ねたり、たこ足配線にすることで電気がショートし発熱・発火**するケースや、**水槽の水が地震などであふれてコードにかかり漏電**し、火災になるケースなどがあります。

〔対策〕
□プラグの周りにほこりがたまらないように、定期的に掃除する
□電気コードは束ねない
□水槽の下に電源コードを置かない。防水カバーをつける

知識 備える 避難 アイデア

2 火災の煙の恐ろしさ

火災で最も危険なのが煙

火災で最も危険なのが煙です。実際、建物火災での死因は火傷よりも、煙による一酸化炭素中毒や窒息のほうが多くなっています。火災発生時の煙のスピードは速く、秒速3 ～5m（かけ足の速さ）で一気に上昇し、天井にぶつかると秒速0.5～1m（歩く速さ）で横方向に広がります。さらに壁にぶつかると下方向に滞留し始めます。**煙には有毒ガスが含まれているので、いかに煙を吸わずに避難できるかが重要になってきます。**

火災によって発生した煙は、まず上昇をはじめ天井にぶつかると横方向に広がり、さらに徐々に下降して室内に充満する。

一酸化炭素（CO）は気づかないうちに発生している

一酸化炭素は十分な酸素が足りず、火が不完全燃焼している状況で急激に増えます。火災時だけでなく、**換気をせずにストーブなどの暖房器具を使うと一酸化炭素が発生し**、めまいや意識障害といった中毒症状を引き起こします。**一酸化炭素は無味無臭で気づくのが難しく、ひどい場合は死に至ることも少なくありません。**

Check

後遺症が残ることもある

軽度の一酸化炭素中毒なら新鮮な空気を吸えば回復しますが、重度の場合は歩行障害、抑うつ、精神神経障害、認知機能障害などの後遺症が残ることがあります。

煙が階段をのぼるスピードは人の10倍

煙が階段に流入すると、一気にのぼっていきます。そのスピードは秒速3～5m。人が階段をのぼる速さは秒速0.3～0.5mなのでその差は歴然。どんなに急いでも、すぐ煙に追いつかれてしまいます。そのため、階段を使って避難する際は、**すみやかに防火扉を閉めて階段スペースに煙を入れないようにすることが重要です。**普段から防火扉の前にものは置かず、いざというときにすぐ閉められる状態にしておきましょう。

煙は階段から一気に上の階へ広がる。煙がまだ室内の天井にはりついているうちに避難する。

煙の広がり具合によって避難行動は変わる

建物の形状や状況によってケースバイケースですが、煙の広がり具合によって避難行動は変わります。**階段に煙が侵入していなければ階段で地上もしくは下階に避難。一方、階段まで煙が到達している場合はベランダなどから避難器具を使って避難する必要があります。**

	危険度	状況	避難行動の例
ここで避難が最善!!	レベル1	階段に煙がない	階段が複数ある場合は、煙の流入していない階段を使い地上、または下階へ避難
逃げ遅れに備えて避難想定・訓練を	レベル2	階段に煙が流入して使用できない	窓、ベランダから避難器具を使って避難 ・窓、ベランダなどの外気にふれる場所へ避難し救助を求める ・一時避難スペース（→P109）に避難し救助を求める
	レベル3	煙がフロア全体～階段に流入し、避難者自身も煙に覆われた危険な状態	・光や壁を頼りに窓、ベランダ、一時避難スペースに避難 ・煙を吸わないように身を低くして最小限の呼吸で避難 ・窓、ベランダなどから避難器具を使って避難 ・一時避難スペースへの避難・待機、救助を求める ・2階までなら窓、ベランダなどからぶら下がり避難（→P109）

出典：京都市消防局「火災から命を守る避難の指針」

火災への備えと心得

火災に早期に対応するために

住宅火災は日常の些細なことが原因で発生します。大切なものを失わないためにも、被害を最小限に食い止められるよう対策をしておきましょう。

＜消火器を設置する＞

初期消火に欠かせないのが消火器です。それぞれ、**どんなタイプの火災に対応した消火器なのかが表示されています**。

A火災（普通火災）	B火災（油火災）	C火災（電気火災）
木材、紙、繊維などが燃える火災	石油類およびその他の油類が燃える火災	電気設備が燃える火災

住宅用消火器

扱いやすく、住宅火災に適した消火器。スプレータイプの簡易消化器（右）は手軽だが消火力には劣るので、補助具として考える。

＜住宅用火災警報器を設置する＞

消防法により、戸建て住宅やマンションに住宅用火災警報器を設置することが義務づけられています。設置場所は各市区町村の火災予防条例で定められていますが、**寝室と階段の最上部は全国共通で必須**。居室や、火災が起こりやすいキッチンなどに設置義務が設けられている市区町村もあります。**古くなると火災を感知しないことがあるため、10年を目安に取り替えること**。また10年経っていなくても故障していたら即取り替えましょう。

■ 設置義務

スムーズな避難のために

実際に火災が発生すると大量の煙や炎でパニックに陥ってしまいます。**普段から階段や廊下にものを置かないようにするなど防災意識をもつことが**、スムーズな避難のための第一歩です。

＜階段や廊下にものを置かない＞

階段や廊下にものが置いてあると、**煙で視界が悪くなったときに避難の邪魔になります**。また**防火扉が閉められず、煙の流入を防げません**。日ごろからものを置かないように心がけましょう。

＜最適な避難経路を確認する＞

はじめて訪れたホテルや旅館などでは、**自分の部屋から非常口までの最も近く、安全なルートを確認しておく**必要があります。「後から見ておこう」と、後回しにすると忘れてしまう場合があります。入室したらくつろぐ前に、ルート確認をすることを習慣にしましょう。

●避難経路判断のポイント

- □ 非常口までの距離が短い経路
- □ 非常口までに曲がる回数が少ない経路
- □ 床に段差のない経路

＜2階以上からの避難を想定する＞

下の階に炎や煙が充満している場合は、窓やベランダからの避難が必要になります。**2階以上からの脱出にはロープや縄ばしごが有効**です。**ない場合はシーツやカーテンなどで代用する**など、もしもの場合を想定して、いろいろと考えておきましょう。

シーツやカーテンを繋いでロープにする。途中にコブを作ると、すべり落ちにくくなる（ロープの場合でも同様）。

 初期消火の方法を覚える

出火場所によって異なる消火方法

出火したらとりあえず水をかけて火を消したくなりますが、出火場所によって効果的な消火方法は異なります。代表的なガスコンロとコンセントの消火方法を見てみましょう。

【ガスコンロからの出火】

火元に直接水をかけると、油が飛び散るなどして火災がひどくなる恐れがあるのでNG。消火器での消火がベストですが、ない場合は**水で濡らした大きめのタオルやシーツを手前からかけます。**空気が遮断され、消火できます。

【コンセントからの出火】

出火しているコンセントにいきなり水をかけると、感電する危険性があります。まずはブレーカーを落とし、電気を遮断してから消火器で消火します。消火器がない場合は水で消火します。

消火器の使い方

実際に火災が起きたときに消火器が使えなかったら本末転倒。いざというときのために、消火器の使い方を頭に入れておきましょう。

❶ 安全ピンを抜く

消火位置を決めたら安全ピンを抜く。炎の高さの2～3倍を目安にした距離まで近づく。

❷ ホースの先端を握る

ホースをはずし、ホースの先端をしっかり握る。炎ではなく火元にホースを向ける。

❸ 放射する

ホースを火元に向けたまま、レバーを強く握って放射する。火元を掃くようにするのがコツ。

消火のコツ

初期消火の際は、**安全を考慮して逃げ口を背にして消火すること。**消火剤を放射すると炎や煙が立ち上がりパニックに陥りがちですが、火元を見極めて冷静に放射し続けます。また、消火器で消火しても再度燃える恐れがあるので、念のため水をかけておくと安心です。**火が天井まで達したら初期消火を諦めて逃げましょう。**

いざというときにすぐ逃げられるように出口を背にして、火元に向かって放射する。

火災発生時の行動

身の安全が第一

パニックになって判断を誤らないようにしましょう。まずは大声で周囲に知らせます。初期消火も大切ですが、無理だと思ったら素早く避難することがとても重要です。

＜大声で知らせる＞

どんな小さな火でも、一歩間違えればあっという間に広がります。「火事だ！」と大声で周囲に知らせるとともに、119番通報してもらうようお願いするなど、協力を求めましょう。

＜初期消火が無理ならすぐ逃げる＞

初期消火の目安は3分以内と言われています。消火器や水、濡らしたタオルなどを使って3分ほど消火につとめてもまだ火がおさまる気配がなかったら、それ以上は危険です。とくに**天井まで火が燃え上がったら手に負えないので、早く逃げましょう。**なお、**避難する際は燃えている部屋のドアを閉め、延焼を防ぎます。**

＜姿勢を低くして逃げる＞

煙や炎はまず上に行く性質があるので、床の低いところに空気が残っている可能性があります。**避難する際は、なるべく姿勢を低くして進みましょう。**そのとき、ハンカチやタオルなどで**口や鼻をしっかり覆い、煙を吸い込まないように注意します。**

窓は重要な避難経路になる

1階で火災が発生した場合、立ち上る炎や煙で階段が使えず、上の階から地上に降りられないことがあります。そのようなときは窓やベランダからの避難も検討する必要があります。

ぶら下がり避難（2階限定）

避難器具が見当たらない場合は窓枠などにぶら下がり、足を伸ばしてから手を離すと衝撃がやわらぐ。ただし、これが有効なのは2階まで。

窓のサバイバルポジションは「く」の字

避難が難しい場合は窓の外に「く」の字に腰を曲げ、窓の下の空気を吸うとともに大声で助けを求める。

一時避難スペースで救助を待つこともある

扉などで区画され、かつ外気に面した窓があり、一時的に炎や煙を遮断できるスペースを一時避難スペースといいます。どうしても階段などを使った避難ができないときは、密閉性の高い一時避難スペースで救助を待つ方法もあります。その際、扉から煙が侵入してこないように、テープやティッシュなどですき間を埋める必要があります。一時避難スペースになりそうな場所には消火器や避難器具などの器材を事前に用意しておくと安心です。

熱中症

知識　備える　避難　アイデア

1 熱中症とは?

熱中症を引き起こす3つの原因

暑い時期は、気温とともに体温も上昇します。体は、体内にたまった熱を逃がすために発汗して体温を下げようとしますが、**外気温や湿度が高いとうまく汗が蒸発されず、体温調整ができなくなります。**その結果、熱が体内にこもったままになり、熱中症を引き起こします。熱中症は体質や体調、行動が原因になる場合もあります。

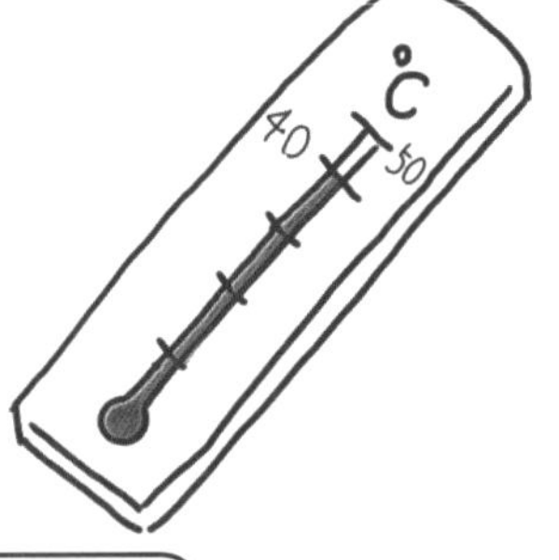

原因その1:環境

気温・湿度が高い日や風が弱い日は、汗がなかなか蒸発されません。体内にたまった熱の放散が減少し、熱中症を引き起こしやすくなります。それは屋内でも同様です。**「屋内だから大丈夫」と油断せず、こまめにエアコンや扇風機をつけて室内の温度や湿度を調節しましょう。**

注意が必要な環境

- □ 気温が高い
- □ 湿度が高い
- □ 日差しが強い
- □ 風が弱い
- □ 急に暑くなった日
- □ 熱波の襲来
- □ 閉め切った室内
- □ エアコンのない部屋

原因その2:行動

大量に汗をかいているのに水分補給をしなかったり、屋外で長時間作業し続けたりするのは危険です。**体力に自信がある人も、暑い日はこまめに水分をとり、無理な運動は控えましょう。**

注意が必要な行動

- □ 水分補給できない状況での作業
- □ 長時間の屋外作業
- □ 激しい筋肉運動
- □ 慣れない運動

原因その3：体質や体調

乳幼児は、汗腺が未発達でうまく体温調節ができないため、炎天下の車内など、体温よりも外気温が高くなる場所では急激に体温が上昇します。**高齢者はもともと体内の水分量が少ないのに加え、体の感覚も鈍く暑さやノドの渇きを感じにくい**ため、熱中症に注意が必要です。また、体調が悪いときは要注意です。

注意が必要な人

- □ 乳幼児、高齢者
- □ 肥満傾向の人
- □ 暑さに慣れていない人
- □ 寝不足や下痢、二日酔いなどの体調不良
- □ 普段から運動をしていない人
- □ 糖尿病や精神神経疾患などの持病がある人
- □ 低栄養状態の人

熱中症の症状

熱中症とひと口にいっても症状はさまざまです。**「何かおかしいな」と思ったら、それは熱中症のサインかもしれません。熱中症は脳や肝臓、腎臓機能の低下など、深刻な後遺症をもたらす場合があります。**何か異変を感じたら、無理はせずに休養し、重症になる前に医療機関を受診しましょう。

1）めまい・ほてり	2）けいれん	3）だるさ・吐き気	4）汗のかき方がおかしい
めまいや立ちくらみは脳への血流が瞬間的に不十分になった状態。顔のほてり、腹痛などの症状もある。	筋肉がぴくぴくとけいれんしたり、硬くなったり、足がつることも。筋肉痛になる場合もある。	体がぐったりする、力が入らないなどの倦怠感。吐き気や嘔吐、頭痛などの症状もある。	汗がまったく出ない、または異常なほど大量の汗をかくなど、いつもとは異なる汗のかき方をする。
5）体温が高い・皮膚異常	**6）まっすぐ歩けない**	**7）水分補給できない**	
体温が通常より高い、体にさわると熱い、皮膚が乾燥して熱く赤くなるなどの症状。	体がガクガクしてひきつけがある、まっすぐ歩けない・走れない、声をかけても反応しない、おかしな返答をする場合は重症。	反応がおかしく、自力で水分を補給できない場合は大変危険な状態。	

必ずこれらの症状が出るわけではありません。ちょっとした体の異変も熱中症のサインです。

2 熱中症の予防と対策

暑さに負けない体づくり

こまめに水分をとり、バランスのよい食事と十分な睡眠で丈夫な体をつくりましょう。室内ではエアコンや扇風機を使い、気温と湿度が高くなるのを防ぎます。通気性のよい衣服を着用し、屋外では強い日差しを避け、休憩をこまめにとって無理をしないことが一番です。

水と一緒にナトリウムを補給する

運動時の水分補給では、汗で失われるナトリウムを水と一緒に補給しましょう。水だけを飲み、血液のナトリウム濃度が薄まると、体はこれ以上ナトリウム濃度を下げないようにと、余分な水分を排出してしまいます。体液量が減少し、脱水症状・熱中症に繋がります。運動時は、塩分（ナトリウム）と糖分を含んだイオン飲料や、経口補水液での水分補給がおすすめです。

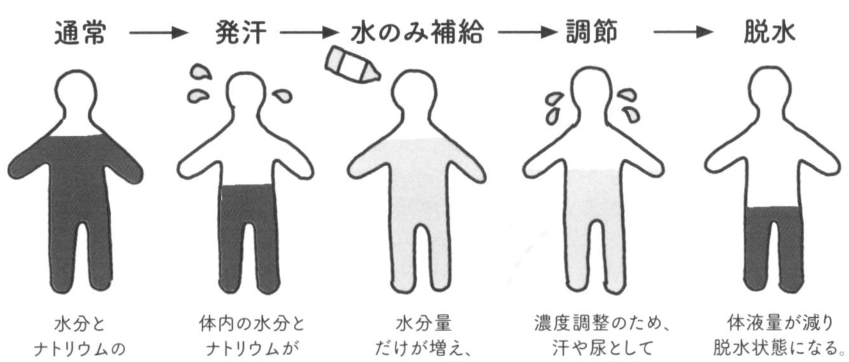

熱中症の対処方法

周りの人が熱中症の疑いがある場合、症状を見て冷静に対処することが大切です。下のフローチャート通りではなくても、状態が悪いと思ったら医療機関に相談しましょう。

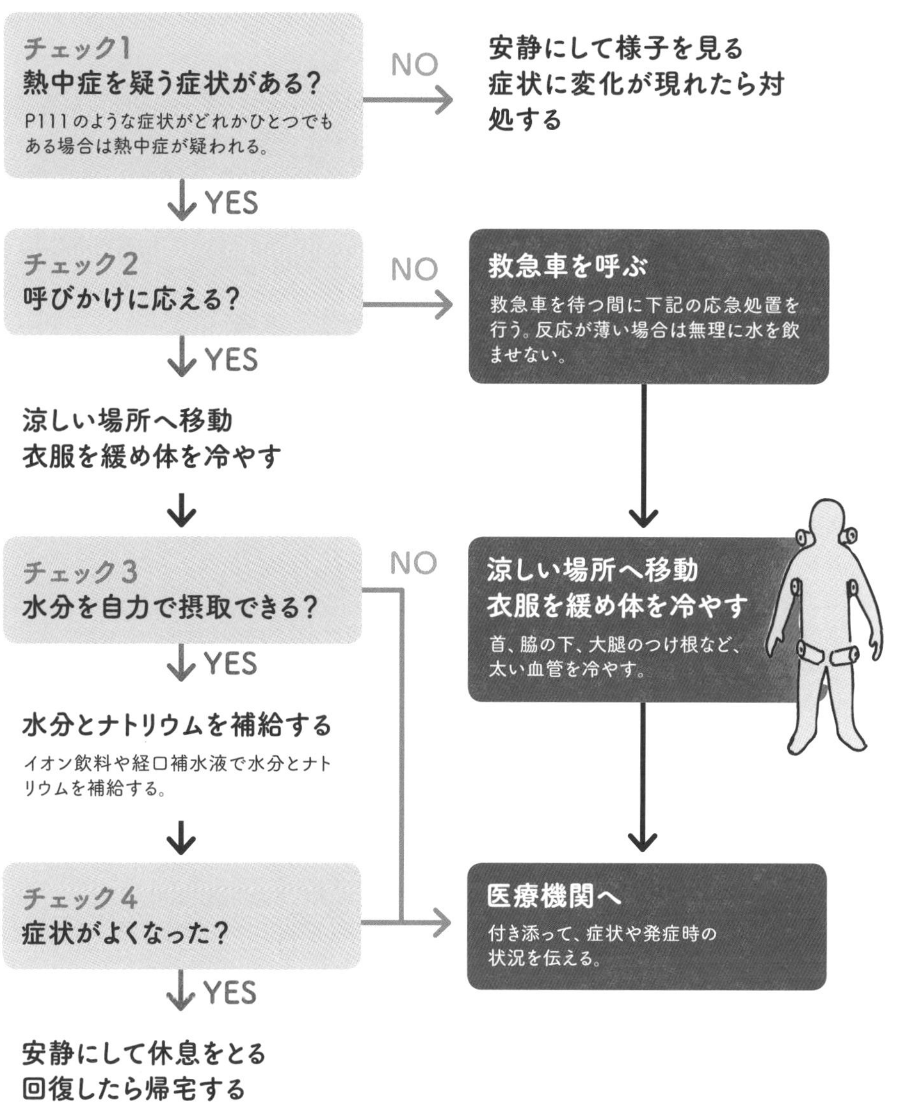

出典：環境省「熱中症環境保健マニュアル 2018」

 水難事故はなぜ起こるのか

水難事故は後を絶たない

海や川など水辺での遊びには水難事故という危険が伴います。令和元年の全国の水難事故数は1298件、そのうち695人が死亡もしくは行方不明となっています※。**水難事故が多い場所を把握し、事故を起こさないための対策が必要です。**

※警視庁「令和元年における水難の概況」

海水浴での危険

水難事故の半数以上は海で発生しています。岸の近くでも流れが速い場所（離岸流）や急に深くなる場所、遊泳者の足に絡みつく海藻が多く茂っている場所がとくに危険です。こうした場所は「危険」「遊泳禁止」などと案内されているので、絶対に泳がないこと。「遊泳区域」とされている場所でも、潮の流れや深さに注意しましょう。子どもは水深の浅い場所でも簡単に転倒したり波にさらわれたりします。

●海での注意事項

- □ 事前に「危険」「遊泳禁止」案内を確認する
- □ 「遊泳区域」でも水深や流れる方向、自分の体力を考慮する
- □ 悪天候が予想されるときは海遊びを中止する
- □ 体調がすぐれないときは海に入らない
- □ 飲酒後や飲酒しながらの水泳や釣りはしない
- □ 子どもの水遊びには大人が付き添う
- □ 釣りや魚とり、ボートに乗るときは、ライフジャケットやスパイクブーツを着用する

釣りや魚とり、ボートに乗る際は、必ずライフジャケットを着用する。

子どもはとくに、大きすぎると脱げてしまうので、体に合ったサイズを選びましょう。

川遊びの危険

川は同じ場所でも地形によって流れる速さが違うため、大丈夫だと思って遊んでいても、急に足を取られて流される危険があります。また川底の深みにはまり溺れることもあるので、穏やかな流れの場所でも、常に注意が必要です。また河原や中洲は急な増水で水没する危険があります。とくに中洲は一度増水すると逃げ道がなくなり大変危険です。キャンプなどでテントを張るのは絶対にやめましょう。

●河川での注意事項

- □ 出かける前に天候をチェックし、悪天候が予想される場合は出かけるのを中止する
- □ 「危険を示す掲示板」のある場所では遊ばない
- □ 常に水流の速さや地形を意識する
- □ 水流の速い場所や川底の深い場所は避ける
- □ 河原、中洲、川幅の狭い場所は突然の増水に注意する
- □ 天気が崩れそうになったらすみやかに避難する

雷鳴が聞こえたり、雨が降り始めたり、上流の空に黒い雲が見えたら天気が悪くなるサイン。ただちに避難する。

増水した側溝・用水路の危険

用水路に落としたボールを子どもが拾おうとして転落し、そのまま溺死するなど、命に関わる事故が毎年各地で起きています。側溝や用水路は幅が狭く水深も浅いですが、子どもはわずかな水深でも流されます。台風や集中豪雨などで増水しているときはさらに危険で、大人でも容易に流されます。増水時はもちろん、普段から側溝や用水路付近には近寄らないようにしましょう。

側溝の先にある「集水ます」に流れ込んでしまうと、自力ではい上がるのは困難。

溺れたとき、溺れた人がいるときの対応

溺れたときは「浮いて待て」

溺れたとき、焦って暴れるとかえって事態が悪化します。まず落ち着いて、「浮いて待つ」ようにしましょう。これは、水面に体を仰向けに浮かべて救助を待つ自己救助法です。水に落ちてしまったら、大きく息を吸って水面に仰向けになり、大の字になって浮いたままひたすら救助を待ちます。この方法なら無駄に体力を消耗することなく、呼吸も確保できます。

軽い靴は浮き具の代わりになり、衣服は体温維持に役立つので無理に脱がない。

Check

「UITEMATE」ウイテマテを世界の合言葉に

津波の被害が多いフィリピンやタイなどのアジア諸国では、自分の命を自分で守る行動として「浮いて待て」が評価され、多くの人々に浸透しています。いまや「UITEMATE」は世界の合言葉として注目されています。

親子で「浮いて待て」を練習してみましょう。

助けるときは絶対に飛び込まない

溺れている人を見かけたら、すぐ飛び込んで救助したくなりますが、**救助する側も溺れて二重事故を招く恐れがあります**。水の中で溺れた人を引っ張って岸まで泳ぐというのは、訓練したプロでないと難しいことなので、絶対にやめましょう。まず**溺れている人に声をかけて「浮いて待て」を実践させ、陸上から複数人で協力して救助します**。下記のような手段があります。

●救助の手順

1 溺れている人に声をかけ、落ち着かせる

2 周りに声をかけ、人を集める（119番通報してもらう）

3 溺れている人に、これから助けることを伝える

4 救助する方法を考え、救助に入る（人がいればいるほど、救助の手段が増える）

＜ロープ＞

ロープを要救助者の真上に投げます。無理に引き上げようとせず、ロープをピンと張りながら振り子のように下流へと導き、川岸まで来たら救助します。**要救助者が掴んだときに引っかかりになるように、ロープの途中にコブを作っておく**のがコツです。

＜ヒューマンチェーン＞

複数の人同士で手首をしっかり握ってヒューマンチェーン（人間の鎖）を作り、陸から要救助者までの間をチェーンで繋いで救助します。

＜木、棒、長いもの＞

木や棒、竹などの長いものを見つけ、**陸から要救助者に差し伸べて**救助します。

＜衣服＞

ズボンや上着、ベルトなど、自分が身につけているものを結び合わせてロープ状にして、陸から要救助者に投げて救助します。

＜ペットボトル＞

2ℓのペットボトルを要救助者に投げ、救助隊が来るまで浮いて待てる状態をつくります。水を少しだけ入れるとコントロールしやすくなります。ただし、直撃すると怪我をさせる危険があるので、投げるときには注意しましょう。

パンデミック

知識　備える　避難　アイデア

1 感染症とは?

さまざまな病原体

「感染症」とは、大気や水、土、動物、人間に存在している微生物（ウイルス、細菌、カビ、寄生虫など）が、人体に侵入し増殖することで引き起こされる病気のこと。私たちが普段「風邪」と呼ぶ症状も、感染症のひとつです。そしてこの感染症を引き起こす微生物を、「病原体」といいます。病原体にはウイルスや細菌をはじめ、さまざまな微生物が含まれ、それぞれ大きさや構造が異なっています。

ウイルス	細菌	真菌（しんきん）（カビ）	寄生虫
・コロナウイルス ・インフルエンザウイルス ・ノロウイルス ・風疹（ふうしん）ウイルス など	・コレラ菌 ・腸管出血性大腸菌 ・結核菌 ・肺炎球菌 など	・カンジダ ・白癬菌（はくせんきん） ・アスペルギルス など	・アニサキス ・マラリア原虫 ・赤痢アメーバ ・回虫 など

2種類の「感染」

「感染」とは、病原体が体内に侵入し、定着して増殖した状態のことをいいます。この感染によって発症することを「顕性感染（けんせいかんせん）」といいます。一方、感染してもはっきりとした症状が現れないことを「不顕性感染（ふけんせいかんせん）」と呼びます。

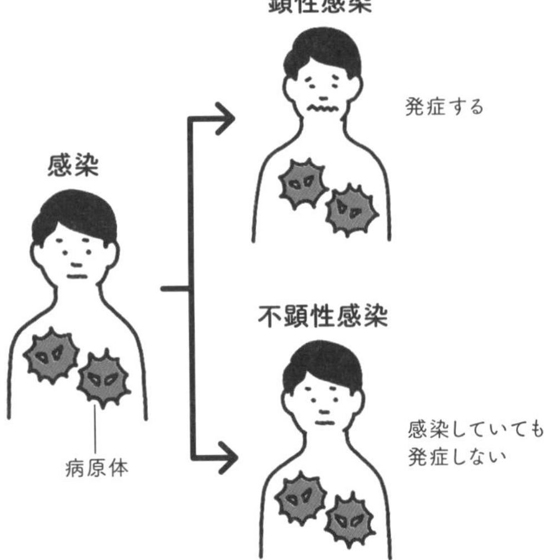

ウイルス・細菌・真菌の違い

大きさが小さいほうからウイルス、細菌、真菌の順で、小さいものほど構造もシンプル。シンプルすぎて単独で増殖できないウイルスは、人間の細胞に侵入して増殖します。このため細胞を傷つけずにウイルスを攻撃するのが難しく、有効な治療薬がまだ少ないのです。

●大きさの違い

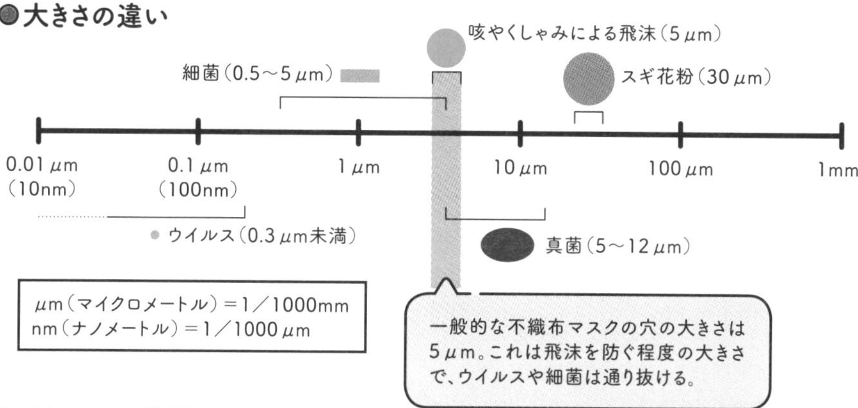

●それぞれの特徴

	ウイルス	細菌	真菌
人への感染	単独では増殖できないので、人間の細胞内に侵入し、宿主のメカニズムを利用して増殖する。	人間の体内で細胞分裂により増殖し、細胞に侵入したり有害な物質を出したりして、人体の細胞を傷つける。	人間の細胞に定着した菌糸（きんし）の成長や、それに伴う排泄物などによって症状を引き起こす。
主な感染症	・インフルエンザ ・風邪 ・麻疹（はしか） ・エイズ ・新型コロナウイルス感染症 など	・腸管出血性大腸菌（O157）感染症 ・結核 ・破傷風（はしょうふう） ・中耳炎 など	・白癬（はくせん）（水虫） ・カンジダ症 ・アスペルギルス症 ・ムコール症 など
治療法	ウイルスをターゲットにできる抗ウイルス薬はまだ少なく、対症療法[※1]が中心となることが多い。ポリオなど、予防接種が有効なものもある。	微生物が産出する抗生物質や化学合成された物質を使ったすぐれた抗菌薬があり、細菌を攻撃もしくは増殖を抑制することで効果を発揮する。	細胞膜を破壊する、細胞膜や細胞壁の合成を阻害するといった方法で真菌の生育を妨げる、抗真菌薬を使用する。

※1 対症療法：病原体を死滅させるのではなく、現れている症状を和らげるための治療をすること。

知識 備える 避難 アイデア

 感染経路と対策

主な感染経路

感染は、どこかで何らかの方法で病原体に接触し、体内に侵入されることで起きます。この病**原体が体内に侵入するまでのルートを感染経路といい、これを知ることは感染予防の第一歩と**いえます。日常生活における主な感染ルートは3種類。「飛沫感染」、「空気感染」、「接触感染」です。

【飛沫感染】

病原体に感染している人が咳やくしゃみ、会話をすると、**病原体が含まれた唾液（飛沫）が飛び散ります。これを別の人間が吸い込むことで起きるのが、飛沫感染**です。飛沫感染は、インフルエンザや風邪、風疹などで起きるとされています。飛沫は水分を含むため重く、すぐに落下するものの、**感染源から1～2m程度は届く**といわれています。また、**乾燥した空間で飛沫の水分が蒸発すると軽くなるため、落下の速度が緩やかになり、空気中を漂う時間が長くなります。**

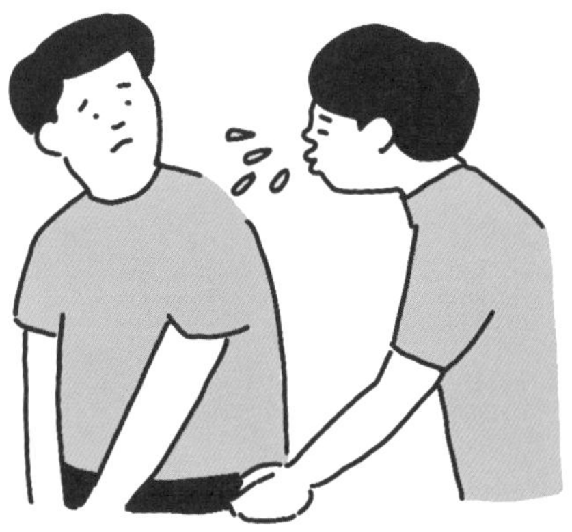

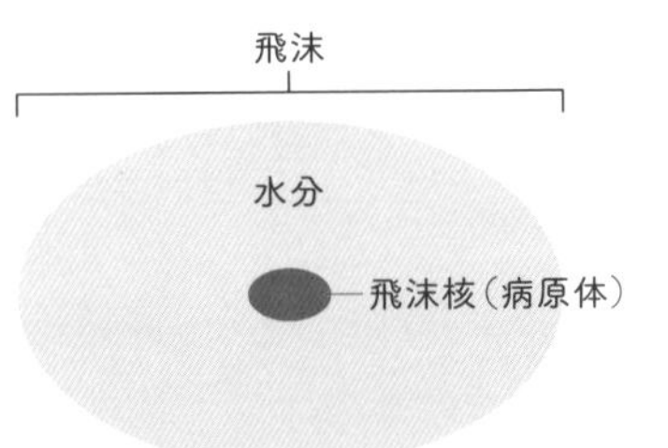

飛沫は直径5μm以上で、水分を多く含むため重く、比較的すぐ落下する。感染源から2m以内に30分いると、感染リスクが高まるとされる。

予防対策

- ☐ マスクを着用する
- ☐ 感染者から距離をとる（2m程度）
- ☐ 換気をこまめにする
- ☐ 大人数で集まらない
- ☐ 部屋を乾燥させないように湿度を保つ

【空気感染】

空気中に漂っている病原体を吸い込むことで起きるのが、空気感染です。多くの病原体は飛沫から水分が蒸発すると感染力が失われますが、**麻疹ウイルスや結核菌などは、飛沫核だけになっても感染力を保ち、空気中を漂います**。

予防対策

- □換気をこまめにする
- □感染者を隔離する
- □ワクチンを接種する

空気感染は感染力が強く、大流行を引き起こしやすい感染経路です。

飛沫
水分
飛沫核(病原体)
↓ 水分が蒸発
飛沫核(病原体)

飛沫の水分が蒸発した5μm以下の小さな粒子を飛沫核といい、病原体そのもの。飛沫核は水分がないため軽く、長時間、遠くまで浮遊していくことができる。

【接触感染】

病原体にさわったり、**病原体が付着したものにふれたりすると、病原体が手につきます。その手で目や口などにふれて粘膜から病原体が体内に入るのが、接触感染**です。病原体に汚染された食品を食べて感染した場合も接触感染といい、ノロウイルスや腸管出血性大腸菌(O157)、サルモネラ菌、HIVなどが代表例です。ノロウイルスなどは、吐瀉物や排泄物から同様に舞い上がり、空気中を漂うことで、空気感染も引き起こします。

予防対策

- □こまめに手洗い、手指の消毒をする
- □器具などの洗浄や滅菌、消毒をする
- □食品を加熱殺菌する

Check

エアロゾル感染とは?

飛沫の多くは直径5μm以上ですが、一部は、2~3μm以下の微小粒子となり空中を数時間漂うといわれています。これはエアロゾルやマイクロ飛沫などと呼ばれ、これを介して感染することを「エアロゾル感染」と呼びます。通常の飛沫と異なりすぐに落下しないため、密閉された空間などではとくに注意が必要です。飛沫感染と空気感染(飛沫核感染)の両方の特徴を含みますが、用語の定義はあいまいです。

「3分の会話」で「咳1回」の飛沫量

飛沫は咳やくしゃみ、会話などで発生します。では、咳と会話では飛沫の発生量は同じなのでしょうか？　理化学研究所のスーパーコンピューター「富岳」を使ったシミュレーションによると、飛沫の発生量は「会話3分」と「咳1回」、「歌唱1分」が同程度というデータがあります。激しく呼吸をしたり、大きな声を出したりするほど、感染リスクが高まるといえるでしょう。

飛沫が飛散しやすい条件

飛沫が飛散しやすい状態を避けるのも、飛沫感染を防ぐポイント。距離・位置、湿度の面から、飛散しやすい条件を頭に入れておきましょう。

【正面・1m以内】

飛沫は直進性が強く、大部分が発話者の正面（顔を向けている）方向に飛びます。また、正面の人が咳をしても、1.2m離れていれば、到達する飛沫は総飛沫量の5％に抑えられますが、0.8mの距離だと、総飛沫量の40％が到達します。

【低湿度】

湿度が低いほど多くの飛沫が遠くまで飛びます。これは乾燥した空気によって、飛沫の水分が蒸発し、エアロゾル化するためと考えられます。とくに、湿度が30％以下になるとその傾向は顕著。乾燥する冬は、加湿と換気の併用が大切です。

Check

飲食店での会話は要注意

飲食店では人と人との距離が1m以内になりやすいため、注意が必要です。4人がけのテーブルで、発話者が相手のほうを向いてしゃべりかけた場合、最も多くの飛沫を浴びるのは距離が近い隣の席の人。最も飛沫の到達量が少なくなるのが、はす向かいの席です。飛沫は直進性が強いので、話しかけた人に集中的にかかります。

ウイルスの生存時間

ウイルスは生命体ではないですが、感染力がなくなった（不活化）したときを「死」、感染力がある状態を「生存」と捉え、人体の外での生存時間を見てみましょう。

●人体の外でのコロナウイルスの生存時間

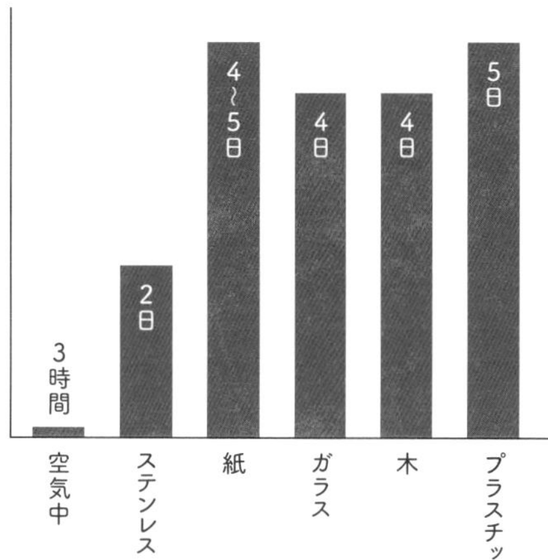

接触箇所の消毒が重要

コロナウイルスは、**飛沫として空気中を漂っているよりも、どこかに落下したほうが長く生存する**ことが左のグラフからわかります。このことは、**感染者が滞在した場所では、建物や家具などの消毒が必要になる**ことを示唆しています。

出典：国連保健機関「CORONAVIRUS UPDATE No.20」

※グラフには新型コロナウイルス（COVID-19）のデータは含まれていないが、従来のコロナウイルスと異なる兆候はないとされている。

ウイルスがつきやすい場所

密閉された場所に不特定多数の人が集まり、会話をするなど声を出すような環境では飛沫が多く発生するので、周囲にウイルスが付着する可能性も高まります。同様に、不特定多数の人がふれる場所も、ウイルスが付着している可能性が高いです。

●特に注意が必要な場所

- □ ドアノブ
- □ 手すり
- □ トイレの水洗レバー・便座
- □ テーブル
- □ 携帯電話・スマートフォン
- □ 受話器
- □ 蛇口
- □ 洗面台
- □ シンク
- □ タッチパネル
- □ 電車やバスのつり革

など

これらの場所をさわったままの手で、目や口などにふれないように。さわったら必ず手洗いやアルコール消毒をしましょう。

3 身近なウイルス対策アイテムの特徴

「サージカルマスク」と「N95マスク」の違い

さまざまな種類があるマスク。中でもウイルスや細菌などに対する一定の防護効果を持った医療用マスクとして有名なのが、サージカルマスクとN95マスクです。

サージカルマスク

- 着用者から排出される飛沫が飛び散るのを防ぐ
- 相手の飛沫や血液の飛散から着用者を防御する
- 主に手術など医療現場で使われることを想定したもの

N95マスク

- 0.1 ～0.3 μmの微粒子を95％以上除去（飛沫もウイルス単体も防ぐ）し、着用者を守る
- 主に粉じんの多い産業現場で使われていたが、医療現場でも使われるようになった

マスクの性能表示の見方

同じように見える市販のマスクでも、パッケージの性能表示を見ると違いがわかります。PFE、VFE、BFE の表記は試験の測定値で、**フィルターによってどのくらいろ過できた＝通さなかったのかを表すもの。数字（％）が大きいほど性能が高いことを表します。**

PFE	「微粒子ろ過効率」のこと。平均0.1 μmの粒子をどれくらいろ過（捕集）できたのかを表す。PM2.5対策の性能指標で、ウイルス単体（飛沫核）対策にもなる。
VFE	「ウイルスろ過効率」のこと。ウイルスが含まれた約0.1 ～5 μmの粒子をどれくらいろ過（捕集）できたのかを表す。ウイルス対策の性能指標となる。
BFE	「バクテリア（細菌）ろ過効率」のこと。細菌を含む平均4 ～5 μmの粒子をどれくらいろ過（捕集）できたのかを表す。花粉対策になる。

＝

ウイルス対策にはPFEやVFE、花粉対策にはBFEの数値の高いものを選ぶ

マスクの素材で効果も変わる

不織布マスクとポリエステル相当の布マスクでは、飛沫の体積で見たろ過（捕集）量にはほぼ差がなく（8割程度）、綿相当の布マスクではやや性能が落ちます。これらは、繊維や布の目の細かさの違いによるものです。また、どれもエアロゾルの40 ～50％はろ過できません。なお、ウレタン製のマスクは不織布や布製よりも性能が落ちます。

不織布マスク

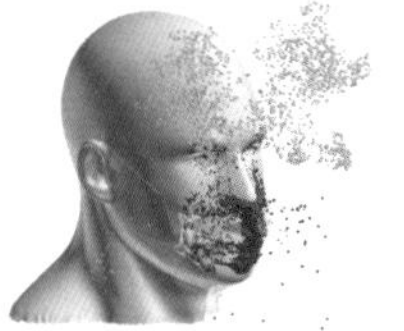

目の細かい不織布が、**大きい粒子も細かい粒子も多くろ過する。ただし目が細かい分空気抵抗が高くなり、粒子がすき間から漏れやすい。**飛沫の体積でみると、80％がろ過されている。

布マスク（ポリエステル相当）

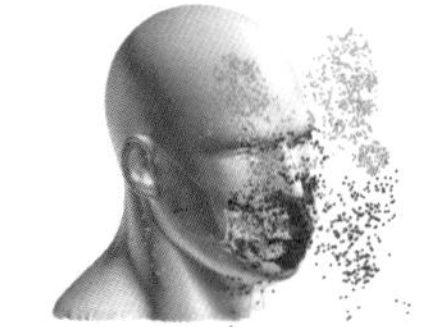

大きい粒子はろ過できるものの、目が大きいため、**細かい粒子は不織布に比べるとろ過できない。**しかし、すき間からの漏れは比較的少ない。飛沫の体積でみると、80％がろ過されている。

布マスク（綿相当）

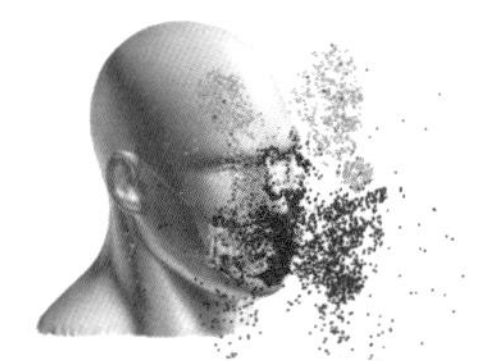

大きい粒子も一部、布を通り抜けてしまう。不織布やポリエステルと比べると性能が落ちる。

すき間放出
●マスク・顔付着
●マスク透過

マスクは正しく装着しないと意味がない

吸い込む空気に対する感染予防効果はどうでしょうか。不織布マスクを顔にすき間なく着用すると、ほとんどの飛沫をブロックすることができます。ただし、すき間をあけてしまうと、3分の1程度は侵入してしまいます。とくに20μm以下の飛沫では、していない状態とあまり変わりません。

フェイスシールドの効果

顔の前をプラスチックの板などでガードするフェイスシールドは、飛散してくる飛沫に対しての防御効果は高いものの、エアロゾルはすき間から侵入してしまいます。また、自分が飛ばす飛沫については、大きな飛沫は防げるものの、50μm以下の粒子はほとんどが漏れ出てしまっています。

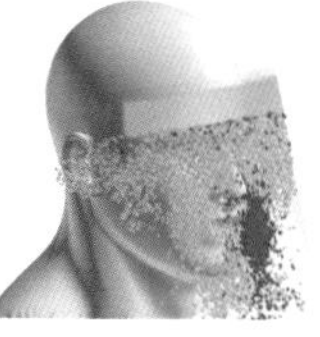

すき間放出
●フェイスシールド・顔付着

フェイスシールドをして咳をした場合のシミュレーション。すき間から多くの飛沫が漏れ出てしまっている。

提供：理研・豊橋技科大・神戸大、協力：京工繊大・阪大・大王製紙
出典：理化学研究所「室内環境におけるウイルス飛沫感染の予測とその対策」

抗菌・除菌・殺菌・消毒・滅菌の違い

菌やウイルスの対策グッズには、抗菌・除菌・殺菌・消毒・滅菌などの表示がされていますが、それぞれ効果や役割が異なります。違いを理解し、製品を選ぶ際の参考にしましょう。また「薬用」と書かれている商品は、医薬品医療機器法で定める「殺菌」「滅菌」の基準をクリアした医薬部外品（もしくは医薬品）です。

抗菌	除菌
菌が増えるのを防ぐ 菌が住みにくい環境をつくり、増殖を防ぐこと。JIS（日本工業規格）では、菌が通常製品の100分の1以下の場合に抗菌効果ありとしている。経済産業省の定義ではウイルスは含まれない。 **主な商品** ハンカチや靴下などの衣類／キッチン用品／便座／スリッパ／スプレー	**菌やウイルスの数を減らす** 菌やウイルスを殺すのではなく、物理的・科学的または生物学的作用を用いて菌を取り除くことを指す。このため、広い意味では手洗いや掃除も除菌の一種といえる。 **主な商品** スプレー／洗剤／ウェットシート／ハンドジェル
殺菌	**消毒**
菌やウイルスを殺す 菌やウイルスを完全に殺すことを指すが、その数についての定義はない。表示について、医薬品医療機器法で定められている。 **主な商品** 薬用石けん／薬用ハンドソープ／消毒液	**菌を無害な状態にする** 人体に有害な物質＝病原性の菌やウイルスを、無害な状態＝感染力がない状態まで減らしたり感染力を失わせて無毒化するなど、無害にすること。必ずしも菌を殺すわけではない。 **主な商品** 消毒用エタノール／手指消毒液／漂白剤
滅菌	
菌を限りなくゼロに近づける 菌やウイルスなどあらゆる微生物の数を、滅菌前の状態から100万分の1以下に減らすこと。抗菌・除菌・殺菌よりも、効果は強力。表示について、医薬品医療機器法で定められている。 **主な商品** 滅菌ガーゼ／滅菌コットン／注射器や手術道具など医療現場で使う製品	

4 パンデミック（世界的大流行）とは

世界で広がる感染症

感染症は流行の規模によって、エンデミック（特定の地域での予想範囲内の流行）・エピデミック（特定の地域での予想を超えた流行）・パンデミック（複数の国や地域にまたがる流行）の3段階に分類されます。これらは歴史上何度も起きており、人びとの移動や交流が活発になるほど流行速度は加速、規模も拡大しています。

●パンデミックの過去の事例

感染症名称	時代	症状・影響
ペスト （黒死病）	14世紀 ほか	当時のヨーロッパの全人口の約3割が死亡したとされる14世紀の流行のほか、17世紀にヨーロッパ、19世紀に中国とインドなど、何度も大流行した。倦怠感や高熱、リンパ節の腫れなどが起き、皮膚が内出血によって黒ずむことから「黒死病」と呼ばれた。
天然痘 （疱瘡（ほうそう））	17～ 18世紀 ほか	感染力が高く致死率も高いため、紀元前から恐れられていた。発症すると高熱が出て膿疱（のうほう）ができ、完治後もあとが残る。天然痘ワクチンの接種（種痘（しゅとう））によって発生数は減少し、WHOは1980年天然痘の世界根絶宣言をした。
スペイン風邪	1918 ～20年	スペイン風邪とは、H1N1亜型インフルエンザの通称。世界人口の約3分の1（約5億人）が感染したといわれるほど、大流行した。日本でも第3波まであったといわれている。
SARS （重症急性呼吸器症候群）	2002 ～03年	最初に感染者が確認されたのが、2002年11月。WHOが患者が出た29カ国での終息を宣言したのが翌年7月と、短期間に感染が拡大し、終息した。発症初期には発熱や筋肉痛が起き、やがて咳や呼吸困難の症状が現れ、肺炎に至る。
新型コロナウイルス感染症 （COVID-19）	2019年～	SARSコロナウイルス2による感染症。初期には発熱・倦怠感・咳など風邪のような症状が起きるほか、嗅覚や味覚異常を訴える場合もある。重症化すると肺炎の症状が強まり、死に至る危険がある。一方、無症状での感染者も多い。軽症の場合でも後遺症が残る可能性が懸念される。2021年1月現在、複数タイプの変異株が世界中で確認されている。

パンデミック中の対策

家の中にウイルスを持ち込まないためのゾーニング

家庭での感染症対策でまず大事なのは、家の中にウイルスを持ち込まないことです。そのための方法のひとつが、「室内のゾーニング」。家の中を感染リスクが高い順に、レッドゾーン、イエローゾーン、グリーンゾーンに区分け（ゾーニング）し、生活空間であるグリーンゾーンにはウイルスを持ち込まないようにします。

●ゾーニングの例

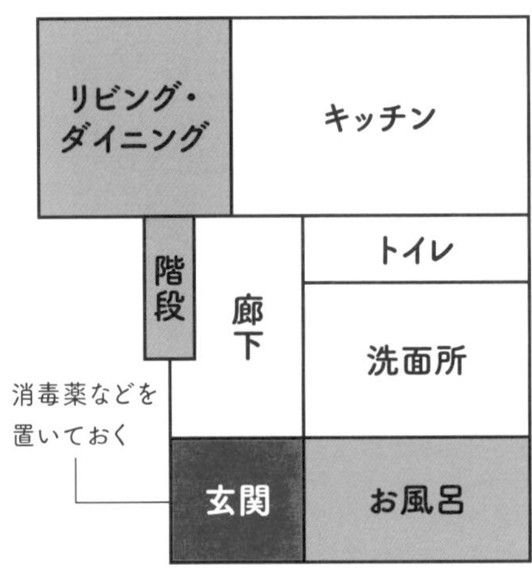

レッドゾーン…玄関

ウイルスが付着している可能性があるものは、原則、玄関に置いておく。

イエローゾーン…廊下、洗面所、トイレ、キッチンなど

レッドゾーンとグリーンゾーンの間に設ける。利用するたびに、換気、消毒などを行う。

グリーンゾーン…リビング、ダイニング、階段、居室（2階以上を含む）など

ウイルスが付着している可能性があるものは持ち込まない。

●理想的な帰宅後の流れ

❶ 玄関にカバンやコートを置く。マスクをビニール袋などへ入れて密封して捨て、手指を消毒する。

❷ 洗面所で手洗い、うがいをし、できれば入浴する（シャワーでも可）。入浴などをしない場合は室内着に着替える。脱いだ服は洗濯機へ。

❸ カバンやコートは玄関または洗面所で消毒を行う。買ってきたものはキッチンで消毒または洗浄を行う。

生活空間にウイルスを運び込まないようにしましょう。

※P128 ～ 130では、主に新型コロナウイルスを想定した対策を紹介しています。

自宅療養の備えと対策

感染した場合は、外出だけでなく同居する家族との接触もできるだけ減らします。また手すりやドアノブ、水回り（洗面所やトイレなど）など、家族がよく使う場所の消毒もこまめに行うようにしましょう。感染が疑われる人に基礎疾患がある場合は、とくに細かく病状の変化をチェックし、メモしておきます。

□ 部屋を分ける

感染者を個室に移し、できるだけ個室から出ないようにしてもらう。個室を設けられない場合は、パーテーションやカーテンなどで仕切り、2ｍ以上距離をとるようにする。

□ マスクをつける

必ずマスクをつけ、使用したマスクはほかの部屋へ持ち込まないようにする。はずす際はできるだけ表面にふれないようにし、はずした後は石けんで手を洗うか消毒する（→P131）。

□ 換気をする

定期的に換気をする。感染者のいる部屋だけでなく、共用部分やほかの部屋も換気を行う。

□ 共用部分を消毒する

共用部分（ドアノブや照明のスイッチなど）は塩素系消毒薬（→P130）でふいた後、水ぶきする。。トイレや洗面所も、清掃後に消毒する。衣類や食器は感染者が使ったものを分けて洗う必要はない。

□ 世話をする人は限定する

感染者の世話をするのは、できるだけ1人に限定する。その際、持病がある人や高齢者、妊婦は、世話係をしないように。

□ こまめに手を洗う

こまめに石けんで手を洗う。もしくは消毒する。洗っていない手で、目や口、家族が使うものにさわらないようにする。

□ ゴミは密閉して捨てる

鼻をかんだティッシュや使用済みのマスク、手袋などはすぐにビニール袋に入れて捨てる。室外に出すときは密閉してからにする。捨てた後は石けんで手を洗うか消毒する。

□ リネン類や衣服を洗濯

感染者の体液で汚れたリネン類や衣服を扱う際は、マスクとゴム手袋をつける（糞便からウイルスが検出されることがあるため）。家庭用洗剤で洗い、完全に乾かす。

出典：厚生労働省「家族に新型コロナウイルス感染が疑われる場合家庭内でご注意いただきたいこと～8つのポイント～」

Check

精神面の自己管理も必要

感染症が流行していると、連日悪いニュースを目にしたり、死を身近に感じたりして、気分が沈みがちになることも。以前からうつ状態にある場合は、悪化する可能性もあります。この状況が自分だけのものではないことを理解して心に余裕を持ち、規則正しい生活をする、電話やオンラインなどで親しい人とコミュニケーションをとるなどして、精神的な安定に努めましょう。

家庭でできる消毒

感染防止の基本は、感染源に近づかない・接触しないことです。そのためには感染者を隔離することのほか、感染源を除去する＝消毒することが有効です。

＜食器は煮沸消毒＞

感染者が使用した食器類は、通常の洗浄をしてしっかり乾燥させれば、消毒は必須ではありません。念のため消毒する場合は、**80℃の湯に10分以上つけて、煮沸消毒する**とよいでしょう。いきなり熱湯に入れると割れてしまう可能性があるので、水から沸騰させます。必ず食器の耐熱温度が100度以上であることを確認しましょう。

＜手すりやドアノブは消毒用エタノールなどで消毒＞

ものの表面の消毒には、「消毒用エタノール」や、「0.05 ～0.1%の濃度の次亜塩素酸ナトリウム水溶液」での消毒が有効です。消毒液をペーパータオルなどにたっぷり含ませてふきます。**次亜塩素酸ナトリウム水溶液は、次亜塩素酸ナトリウムを含む塩素系漂白剤を薄めて作ることができます**（ハイター、ブリーチなど。製品により濃度が異なるので、表示を確認すること）。家族がよくふれる場所を、1日1～2回消毒しましょう。

●0.1%次亜塩素酸ナトリウム水溶液（塩素消毒液）の作り方

塩素系漂白剤（次亜塩素酸ナトリウムを含む）製品の濃度	0.1%（1000ppm）濃度の塩素消毒液	
	塩素系漂白剤の量	水の量
12%	25ml	3L
6%	50ml	3L
1%	300ml	3L

※日が経つにつれて塩素濃度が低下するため、作りおきはしない。
※目や肌への影響があるため、直接ふれないなど、取り扱いには注意する。
※酸性の洗剤と混ぜると有毒ガスが発生するので注意する。
※吸い込むと危険なので、空間噴霧及びスプレーボトルでの噴霧はしない。
※ふいた場所が錆びる恐れがあるため、10分ほど経ったら水ぶきする。

出典：SOMPOリスクマネジメント株式会社「新型コロナウイルス感染症ハンドブック―家庭における感染予防対策―」

次亜塩素酸ナトリウム水溶液は、食器や衣類（洗濯表示を要確認）の消毒にも使えます。30分程度つけましょう。

正しいマスクのつけ方・はずし方

マスクが最も効果を発揮するのは、咳やくしゃみをしている人がマスクをつけた場合です。咳やくしゃみによって空気中に放出される病原体を大きく減らすことができます。予防としての効果は限定的ですが、飛沫を直接浴びるのを避けることができます。ただし、どちらの場合も正しく使わないと効果がありません。

●装着するとき

❶ 表裏と上下を確認し、マスクを鼻と口を覆うようにあてる。ノーズフィッターがある場合は鼻筋に合わせて曲げる。

❷ ゴムひもを耳にかける。マスクをあごの下までしっかり伸ばす。

❸ 顔とマスクの間にすき間ができないよう、ぴったりつける。

●はずすとき

❶ マスクの外側にできるだけふれないようにするため、耳にかけたひもの部分に指をかけて掴んではずす。

❷ 外側にふれないように気をつけ、内側に折る。

❸ 使い捨てマスクの場合は、ビニール袋に入れて密閉して捨てる。

●マスク使用時の注意点

・マスクを装着する前やはずした後には、手を石けんで洗ったりアルコール消毒したりする。

・マスク使用中も、外側にはさわらないようにする。

・使い捨てマスクは、繰り返し使わない。

咳エチケットを守る

咳やくしゃみなどの飛沫によって伝染する感染症は多く、咳エチケットを守ることはさまざまな感染症の予防に役立ちます。万が一マスクがない場合は、ティッシュペーパーやハンカチなどで口元を覆うとよいでしょう。それらもない場合は、ひじの裏側などで口や鼻を覆うようにします。

手で口を覆うと、手に病原体がつき、その手でふれたものを介してほかの人を感染させる可能性がある。手ではなく、ひじの裏側などで口を覆う。

知識　備える　避難　アイデア

6 日ごろからできる感染症対策

手は石けんで2度洗いする

人の手は、病原体の運び屋です。石けんで10秒もみ洗いし、流水で15秒すすぐ手洗いを2回繰り返せば、手洗い前と比べてウイルスを約0.0001％まで減らせます※。感染症対策においては、複数の人と石けんを共有する場合は液体石けんを使います（個人で使う場合は固形石けんでOK）。

※森功次他「感染症学雑誌（2006 Vol.80 No.5 496-500）」

●正しい手洗いの手順

❶ 流水で手をしっかり濡らし、石けんをつけて手のひらでこすってよく泡立てる。

❷ 手の甲にのばすようにしてこする。

❸ 片方の手のひらに爪を立てるようにして、指の先と爪の間を洗う。

❹ 指を組んで、指と指の間をしっかり洗う。

❺ 親指をもう片方の手で包むようにして、ねじり洗う。

❻ 手首まで洗う。流水でよく流し、清潔なタオルやペーパータオルでしっかり水気をとる。

出典：厚生労働省「手洗いについて」

●洗い残しが多い部分

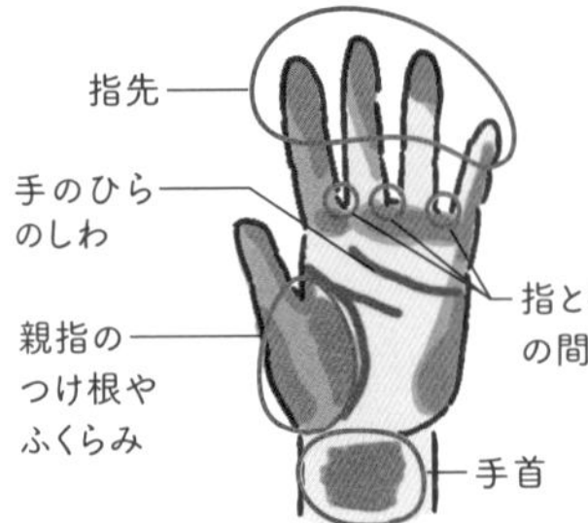

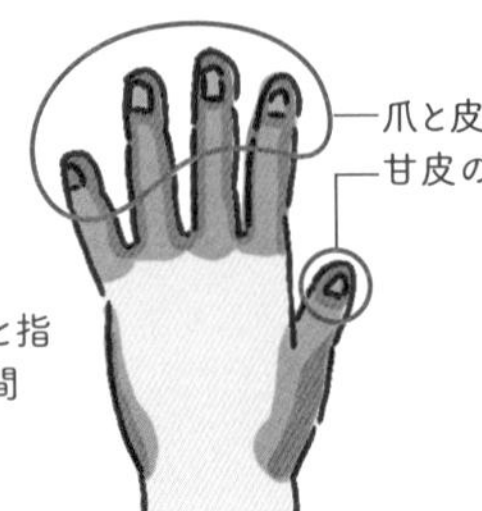

爪は短く切っておき、手を洗う前には腕時計や指輪をはずしましょう。

免疫力を高める

免疫力が下がってしまうと、持病のない人や若い人でも感染リスクが高まります。**免疫力の要とされる免疫細胞の、60～70％は腸にあります。**腸内環境を整えるなど、免疫力を高め、感染症にかかりにくい状態を維持しましょう。

＜タンパク質をしっかりとる＞

筋肉や臓器、皮膚など、体を構成する成分であるタンパク質。**抗体など、免疫に関わる成分の材料でもある**ので、しっかりとりましょう。肉や魚介類、大豆製品、卵などに多く含まれています。

＜腸内環境を整える＞

人間の腸内には、善玉菌や悪玉菌、善玉菌になったり悪玉菌になったりする日和見菌がいます。善玉菌が多く腸内環境がよいと、免疫細胞も活性化します。**ビフィズス菌や乳酸菌などの善玉菌を含む発酵食品や、善玉菌の餌となるオリゴ糖が含まれる食品（豆類など）**など、食物繊維が多い食品を食べると、善玉菌が増えやすくなります。

＜規則正しい生活と運動・入浴＞

1日3度のバランスのよい食事と十分な休息は、免疫力のアップに繋がります。また、**運動や入浴の習慣をつけると免疫細胞が活性化する**とされるほか、体温が上がると多くのウイルスや菌の感染力が低下するといわれています。

＜適切な湿度＞

空気が乾燥していると、呼吸器の粘膜やノドの入り口で免疫機構をつかさどる扁桃などの機能が低下し、病原体が体に侵入しやすくなります。とくに冬期は、**加湿器を使ったり換気を行ったりして、50～60％の湿度を保ち**ましょう。

備えよう

食料品や日用品の備蓄は必須

パンデミックが発生してもライフラインが機能しているため、備蓄の必要性は感じられないかもしれません。しかし、外出ができなくなったり、通常時と生産・流通体制が変わることで、入手しづらくなるものが出てくる可能性があります。食料品や日用品に加え、個人的になくなったら困ると思うものや、体温計やマスクのような衛生用品は常備しておきましょう。

Special Column

パンデミック中に災害が起きたら

もしパンデミック中に大きな災害が起きたらどうなるのか。
被害を最小限に抑えるためにはどうすればよいのか。
リスクを知って、対策を考えておくことが大切です。

パンデミック下での災害で想定されるリスク

自然災害は、それだけで大きな被害と負担をもたらすもの。そこにパンデミックが加わった複合災害となると、状況が複雑になり、危険や負担が増します。想定される状況を検討し、日ごろの備えやいざというときの行動にいかしましょう。

救助活動が遅れる可能性

パンデミック下では、平時より救助に回せる人員が限られたり、救助の準備に時間がかかったりする可能性があります。とくに遠方からの支援は、期待できないでしょう。日ごろから近くの人と連携できる関係を築いておく、簡単な救助用品（バール、ハンマーなど）を用意しておく、といった備えが大切です。

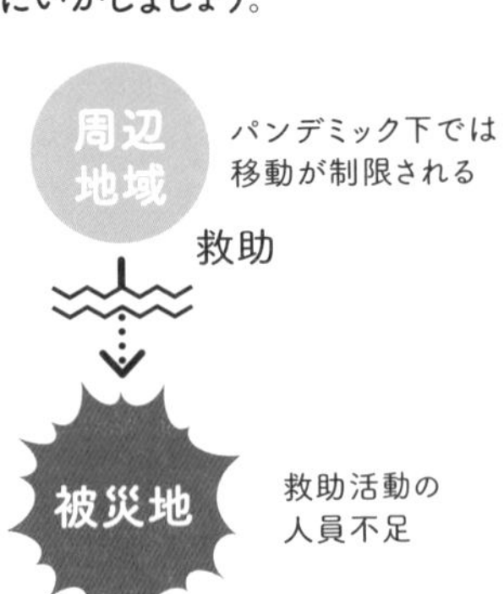

医療機関を受診できない可能性

感染症の患者でベッドが埋まっている、二次感染防止などの理由で、診療を受けられない可能性があります。そもそも、災害時は施設の損傷や負傷者の増加などで、医療資源がひっ迫しやすいもの。薬や衛生用品を備蓄したり、応急手当を学んだりしておきましょう。

支援やボランティアの不足

災害時に行われる**支援やボランティアの派遣が制限されたり、時間がかかったりする**ことが予想されます。エリアをまたいだ協力が困難になるため、通常よりも備蓄を増やしておくなどの対策が求められます。

避難所などでの感染拡大

避難所は一カ所に大勢が集まるので、感染リスクが高い環境です。命を守るための避難は重要ですが、状況に応じて**自宅や知人宅などで避難生活を送れるように、事前に備えておきましょう。**

通常の備蓄
（非常食・飲料水1週間分など）

パンデミック中は
量を増やす

パンデミック下での災害に対応するために

□**負傷しない・要救助者にならないための対策を**

➡家具の固定やガラスの飛散防止をする、早めに避難するなどの対策で、負傷したり自力で動けなくならないようにする。

□**もしものときに、自分たちでも救助・応急処置ができるようにする**

➡外部からの救援が望めない場合に備え、自分たちでもある程度の救助や応急処置ができるよう、道具や医療用品を備え、練習しておく。

□**避難所へ行かなくてもすむように準備をしておく**

➡避難所へ行く場合と行かなくていい場合を検討しておく。そのうえで、避難所へ行かずに自宅や知人宅への避難で対応できるだけの備え（備蓄など）をしておく。

□**衛生用品を多めに備蓄しておく**

➡平時より多めに（最低1週間、できれば2週間分）備蓄があると安心。マスクやアルコール消毒液、ビニール袋などは、パンデミックかどうか関係なく、避難所での感染症対策に使えるので、平時から多めに用意しておくとよい。

基本は分散避難

目の前に迫った危険を回避するための避難を、ためらう必要はありません。何よりそれを優先させた次に、パンデミック時の避難＝感染拡大を避けるための分散避難を考えます。分散避難とは、被災者を避難所に集めるのではなく、自宅や知人宅などさまざまな場所に分散して避難・避難生活を送ることをいいます。

❶ ハザードマップを確認する

分散避難先の第一候補は自宅です。移動の負担がなく、プライバシーも保たれるなど、利点も多いもの。ただし、**自宅が避難場所として適切かどうかを、事前に調べておく必要があります**。ハザードマップを確認し、在宅避難が可能な状況かどうかを把握しておきましょう。

❷ リスクの小さい避難場所を考える

避難場所には、それぞれメリット・デメリットがあります。自宅の立地や移動手段・ルート、家族構成などと考え合わせ、その状況下で最も安全と思われる避難先を選択しましょう。

自宅

プライバシーを確保し、日常に近い環境で過ごせる。家具の転倒防止などの地震対策、備蓄、スペースの確保など事前の準備が不可欠。

<注意点>

- 自宅を耐震化しておく
- 長期間、家で過ごせるだけの備蓄をする
- 家具の転倒防止など、安全なスペースを確保しておく

親戚・知人宅（縁故避難）

過去の災害でも、よく行われた方法。相手先の立地や移動ルートの安全性に加え、感染リスクが高い人がいないかなども要確認。

<注意点>

- 密にならないだけの空間や仕切りが必要
- 避難について事前に相談しておく
- 身の回り品や衛生用品などは持参する

避難所

プライバシーや密の回避の点からは懸念もあるが、情報や救援物資・人材が集まりやすいというメリットもある。

<注意点>

- マスクやアルコール消毒液、石けん、体温計などの衛生用品を持参する
- 仕切りを設ける、清掃や消毒を適宜行うなどの感染症予防策をとる

車中泊（→P270）

車中泊をするという方法も。災害時はガソリンが入手困難になりやすいので、日ごろからガソリンが半分になったら給油する習慣をつける。

＜注意点＞

- 原則としてエンジンをかけない
- 安全な駐車場所を確保しておく
- こまめに体を動かす
- 寝るときはできるだけ足を上げる（シートをフラットにでき、電源をとれる車だとなおよい）

テント泊（→P272）

アウトドアが趣味の場合など、テント泊も選択肢に入る。テントや寝袋など最低限の用品をそろえれば、残りは家にあるものを活用できる。

＜注意点＞

- テントや寝袋は品質のよいものを
- テントのサイズは余裕を持つ
- 平らで水はけがよく、給水場所に近いなど、設営に適した場所を選ぶ
- グランドシートは2枚重ねて冷え対策をする

Check

ホテルなどへの避難もあり

ホテルなどの宿泊施設への避難も、選択肢のひとつ。建物の耐震性や非常用電源などの備えといった面もある程度期待でき、個室が利用できれば感染リスクも下げられます。ただし、自主避難の場合、費用は自費負担になります（助成金が出ることもあり）。

避難先はひとつに絞らず、ダメだったときはほかへ避難できるようにしましょう。

感染による重症化リスクが高い人の避難

高齢者や持病がある人など**重症化リスクが高い人は、可能ならば在宅避難など感染リスクが低い避難方法がよい**でしょう。避難所に避難する場合は福祉避難所（→P219）へ行くか、要配慮者として避難所内に専用スペースを設けてもらうのが望ましいです。難しい場合はテントやパーテーションで仕切る、こまめに換気をするなど、感染リスクを下げる環境をつくります。

感染症に罹患（りかん）している人が避難する場合

避難の際は早めに移動し、可能な限り事前に各自治体の防災担当部局や保健福祉部局などに相談しておきましょう。急な避難の場合は、**避難所の入り口で申告します。マスクをつけて避難所へ向かい、避難所では要配慮者として、できるだけ個室や個別のトイレを用意してもらいます。動線も分け、ほかの避難者との接触機会を減らします。**

災害時に感染を広げないために用意しておきたいもの

通常の持ち出し袋にプラスして、感染しない、感染を広めないために避難所へ持参したいものをまとめています。これらは在宅避難時でも役に立つので、備蓄品リストに加えておくことをおすすめします。

避難所に必ず持参したいもの

□マスク

パンデミック発生時以外でも、インフルエンザなどの感染症予防や、洪水後の土ぼこりによるアレルギー症状などを防ぐのにも有効。無い場合は、キッチンペーパーやハンカチ、輪ゴムでの代用マスクも可。

□ハンドソープ・固形石けん

家族もしくは自分の分をそれぞれ持参し、避難所全体で共有することは避ける。

□台所用洗剤（中性洗剤）

食器のほか、さまざまなものの除菌に使用できる。

□ビニール手袋（使い捨て）

ドアノブや手すりなど、不特定多数の人がふれるものからの接触感染を防ぐのに役立つ。

□ゴミ袋、ティッシュペーパー、ウェットシート、ペーパータオル、ごみ袋などは、通常より多めに用意。

□体温計

毎日朝夕2回、体温を測り健康状態を確認する。

□アルコール消毒液

濃度が60％以上のもの。手指の消毒のほか、さまざまなものの消毒にも使える。

□上履き、スリッパ

床からの接触感染を防止するため。アルコール消毒液などで除菌できるよう、ビニール製やゴム製など、外側をふけるものがよい。

□エアベッド

床や床から舞い上がった病原菌による感染を防ぎ、寝心地も確保するのにベッドは有用。エアベッドなら、表面をアルコール消毒液などでふいて消毒できるため、よりおすすめ。ワンタッチテントなどもあるとなおよい。

そのほかに避難所へ持参したいものはP191を参照してください。

第3章

日常の備え

災害への備えは、特別なものではありません。
普段の生活の中に防災を取り入れ、
いつでも備えができている状態を当たり前にすることが大切です。

常に備える

災害はいつ、どこで襲ってくるかわかりません。
だからこそ、「いつもの暮らし」の延長に防災を取り入れることが重要です。
どんなときでも備えができているという状況をつくりましょう。

知識　備える　避難　アイデア

1 いつも持ち歩くとよいもの

普段使いのものの中に入れておく

防災グッズはどんなに準備をしていても、家の奥底にしまい込んでいたのでは、いざというときに役立ちません。在宅時に被災するとは限らないので、**必要最低限のものは常に持ち歩くようにしましょう。カバンを替えても入れ替えを忘れないように、いつも使っているポーチなどに加えておくのがおすすめです。**

持ち歩くのが嫌ではないものを選ぶ

防災グッズというと、見た目がゴツかったり、「いかにも防災のためのもの」というような印象があるかもしれません。しかし、最近の防災グッズはコンパクトだったり、おしゃれなデザインが施されたものが多くあります。また、アウトドアグッズの多くは防災にも使えます。**アウトドアの用品を選ぶような感覚で、自分に合ったものを選ぶのもよいでしょう。**持ち歩いて嫌だと感じないものを選ぶというのも、防災を日常にするための大切なことです。

普段使いのポーチに入れておけば、
カバンを替えても忘れない
⇨持ち歩きたいものの一覧はP142へ

マルチ使用できるものを選ぶのがコツ

常に持ち歩くものは、かさばると負担になります。そのため、災害時にひとつの用途にだけ使えるものよりも、普段も含めて複数の使い方ができるものを選びましょう。

《例1》
大判ハンカチ

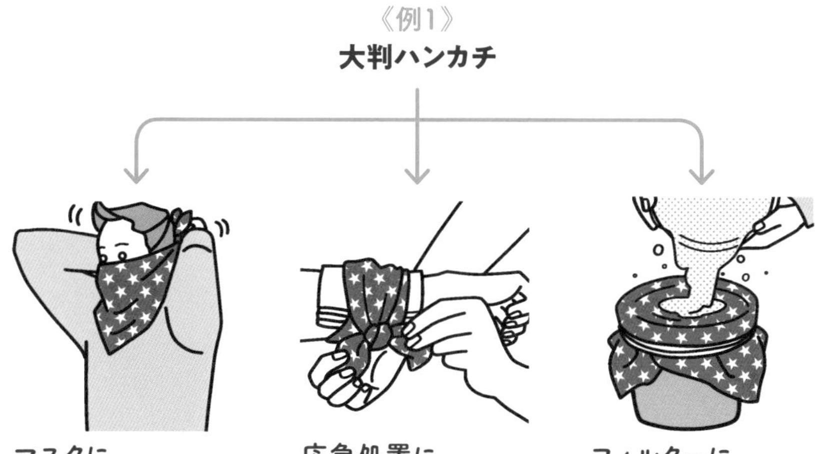

マスクに
口・鼻を覆うように巻けば、マスク代わりに。災害時は粉じんが舞うので、マスクは必須。

応急処置に
止血帯として使用できる。災害時はすぐには救援が来ない場合が多いので、応急処置は自分たちで行う必要がある。

フィルターに
断水時、トイレの水用などの生活用水は砂や土が混じっていると詰まりの原因になる。フィルターとして活躍する。

《例2》
口腔ケア用
ウェットシート

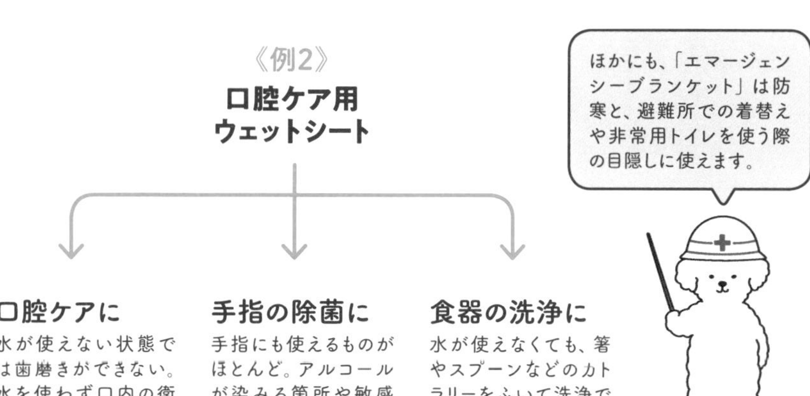

ほかにも、「エマージェンシーブランケット」は防寒と、避難所での着替えや非常用トイレを使う際の目隠しに使えます。

口腔ケアに
水が使えない状態では歯磨きができない。水を使わず口内の衛生を保つには必須。

手指の除菌に
手指にも使えるものがほとんど。アルコールが染みる箇所や敏感肌の人でも使える。

食器の洗浄に
水が使えなくても、箸やスプーンなどのカトラリーをふいて洗浄できる。

常に持ち歩きたいもの一覧

いざという事態に対応するために、最低限持ち歩いておきたいもの（常備グッズ）を紹介します。水と食品以外は小さなポーチに収まります。ほかにも、自分にとってなくてはならないものがあれば追加しましょう。

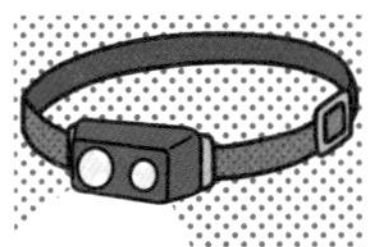

□ **ヘッドライト**

アウトドア用のシンプルでコンパクトなタイプを。

□ **自立式携帯トイレ**

トイレが使えないときのために1枚持っておく。ポケットティッシュ程度のサイズのものもある。

□ **携帯ラジオ**

持ち運びに便利なコンパクトなタイプを。ワイドFM（→P213）機能つきがおすすめ。

□ **ポリ袋（レジ袋）・輪ゴム**

濡れたものを入れたり、応急処置の際に手袋にするなど、いろいろと使えるポリ袋。輪ゴムでコンパクトに。

□ **口腔ケア用ウェットシート**

10～20枚入りの持ち運びしやすいタイプを。

□ **エマージェンシーブランケット**

静音タイプがおすすめ。一般的なものだとガサガサという音が避難所でトラブルになる可能性がある。

□ **シリアルバーなど3本**

食べ慣れた、好きな味のもの。賞味期限が過ぎないように、普段から小腹が空いたら食べて、その分を補充する。

□ **メモ帳・ペン**

ペンは油性のもの。

□ **モバイルバッテリー**

携帯電話を3回充電できる容量のものが望ましい。バッテリーの充電も忘れずに。

□ **大判ハンカチ**

手ふきに使うものとは別に、清潔なものを1枚入れておく。

□ **マスク**

替えを3～4枚、清潔な袋に入れて。

□ **飲料水**

無理なく持てる重さで。

□ **乾電池**

ラジオの電池の替え。

□ **ホイッスル**

閉じ込められたとき用に。ポーチのファスナーや鍵など使いやすいところにつけておく。

□ **コンタクトレンズの予備**

□ **現金**

□ **身分証明書**

常備グッズの活用例

＜ヘッドライト＞

非常時は両手を空ける

外は瓦礫(がれき)が散乱していたり、足元が悪かったりするので、両手を空けておくことが大切です。倒れたものをどけるなど、両手を使うことも多いため、**片手がふさがってしまう懐中電灯よりも、ヘッドライトがおすすめです。**

＜マスク＞

瓦礫などの粉じんを防ぐ

被災地には倒壊した建物の瓦礫や人の往来で、ほこりやちりが舞っているので、マスクが欠かせません。感染症対策のためにも、**カバンの中には常に3～4枚入れておき、使ったら補充しましょう。**

＜エマージェンシーブランケット＋自立式携帯トイレ＞

我慢できない生理現象への備えは必須

公衆トイレは長蛇の列になります。さらに、使用不可だったり劣悪な環境だったりするので、自立式の携帯トイレがあるとよいでしょう。**ブランケットをポンチョのように体に巻いて目隠しにすれば、どこでも使用できます。**使用後、凝固と消臭がしっかりされるタイプを選びましょう。

＜口腔ケア用ウェットシート＞

口内衛生は重要

口に入れても害のないノンアルコールタイプ。**水がなくても口内をふいて衛生を保てます。**口内衛生は、感染症のリスクが高い高齢者や子どもにとってはとくに大切です。手指にも使えるタイプを選べば、日常でも使えます。

＜携帯ラジオ＞

正確な情報を正しく入手

被災直後はラジオが重要な情報源になります。スマートフォンでも聴くことができますが、充電が心配なので、**コンパクトなものを1台持っておきましょう。**普段から聴く習慣をつけると、すみやかに情報を得られます。

2 習慣にしておきたい行動

いつ発災しても対処できるようにする

災害は、ときと場所を選びません。事前に発生タイミングがわかっていて、そこに合わせて準備ができるならよいですが、実際はそうはいきません。しかし、毎日災害時のことを考えて暮らすのは大変です。**防災のために！と気合を入れすぎなくても、日々のちょっとしたことを意識して行動を変えるだけで、非常時の安心や安全に繋がります。**

＜使った調味料や道具はすぐに片付ける＞

地震が起こったとき、キッチンにあるものは凶器になります。**包丁やフォークなど鋭利なものは言わずもがな、鍋や食器、調味用のボトルなども、勢いをつけて飛んできます。**少しでもリスクを減らすため、料理中は**使い終わったものはすぐにしまい、出しっぱなしになっているものがないように心がけましょう。**

＜脱衣所には着替えと履物を用意しておく＞

裸の状態になるお風呂場はとても無防備な場所。地震のときは、**洗面器などで頭を守りながら揺れが収まるのを待ちます。**揺れが収まったら服を着て、履物を履いてから状況を確認します。**裸やタオル1枚、裸足で行動するのは怪我の危険があります。**すぐに羽織れるガウンや厚底のスリッパなどを用意しておくとよいでしょう。

＜現金は常に財布に入れておく＞

災害発生直後は、停電のため電子マネーやカードが使えなくなる可能性があります。キャッシュレスの人も、最低限の現金は常に持っておくようにしましょう。また、非常時も公衆電話は比較的繋がりやすいため、**10円玉は5～10枚入れておくことを習慣にしましょう**（災害時は無料開放されることも。緊急通報は常時無料）。

＜出先では非常口を確認する＞

商業施設やレストランでは、着いたら最初に非常口を確認しましょう。後で、と思っていると忘れてしまうので、「**着いたらまず確認**」**を習慣にしておきます。**自分の位置から一番近くの非常口はもちろんですが、混雑したときのために、**複数箇所を確認しておきましょう。**

＜ガソリンは半分になったら満タンにする＞

被災後はガソリンスタンドの営業がストップする可能性があります。**車中泊での避難生活を考えている人などはとくに、ガソリンが半分になったら満タンに給油する習慣をつけておきましょう。**避難は徒歩が基本ですが、要配慮者など、車での避難が必要な人にとっても重要です。

＜多めに買い置きをする＞

食料品や日用品は常に多めに買っておくようにしましょう。**「いつものもの」を使いながら備蓄するローリングストック**（→P166）がおすすめです。

＜携帯電話は毎日充電する＞

情報収集、連絡の要（かなめ）になる携帯電話。すぐに充電切れしてしまっては意味がないので、**毎日充電し、常に満タンに近い状態にしておきましょう。**

＜トイレは行きたいときに行く＞

電車に閉じ込められたとき、トイレを我慢した状態だったら大ピンチ。行きたいと思ったときに済ませましょう。

歩きながらできる防災

町を歩く時間も、意識次第で防災に繋がります。危険な場所や安全に避難できる場所などを確認しましょう。そのためにわざわざ出歩くのは大変なので、通勤や通学、買い物、散歩などのついでに、少しだけ意識してチェックしてみてください。

＜危険な場所を確認する＞

町には意外と危険があふれています。大きな地震が襲ってきたときに近づかないほうがいい場所、火災のときに逃げないほうがいいルートなどを見つけたら覚えておきましょう。**危険な場所は普段からなるべく避けるようにする**のが得策です。

《例》

- **古いブロック塀（地震で崩れてくる）**
- **自動販売機（地震で倒れてくる）**
- **古い看板（地震や突風で落下する）**
- **狭い路地（火災のときに逃げられなくなる）**

看板は地震や突風で落下する危険がある。老朽化したものは普段でも落下事故が起こるのでなるべく近づかないようにする。

自動販売機は地震で倒れてくる可能性がある。

電柱は傾いたり倒れたりする危険がある。古いブロック塀は崩れてくる可能性がある。

天井から吊り下げられた大きな照明やモニュメントは落下の危険も。

ショーウィンドウのガラスが割れて、周囲に散乱する可能性がある。

＜堅牢で高い建物を探す＞

津波やゲリラ豪雨などの際に逃げ込める、堅牢で、浸水しない高い建物を探しながら歩きます。正規の避難場所まで間に合わないときに一時的に避難する可能性もあります。

＜消火器・AEDの場所をチェック＞

町なかには消火器やAED が設置されています。**公道や駅、商業施設にも設置されているので**、いざというときにすぐに取りに行けるように、設置場所を確認しておきましょう。

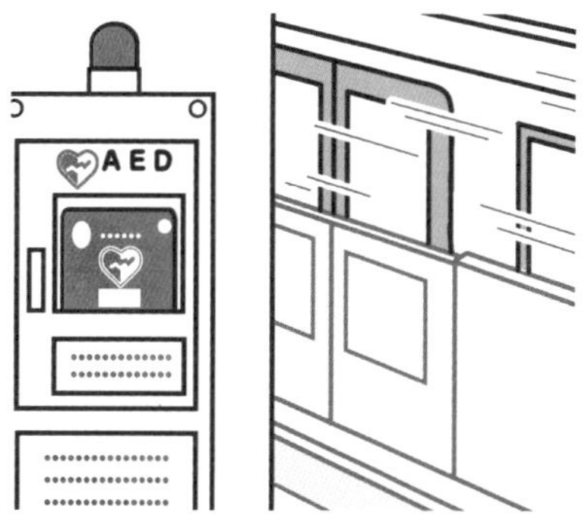

＜目印になる建物やポイントを見つける＞

災害時、**町の様子は一変し、自分がどこにいるのかわからなくなる可能性があります**。大きなビルや煙突など、目印になるものからの位置関係を把握しておきましょう。

＜複数パターンの帰り方をしてみる＞

非常時には、道が通行止めになっていたり、危険があっていつもの道が通れなかったりする可能性があります。気分転換に、いつもと違う道も歩いてみましょう。

＜避難場所まで歩いてみる＞

いざというときにスムーズに避難できるように、散歩がてら避難場所まで歩いてみましょう。**途中に危険なポイントがないかも同時にチェックします**。

＜公衆電話の場所を確認する＞

非常時、携帯電話よりも繋がりやすい公衆電話が活躍します。**設置場所が減ってきているので、事前に把握していないと見つけにくいかもしれません**。

自宅で備える

大規模災害では避難所のスペースが足りなくなります。
感染症の危険もあるので、在宅避難が推奨されます。
「自宅を安全な場所にする」「自宅で避難生活を続けられるようにする」ことが大切です。

1 自宅のリスクを確認する

非常時でも「いつもの家」にいられるように

大きな災害のあとは、環境が一変し、心身ともに大きな負担がかかります。そんなとき、せめて避難所ではなく、住み慣れた自宅にいられるというのは救いになるはずです。自宅を安全な避難所にする備えをしましょう。

避難所は足りなくなる

過去の災害では、たびたび避難所の人口密度が問題になりました。**食事や日用品などの物資が足りなくなった避難所も多く発生しました**。また、今後危険視されている災害では、より多くの避難者が予想されています。感染症拡大防止の観点から、避難者同士の距離をとる必要もあり、収容人数はさらに限られます。避難所には入れないという想定で備える必要があります。**「災害が起こっても避難所に行けば何とかなる」という考えは禁物です**。

◎避難者数（ピーク時）

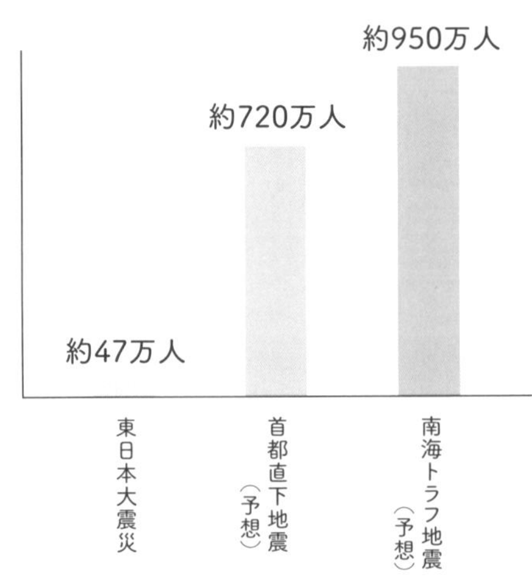

出典：総務省統計局「東日本大震災と公的統計」、内閣府「避難者に係る対策の参考資料」、内閣府「南海トラフ巨大地震の被害想定（第二次報告）について」

自宅のある場所でどんな災害が起こるのか

どんな危険に備えるべきなのかを知っておかないと、適切な対策ができません。自宅の周辺にどんなリスクがあるのか、情報を収集するところからはじめましょう。

＜ハザードマップを確認する＞

災害が発生したときの被害の範囲を予想し、地図上に表示したものが「ハザードマップ」です。**自宅が何らかの危険区域になっていないか、避難ルートは安全か、**などを確認しましょう。**市区町村の役場やホームページで閲覧できるほか、国土交通省の「ハザードマップポータルサイト」でも確認ができます。**

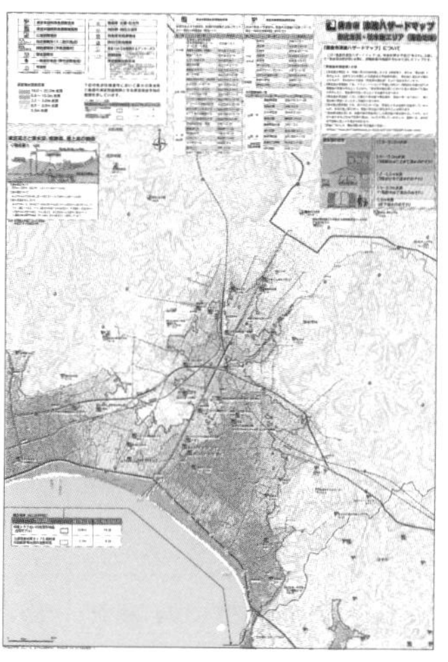

危険度ごとに色が塗られている。自宅のある場所や避難ルートに色が塗られていないか確認し、危険がある場合は避難ルートや行動を再考する。

出典：鎌倉市「津波ハザードマップ　由比ガ浜・材木座エリア（令和2年4月作成）」

memo

自宅周辺の危険を確認する

ハザードマップポータルサイトでは、市区町村ごとにまとめられた「わがまちハザードマップ」と、住所から検索できる「重ねるハザードマップ」が閲覧できます。

■ハザードマップポータルサイト
https://disaportal.gsi.go.jp

＜過去の災害を知る＞

過去に大きな災害があった土地では、同じような災害が繰り返される可能性があります。文献をあたったり、古くから住んでいる人に聞いてみたりしてみましょう。津波の到達地点を示す石碑など、災害の状況や被害を後世に伝えるために建てられた自然災害伝承碑も、各地に残されています。ただし、**過去の災害の規模を上回ることもあります。**

自然災害伝承碑

過去の災害を伝えるためのモニュメントが建っている場所は、左の地図記号で示されている。

＜古地図や土地の成り立ちを知る＞

今のように整備される前、**その土地がどのような場所だったかによって、災害への強さが変わります**（かつて沼地だった場所を埋め立て整備した土地なら、地盤が弱いため揺れやすい、など）。古地図と今の地図を比べてみるとわかりやすいでしょう。また、**国土地理院のホームページ内の「地形分類（ベクトルタイル提供実験）」から、各土地の成り立ちと災害リスクを確認できます。**（→P59）新しく家を購入する際などは、参考にしてみてください。

知識 備える 避難 アイデア

2 自宅の倒壊・損傷に備える

耐震性の目安は「1981年」

自宅が安心できる場所であるために前提となるのが、災害が起きても倒壊したり損傷したりしないこと。現在の建物は、建築基準法に基づいて建てられています。1981年6月以降は「新耐震基準」が設定され、震度6～7の大規模地震でも倒壊や崩壊をしないように造られています。新しく家を借りたり買ったりする場合は、「1981年」を目安に確認しましょう。

●建築基準法

～1981年5月〔旧耐震基準〕	1981年6月～〔新耐震基準〕	2000年6月～〔2000年基準〕
震度5程度の地震で建物が倒壊または崩壊しないことを規定している。震度6～7程度の地震に関しては基準が定められていないので、倒壊や崩壊の危険がある。	震度5強程度の地震では建築材がほとんど損傷を受けないことを規定している。さらに、震度6強～7程度の地震でも建物が倒壊または崩壊しないことを規定している。	木造建築物の耐震基準が厳格化されたもの。新築の際は地盤調査が義務づけられたほか、耐力壁の量や配置のバランス、接合部の金具の種類などが規定された。

「建築確認済証」の交付日に注意

耐震基準は建築が完了した日付けではなく、建築を許可する「建築確認済証」が交付された日で設定されます。交付から竣工までは、戸建てなら約6カ月、マンションなら1年～1年半が目安です。タイムラグを考慮して築年数を確認するか、交付日を不動産屋さんに確認しましょう。

耐震性に不安がある場合は、建物の補強を！（→P152）

「新耐震基準だから安心」とは限らない

自宅が新耐震基準で造られたものでも、絶対に倒壊しないわけではありません。たとえ新築時は強力でも、経年劣化によって危険が生まれていることもあります。「増改築を2回以上行った」「壁にヒビが入っている」など家の強度に不安要素がある場合は、耐震診断をしてもらいましょう。

Check

熊本地震では新耐震基準の家が数多く倒壊

2016年の熊本地震では、短期間に震度7の揺れが2回襲いました。結果として、新耐震基準で建築された多くの住宅が倒壊・損傷しました。それに対して、耐力壁のバランスや接合部の仕様が規定された2000年基準の木造建築は、比較的倒壊や損傷を免れました。数字だけで慢心せず、耐震診断で家の脆弱性を確認しておくことが重要です。

耐震診断

旧耐震基準で造られた建物や、耐震性に不安がある建物の強度をプロが診断する。自治体による助成制度がある場合もある。

瓦屋根は「2001年」を基準に

瓦屋根は地震や台風で落下すると、下にいる人にまで被害をもたらします。国交省（当時の建設省）は2001年に「瓦屋根標準設計・施工ガイドライン」を策定しました。新居を購入する場合、このガイドラインに従った工法で瓦が固定されているかどうかを確認しておきましょう。

助成を使って耐震補強をする

耐震性に不安があったり、耐震診断で脆弱性が指摘された場合は、耐震補強をしましょう。耐震補強には、地方自治体から助成が出る場合があります。各自治体や補強の内容によって助成の種類は変わるので、確認してみましょう。

●耐震補強の種類の例

優先度	種類	内容
高	劣化（腐れ・蟻害）の補修	シロアリや雨がかりによって、柱や土台が腐敗していると、新耐震基準を満たしていても建物の強度が下がります。補修・交換の必要があります。
	壁の増強	耐力壁が少なかったり配置のバランスが悪い場合、内壁や外壁に耐力壁を増設します。筋交いや構造用合板で補強します。
	基礎の強化	基礎部分を補強したり、ヒビ割れを補修したりします。補強や補修だけでなく基礎を増設する場合は、費用が高くなる可能性があります。
低	屋根の軽量化	重い屋根（瓦など）から、軽い金属屋根に変えて軽量化し、建物にかかる負荷を減らします。雨漏りや屋根の傷みがあるときに推奨されます。

※上記の優先順位は一例です。建物の状態によって変動します。

memo

耐震診断・耐震改修（補強）の支援情報

耐震診断や耐震改修工事に関する支援制度などの情報が、日本建築防災協会の「耐震支援ポータルサイト」で確認できます。各自治体の相談窓口情報も掲載されているので、助成金などの問い合わせの際に参考にしてください。

■耐震支援ポータルサイト
http://www.kenchiku-bosai.or.jp/seismic-2/

全体が無理ならシェルター空間をつくる

家全体を補強するのは費用的に厳しい、という場合もあるでしょう。しかし、だからといって何もせず諦めてはいけません。100％が無理なら、少しでも助かる確率を上げるため、普段いる時間の長い1部屋に耐震シェルターを設置するという方法があります。費用も比較的安価で、住みながらでも施工することができます。

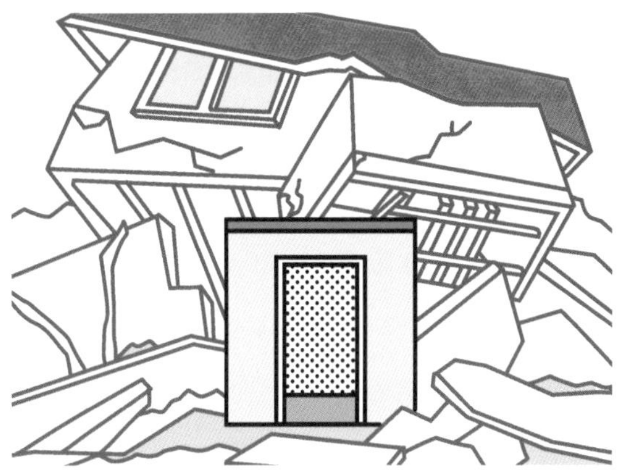

耐震シェルター

建物が倒壊しても、シェルター化した1部屋だけは守られる。リビングや寝室など、よくいる場所を選んで設置するとよい。ベッドの周りに設置できる簡易なものもあるので、可能な範囲で選ぶ。

SOSを発信できるようにしておく

どれだけ建物を強化していても、絶対に倒壊しないという保証はありません。また、自宅以外の耐震性が低い建物で被災する可能性もあります。閉じ込められたとき、周りに助けを求められるように、ホイッスルなどを携帯しておきましょう。

ホイッスル

鍵やスマートフォン、ポーチなど、いつも携帯しているものにつけておくとよい。

備えよう

スマートフォンの緊急SOS

iPhoneでは、電源ボタンといずれかのサイドボタンを同時に、短時間に繰り返し押すと、緊急通報用電話番号に電話がかかり、位置情報が送信されます。機種により操作が異なるので、仕様を確認しましょう（平時に間違えてかけてしまわないように注意）。

知識　備える　避難　アイデア

3 家の中を安全な状態にする

家具は凶器になる

家の中にあるさまざまな家具は、大地震の際は凶器になります。重く大きな家具は倒れ、中くらいのサイズのものは勢いをつけて飛んできます。身動きがとれない揺れの中、それらにぶつかれば大怪我や命を落とす危険があります。

●地震時の家屋内での怪我の原因(阪神淡路大震災)

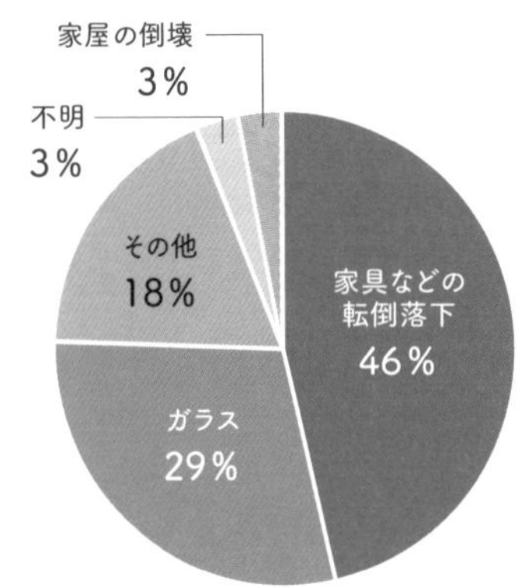

調査人数：130人

家具の落下・ガラス破損が7割超

阪神淡路大震災では、内部被害による怪我の原因の7割以上が家具やガラスによるものだった。これらの対策が必須であることがわかる。

出典：日本建築学会「阪神淡路大震災　住宅内部被害調査報告書」

「倒れない」「飛ばない」「避難経路をふさがない」が鉄則

まずは自宅の家具の配置を確認してみましょう。大切なのが、家具が体に倒れてこないようにすること。家具は固定して倒れないようにするのが前提ですが、倒れてしまったとしても怪我をしないように配置します。さらに、ものを高いところに固定せずに置いていると揺れで落下し、勢いをつけて飛んできます。重いものは低い位置に下ろし、飛ばないように固定しましょう。また、散乱した家具が避難経路をふさいでしまうと、避難の遅れに繋がります。出入り口との配置関係にも注意しましょう。

家の中を見回して危険がないか見てみましょう。

<体に倒れてこないようにする>

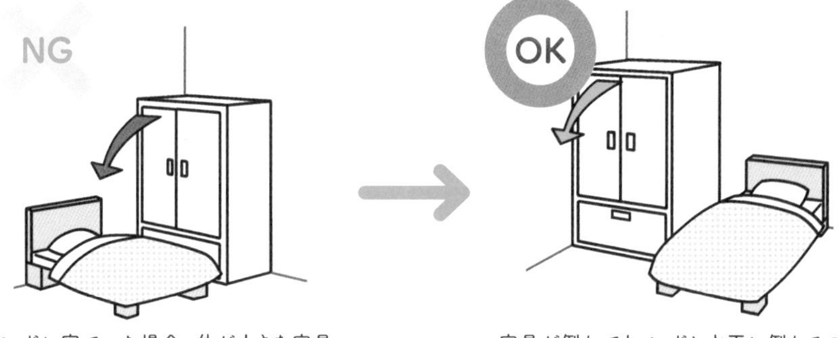

ベッドに寝ていた場合、体が大きな家具の下敷きになる。

家具が倒れてもベッドと水平に倒れるので、下敷きにならない。

<高い場所に重いものを置かない>

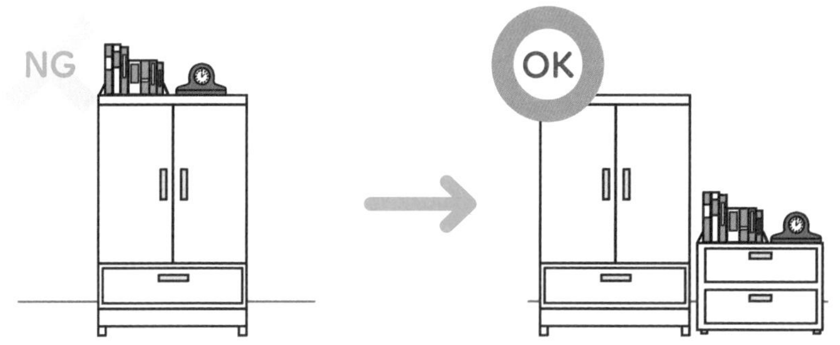

家具の上に置いたものは落ちる。高い場所にあると勢いがつき危険。

重いものは低い場所に下ろす。すべり止めシートを敷いて飛ばないようにする。

<ドアをふさがないようにする>

家具が倒れるとドアを開けることができなくなり、避難が遅れる。

家具が倒れてもドアはふさがない。

ガラスの飛散を防ぐ

ガラスは割れると鋭い凶器になって飛び散ります。飛び散ったガラスが体に刺さると大怪我の原因になります。刺さる場所が悪いと命を落とす危険もあります。ガラスが割れたときに飛び散らないような対策をすることが大切です。

対策なし

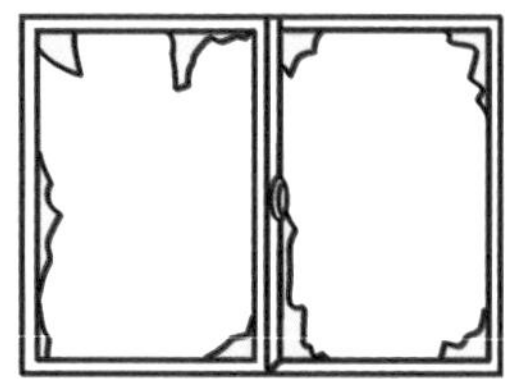

揺れや風、ものがぶつかった衝撃でガラスが割れ、広く飛び散る。鋭い破片は怪我の原因になり、避難経路をふさぐと避難の遅れにも繋がる。片付けの手間も増える。

飛散防止フィルムを貼る

ガラスが割れても辺りに飛び散るのを防いでくれる。窓ガラスはもちろん、食器棚のガラス扉など小さな場所にも対応できる。

カーテンを閉める

ある程度の飛散防止効果がある。夜寝るときは必ず厚みのあるドレープカーテンを閉める。昼間はレースカーテンなどをかけておくと光も取り込める。台風などが迫っているときは、あらかじめカーテンの下をテープなどでとめてバタつきを防止する。

Check

応急処置には養生テープやガムテープ

大きな台風が迫っていて飛散防止フィルムを準備する余裕がないときなどは、窓に「米」の字の形に養生テープやガムテープを貼って飛び散りを防ぎます（→P61）。ただし、常に貼っておくことができない（見栄えの問題で）ので、地震への備えとしては不十分です。あくまで応急処置的に行いましょう。

インテリアがぶつからないようにする

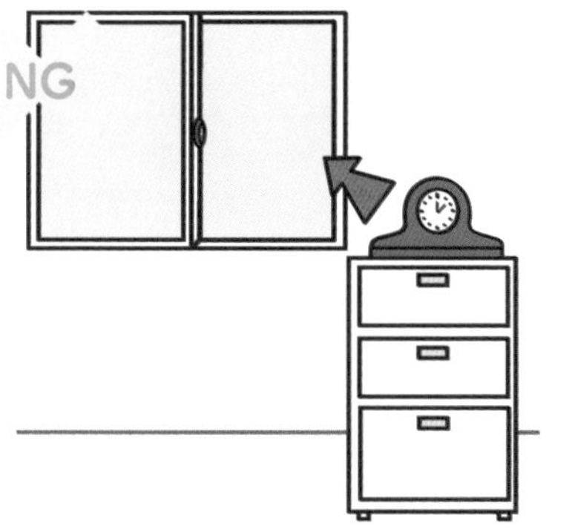

インテリアがガラスにぶつかると破損の原因になる。窓の近くには重いものを置かないか、飛ばないようにしっかりと固定する。ベランダなども同様。

備えよう

破損に強い合わせガラス

ものがぶつかっても貫通しにくく、割れたときの飛散も抑えられる「合わせガラス」に交換する方法もある。通常のガラスより高額なので、よくいる部屋や大きな窓だけ交換するなど工夫する。

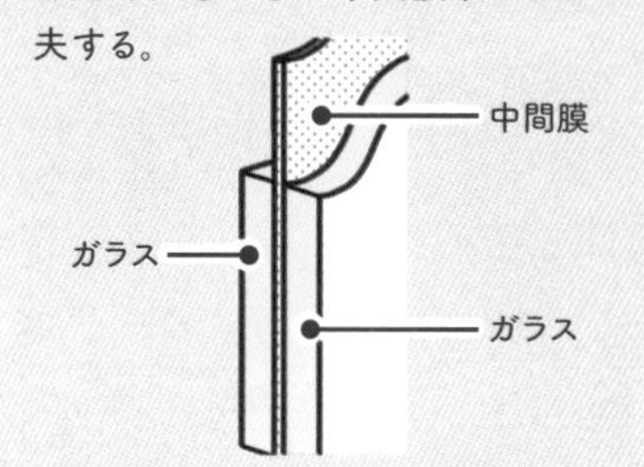

ドアのゆがみを防ぐ

ドア枠は大きな揺れにさらされるとゆがみます。ドア枠がゆがむとドアの角がぶつかって開かなくなり、避難が遅れてしまいます。耐震丁番（ちょうばん）がついていれば、ドア枠がゆがんでもドアを開けることができます。

普通のドア

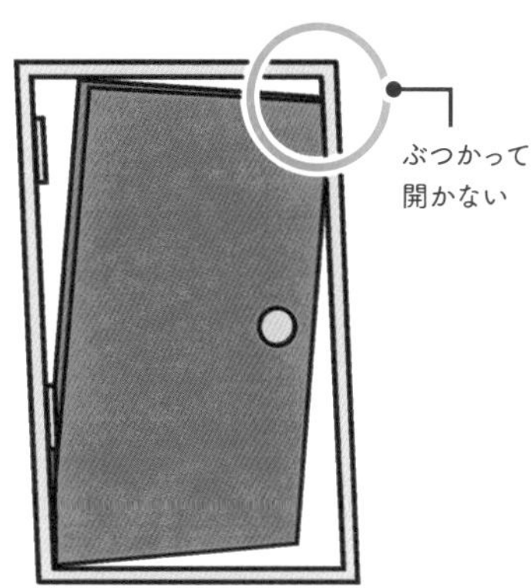

地震の衝撃でドア枠がゆがむ。ドア枠とドアの角がぶつかり、開かなくなる。

耐震ドア

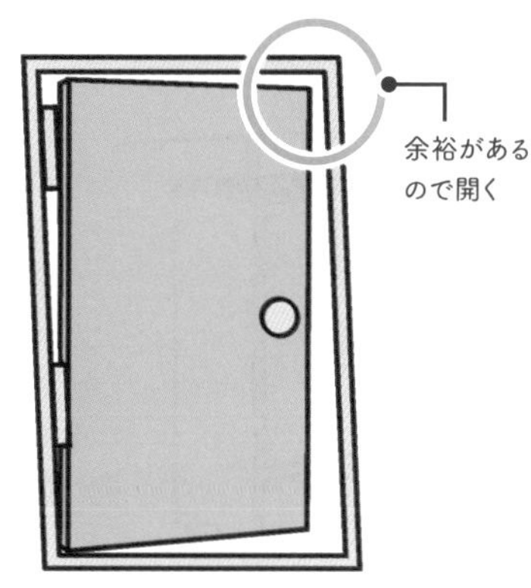

上下に動く耐震丁番がついたドア。ドア枠がゆがんでも、上下に動かすことができるので余裕が生まれ、開けることができる。

Column

固定器具の選び方

家具は転倒防止のため、壁や天井に固定しましょう。最も有効なのはネジ止め。しっかりと壁に固定できるので大きな揺れでも高い効果を得られます。壁に穴を開けられない場合は粘着テープタイプやポール式もあるので、状況や家具の種類に合わせて設置可能なものを選びましょう。

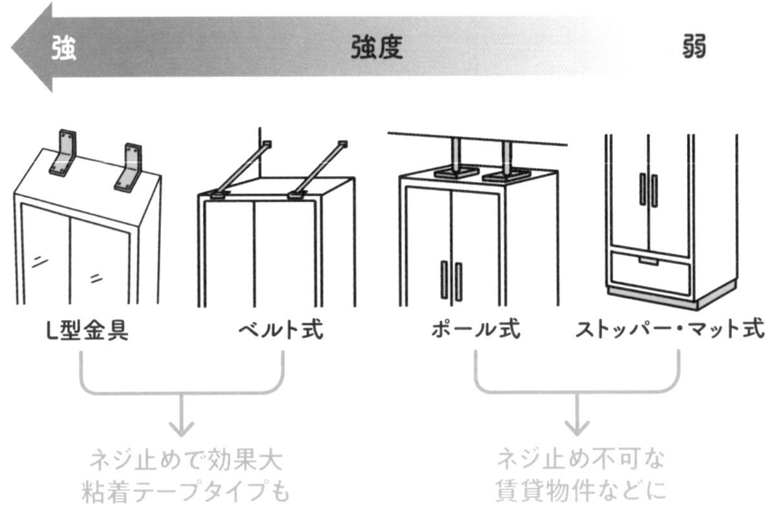

組み合わせると効果が上がる！

ポール式とマット式は単独だと比較的効果が低いが、組み合わせて使うとL型金具と同じ強度になる。

固定器具を買うまでの間は、応急処置として空のダンボール箱を棚の上に置いて、天井との空間をなくしましょう。

キッチン

ものがあふれるキッチンは、そのままだと多くの危険があります。狭い空間なので、冷蔵庫が倒れたり、割れた食器が散乱したりすると、あっという間に逃げ道がなくなります。調理器具やカトラリーも凶器になるので、不要なものはしまうことを心がけましょう。

<冷蔵庫>

固定して転倒防止＆扉にストッパー

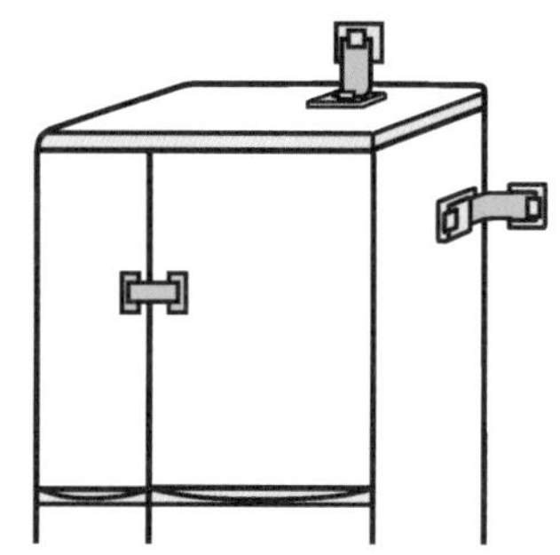

粘着テープタイプのL型金具やベルトで壁に固定する。冷蔵庫の上部と側面を固定すれば効果大。扉が開くと通路がふさがれ、中身も飛び出してしまうので、飛び出し防止ストッパーをつける。

<電子レンジ>

粘着マットで固定

電子レンジは大きな地震のときは勢いをつけて飛んでくるので非常に危険。粘着マットを敷いて固定する。ベルト式もあるので使い勝手のいいものを選ぶ。電子レンジの上にはなるべくものを置かないように。

<シンク上の開き戸>

ストッパーで飛び出し防止

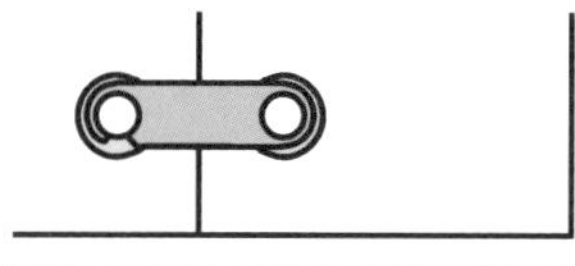

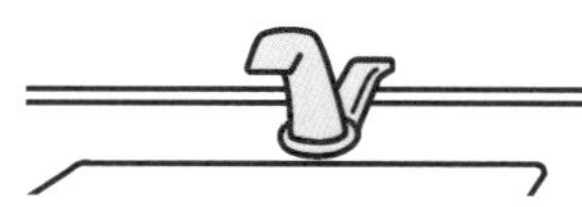

頭上の開き戸はとても危険。扉が開き、中のものがすべて襲いかかってくる。飛び出し防止のストッパーをつけて対策を。また、頭上の棚には重いものや鋭利なものは入れないようにしたい。

<調理器具>

必要最低限のもの以外は都度しまう

鍋やガラス製の食器、フォークなど、飛んできたら危険なものは引き出しの中へ。外に出しておくもの（箸や木ベラなどぶつかっても怪我のリスクが低いもの）は、すべり止めシートを敷くなど対策を。

リビング・ダイニング

家族が長い時間を過ごすリビングやダイニング。さまざまな家具があるので、適した対策をしましょう。不要なものはしまうのが前提ですが、すべてしまってしまうと味気なくなるので、転倒防止対策をしたうえで飾ります。

<食器棚>
開き戸にストッパー＆食器にすべり止め

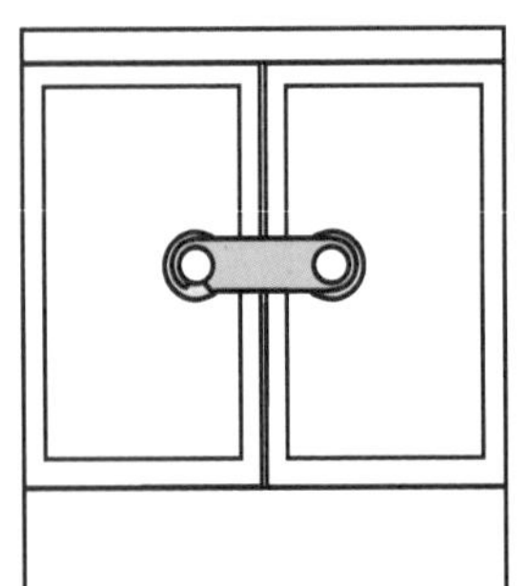

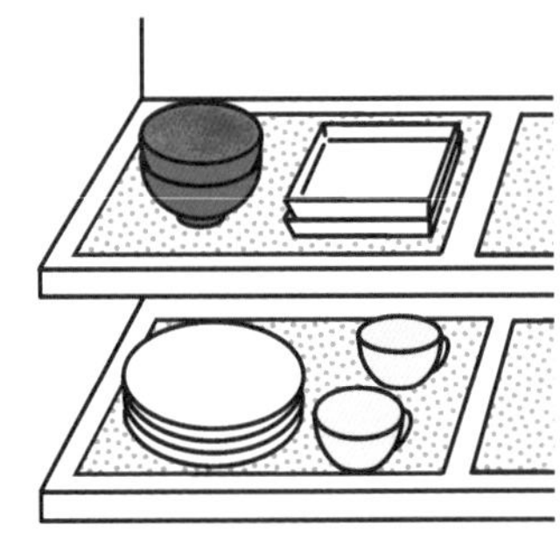

食器棚は本体が倒れるだけでなく、中の食器がすべり落ちたり、ぶつかり合ったりして割れる危険がある。扉には飛び出し防止のストッパーをつけて、食器の下にはすべり止めのシートを敷く。食器棚自体の固定も忘れずに。

備えよう

食器の重ね方を変えるとすべりにくくなる

食器は下から中サイズ→大サイズ→小サイズの順に重ねるとすべりにくくなります。食器の間に紙を1枚はさむとさらに効果があります。

ガラス部分には飛散防止フィルムを貼る

中の食器が棚のガラス部分に当たると、割れて破片が飛び散る。飛散防止フィルム（→P156）を貼っておくとよい。

<本棚>

すき間なく並べる＆落下防止テープ

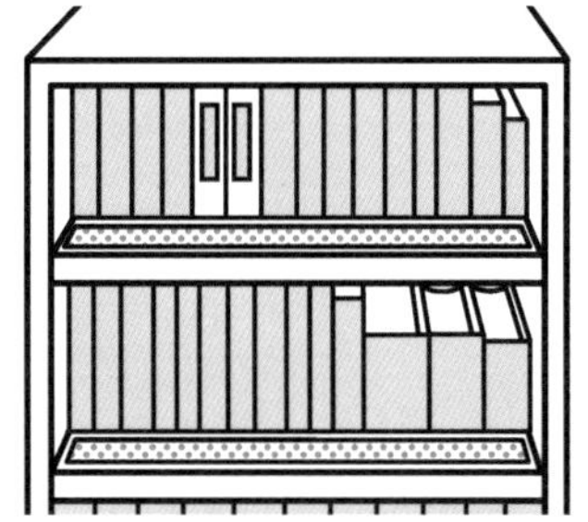

本棚の本は高さをそろえてすき間なく並べると、落下しにくくなる。さらに、手前に落下防止のすべり止めテープを貼っておくとよい。本棚自体も壁に固定する。

<照明>

天井に固定して落下防止

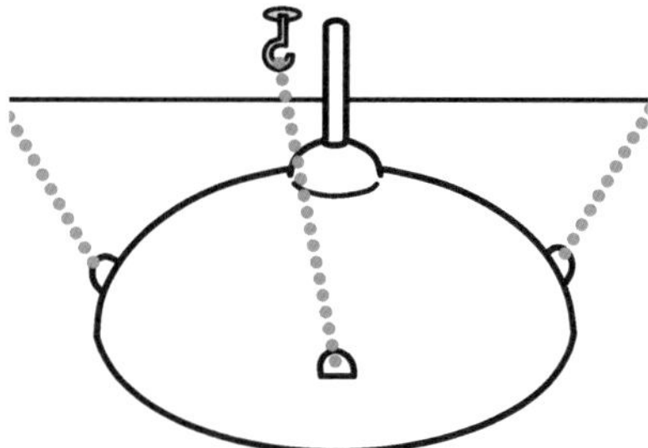

吊り下げタイプの照明は地震のときに大きく揺れ、落下の危険がある。ワイヤーなどで固定して落下を防止する。落下したときに逃げられないので、照明の真下では寝ないように。

<テレビ>

テレビ台と壁に固定

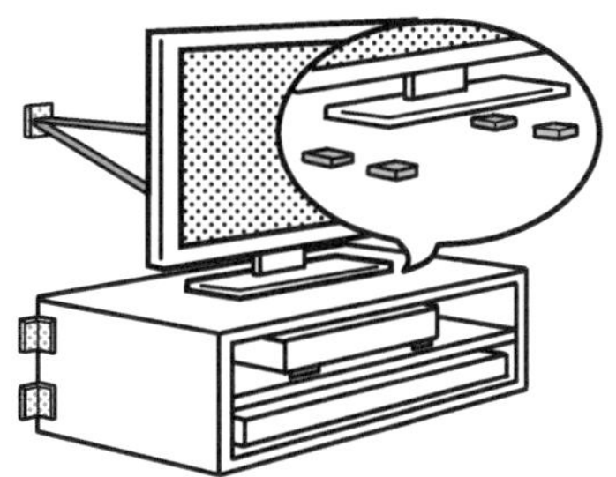

テレビは粘着マットなどでテレビ台に固定し、ベルトなどで壁にも固定する。これで大きな揺れでも飛んでこない。テレビ台自体が動く可能性もあるので、マットやL型金具で固定を。

<テーブル・椅子>

脚にすべり止め

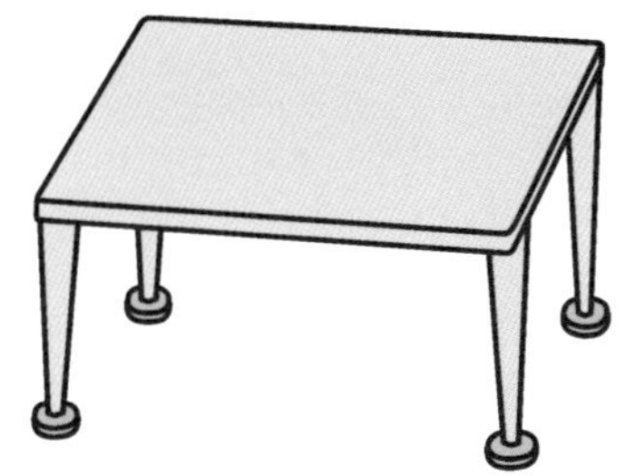

揺れの勢いで移動したり転倒したりする可能性があるので、すべり止めをつけて対策する。

Check

インテリアは目に入る場所に

壁かけの絵や写真などを飾るときは、目に見える範囲に飾るようにしましょう。たとえば、よく座るソファの背後に花瓶や絵画などが飾ってあると、いざというときに避けられません。生活の中で死角になりやすい場所にものを置かないのがコツです。

寝室

寝ているときはとても無防備。起きているときよりもさらに、発災時に危険を避けるのが難しくなります。大きな地震がいつ起きても安全な状態にしておくことが大切です。ベッドに寝転がった状態で部屋を見回し、危険がないか確認してみましょう。

＜窓ガラス＞

寝床は離し、カーテンを閉める

割れた窓ガラスの破片が寝ている体に降ってくるととても危険。可能な限り、窓から寝床を離す。窓ガラスが割れてしまったときに飛び散りを防ぐため、カーテンは閉めて寝る。

＜家具・インテリア＞

頭上に危険がないように

寝転がったときに、頭上に壁掛け時計や置物、写真立て、吊り下げ照明などがないようにする。エアコンも落下する危険があるので、頭が真下にならないように注意。

備えよう

危険を避けて寝室から避難するために

暗く、薄着の状態でいることが多いであろう寝室から安全に避難するためには、**枕元に最低限の避難グッズを用意しておく**必要があります。ポーチなどにひとまとめにして、揺れで飛ばされないようにベッドの柵や脚にひっかけたり、くくりつけたりしておきましょう。携帯電話も手に取れる場所に置いておきます。

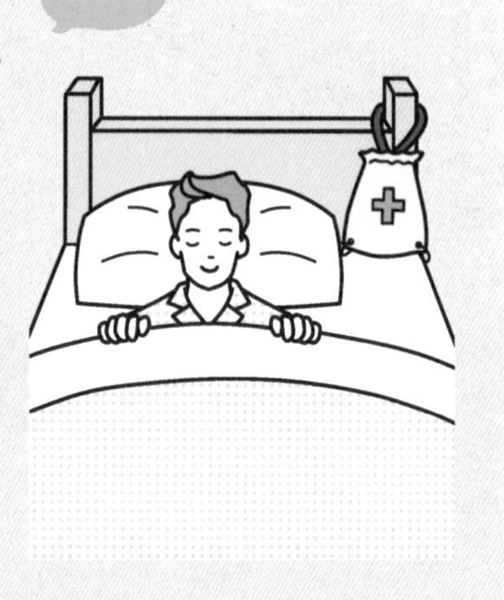

［備えておきたいもの］

- □ メガネ（ケースに入れて）
- □ 小型の懐中電灯やヘッドライト
- □ 吸入薬などの予備
- □ スリッパ
- □ 革手袋
- □ ホイッスル

玄関・廊下・ベランダ

避難経路になる玄関や廊下、ベランダは、余計なものは置かないのが前提です。何かを置く場合も通路をふさぐ配置にはせず、ものが散乱しないようにまとめておきましょう。

<小物>

散乱しないようにしまう

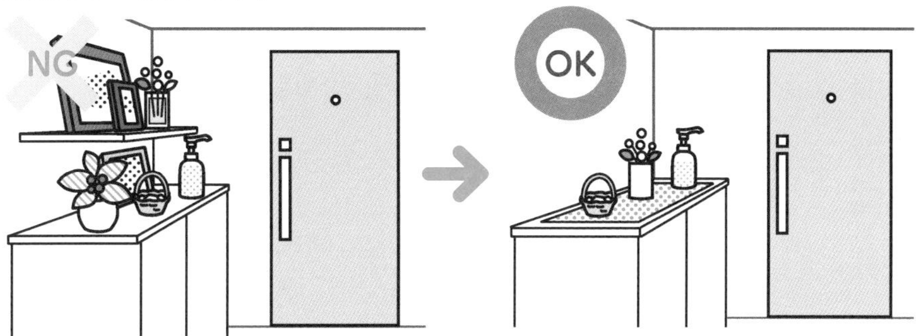

玄関に続く廊下の棚に小物が置かれている状態。地震のときに床に散らばると、怪我や避難の遅れに繋がる。

必要なもの以外はしまい、花瓶などは割れない素材にする。除菌ジェルなど、外に出しておきたいものは、すべり止めシートを敷いた上に置く。

<ベランダの置物>

避難経路をふさがない

マンションやアパートでは、非常時には隣室との仕切りの壁（蹴破り戸）を蹴破って避難する。そのため、仕切りの前にものを置かないよう注意。また、避難器具（避難ハッチ）の上にも重いものを置かないようにする。

植木鉢なども窓ガラスに当たって割れると危険なので、窓にぶつからないように配置しましょう。

知識 備える 避難 アイデア

4 二次災害を防ぐ対策をする

感震ブレーカーを設置する

地震の後は火災の危険があります。その原因として最も多いのが、電気です。電気火災を防ぐため、避難する前にブレーカーを落とす必要がありますが、いざとなるとパニック状態でそこまで頭が回らないかもしれません。一定の揺れを感知して自動的にブレーカーを落とす感震ブレーカーを設置しておくのがおすすめです。

●電気火災発生の流れ

停電した後、ドライヤーやストーブなどのスイッチをオフにしないまま避難 → 電力が復旧する → スイッチがオンになっていた機器に通電。覆いかぶさった衣類などに着火 / 傷ついた電源コードがショート。火花が燃え移って出火

●感震ブレーカーの種類

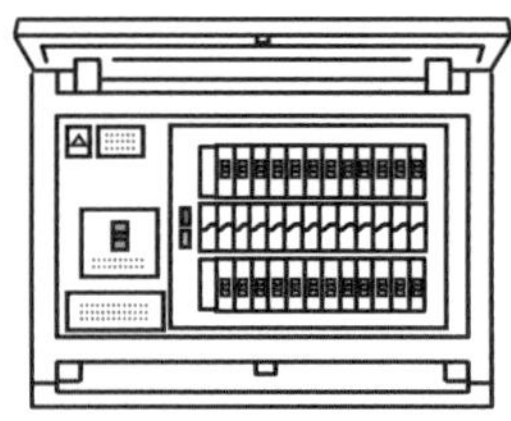

分電盤タイプ

分電盤にセンサーが内蔵された内蔵型と、感震機能を外づけする後づけ型がある。どちらも電気工事が必要だが、家中の電気を遮断できる。

コンセントタイプ

センサーを設置したコンセントの電気のみ遮断される。壁にセンサーを設置する埋め込み型は工事が必要だが、既存のコンセントに差し込むタップ型は工事が不要。

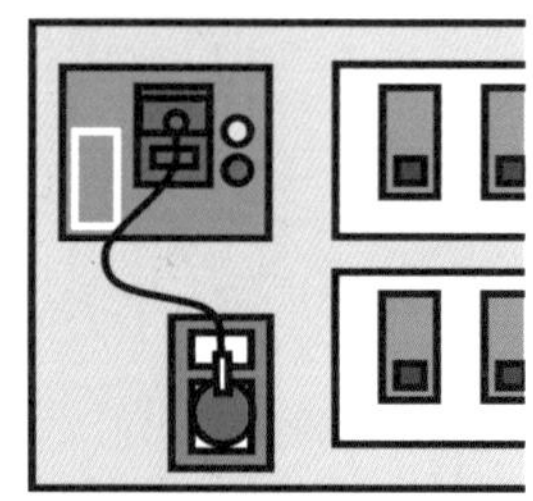

簡易タイプ

分電盤におもりやバネを取りつけて、揺れの衝撃によってブレーカーを落とす簡易的なタイプ。家電量販店などで購入可能で、自分で取りつけることができる。

備えよう

停電時の足元の明かりを確保する

感震ブレーカーが落ちたとき、夜だと室内が真っ暗になります。その状態で地震後の室内を歩くのはとても危険です。**感震ブレーカーを設置するときは、足元灯を同時に備えましょう。**普段はコンセントに挿しっぱなしで充電しておき、停電を感知すると自動点灯するタイプがおすすめ。通常の停電時でも便利です。

消火器と火災警報器を用意する

もし火災が発生してしまった場合、すぐに初期消火ができるように火災警報器と消火器を備えておきましょう。**消火器は揺れで倒れたり飛んだりしないように、固定した収納ボックスの中などに入れて、取り出しやすい場所に設置しておきます。**

火災警報器

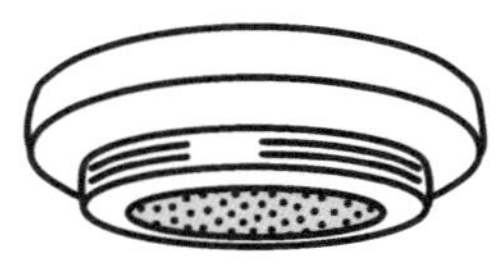

火災警報器は住宅への設置が義務づけられている。寝室と階段最上部には必ず設置する。

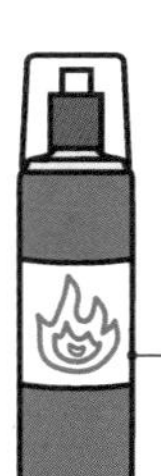

家庭用消化器

住宅用の消火器が扱いやすい。火が出やすいキッチンなどの近くに置いておく。

スプレータイプのエアゾール式簡易消火器は、手軽だが消火力は弱い。てんぷら鍋の油の発火や、石油ストーブの引火など、最初期段階の火災の消火に適している。

Check

避難時は元栓を閉める

電気火災だけでなく、ガスを原因とする火災にも注意が必要です。避難するときは元栓を閉めたか確認してから逃げましょう。

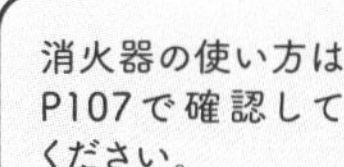
消火器の使い方はP107で確認してください。

知識 備える 避難 アイデア

日常に備蓄を取り入れる

備蓄は「いつものもの」を多めに買っておく

「いつかのために」と長期保存食や保存水を買ってしまい込んでおくと、いつの間にか賞味期限が過ぎていることがあります。また、いざ食べようとしても食べ方がわからなかったり、口に合わなかったりする場合もあります。防災のために特別なものを備蓄するのではなく、いつものものを多めに買っておき、使いながら備蓄する「ローリングストック」がおすすめです。

ローリングストック

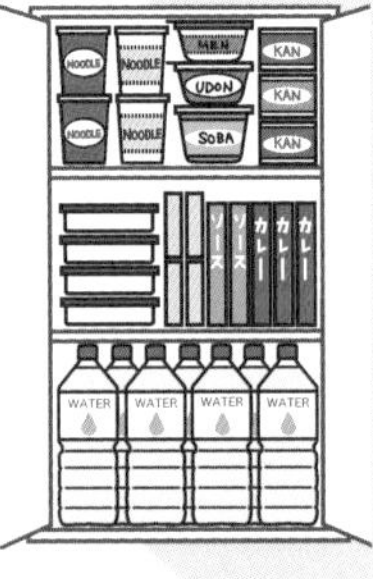

備える

いつも食べたり使ったりしているものが、常に多めに家に保管されている状態にする。

食べる（使う）

賞味期限の近いものから、普段の生活の中で消費する。

買い足す

食べた（使った）分だけ買い足し、家に保管してある量が変わらないようにする。

ローリングストックにおすすめの食品

レトルト食品
カレーや丼の具などメインになるものが多く、賞味期限も長い。普段からお気に入りの味を探しておきたい。温めるためのカセットコンロとカセットボンベの準備を忘れずに。

フリーズドライ食品
スープや雑炊など、汁ものや副菜になるものが多い。野菜を多く含んだものなどを選んで備蓄しておけば、避難生活中も栄養バランスを整えられる。

乾物
避難生活で不足しがちな食物繊維やミネラルが豊富な、切り干し大根やのり、寒天などがあるとよい。

缶詰
手を加えずに食べられるのでおすすめ。非常時に支給される食料は炭水化物が多いので、魚や肉などのタンパク質を補給できるものがよい。

野菜ジュース・青汁
被災後は野菜が不足する。普段から野菜ジュースや、水で戻す青汁などを飲む習慣があれば、多めにストックしておく。

冷凍食品
自然解凍できるものなどが便利。お弁当のおかずなどで使用する場合は多めに用意しておきたい。

ローリングストック 3つの基本

❶何がどこに保管されているのか、家族全員が把握する
❷味や食べ方（調理方法）を家族全員が理解した“なじみの味”をそろえる
❸賞味期限がひと目でわかるように、油性マジックで大きく書いておくなどしておく

常に1週間分の食料を確保しておく

自宅には、最低1週間は自力で生きていけるだけの食料と飲料水を用意しておきましょう。停電になったら、まずは冷蔵庫の中の傷みやすいものから食べていきます。そのあとに、常温保存のレトルト食品やフリーズドライを食べましょう。

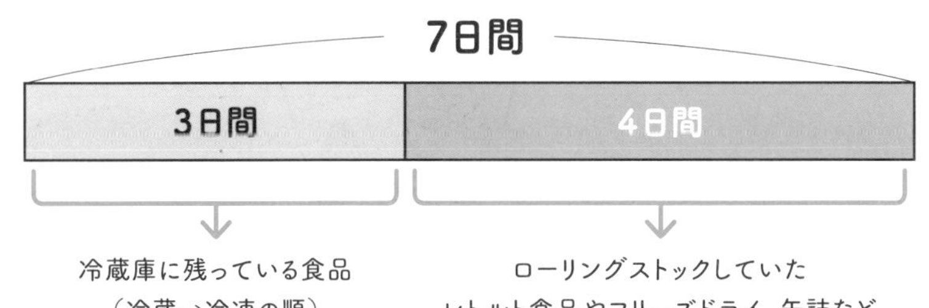

非常時こそ温かい食事と栄養バランスが大切

避難所で支給される食事はおにぎりやパンなどの炭水化物系がほとんどで、栄養バランスが偏ります。さらに、炊き出しの体制が整うまでは、温かいものもほぼ食べられません。**大変なときだからこそ、温かく栄養バランスの整った食事を食べて、心身を健康に保つ必要があります。**

●非常時の食生活で起きること

支給されるのはおにぎりやパンなどの炭水化物が中心

タンパク質・野菜などが不足し、栄養バランスが偏る

備蓄品を食べる、保管するための備えを忘れずに

食品はあるのにライフラインが止まっていて調理ができない、ということがないようにしましょう。**カセットコンロやクーラーボックスのほか、耐熱のポリ袋（保存袋）などもあると便利です。**

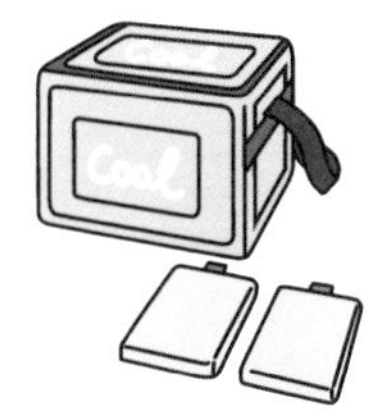

クーラーボックス
1家庭 1～2台

保冷剤（氷点下タイプ）
1家庭 1～2個

カセットコンロ
1家庭 1台

カセットボンベ
1家庭 15～20本

※1家庭は4人家族の場合。

個人に対応した食事は来ない

非常時には、アレルギー対応食や介護食、離乳食は不足します。物資として届きはしますが、完全に個人に対応した支援はなされません。特別な備えが必要な人は、支援物資はない、と考えて備えておくことが大切です。

6 いつも使っているものを防災グッズにする

日用品・衛生用品もローリングストック

食品や飲料水だけでなく、日用品や衛生用品もローリングストックをしましょう。ティッシュやトイレットペーパー、マスクなど、普段の生活で必要なものは非常時にも欠かせません。また、生活必需品は非常時に買い占めが起こりやすくなります。普段の買い物で少し多めに買っておき、常に家に予備がある状態にしておくと安心です。

●多めに買いおきしておきたいもの（1人あたり）

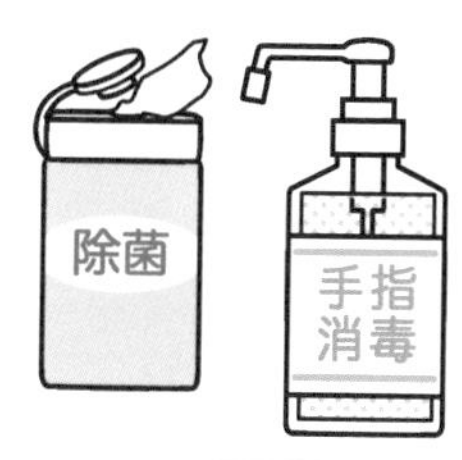

除菌グッズ ＋1個
4人家族の場合 ＋2〜3個

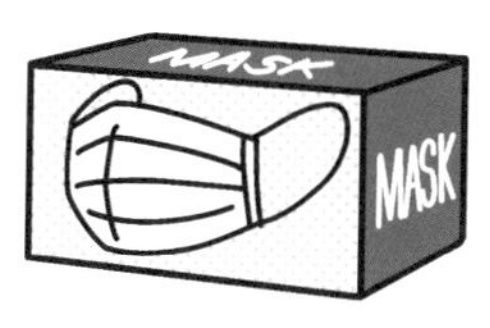

マスク ＋1箱（30枚入り）
4人家族の場合
＋2〜3箱（50枚入り）

口腔ケア用ウェットシート
＋1〜2ボトル（100枚入り）
4人家族の場合
＋7〜8ボトル

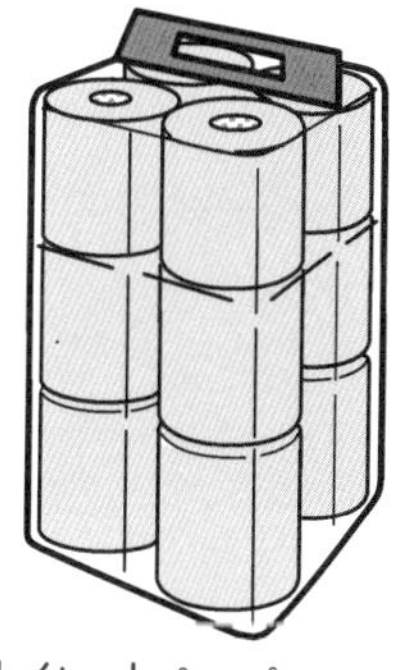

トイレットペーパー
＋1パック（12ロール）
4人家族の場合
＋2〜3パック

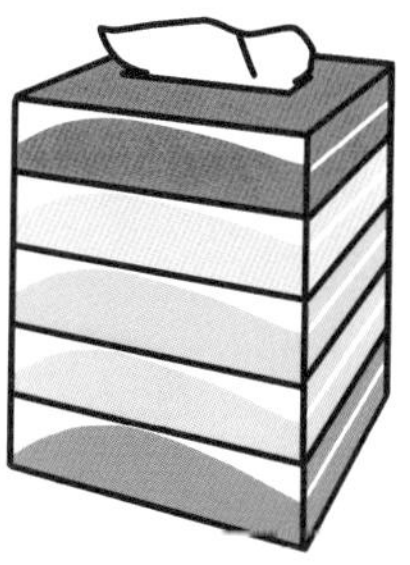

ティッシュペーパー
＋1パック（4〜5個）
4人家族の場合
＋2〜3パック

ローリングストックしておけば、買い占めがおきても焦らずにすみます。

日用品を多用途に使うアイデア

家にあるものは、アイデア次第で災害時にもさまざまな使い方ができます。多用途なグッズは、ローリングストックで多めに備蓄しておきましょう。ペットシーツは、ペットを飼っていなくてもストックしておくと便利です。

ペットシーツ

- ゴミ袋の中に2～3枚敷いて非常用トイレの代わりにする
- おむつ替えシートとして使う
- 吸水力が高いので、大量の飲み物などをこぼしたときの布巾や雑巾代わりにする

新聞紙

- クシャクシャにしてゴミ袋の中に入れると非常用トイレになる（→P182）
- 体に巻きつけると防寒の効果がある
- ものを包んだり、緩衝材として使う
- シート代わりに地面に敷く

レジャーシート（耐水）

- 避難所の床や地面が汚れていても座ることができ、小さな破片を避けられる
- 雨避けカバーやレインコートの代わりにする
- 割れた窓の応急処置に（ブルーシートがないときの代用）

タオル

- 手や体をふくなどの通常の用途
- 体に巻きつけて防寒に使う
- 包帯代わりにして応急処置に使う
- 汚れてきたら雑巾として使う

風呂敷・手ぬぐい・大判ハンカチ

- 三角巾の代わりにして応急処置に
- 細くひも状にして結び、ロープの代わりにする
- 中に石などを入れて振り下ろすとハンマーになる
- 水をろ過するときのフィルターとして使う
- マスクの代わりにする

ゴミ袋（45ℓ）

- ペットシーツや新聞紙と組み合わせて非常用トイレに
- 腕と頭を出す部分を開けてレインコートに
- 給水を受ける際の容器代わりに
- 中に新聞紙を詰めて足を入れたり着たりして防寒に

ポリ袋（耐熱）

- 食品の湯せんに使う
- 給水を受ける際の容器代わりに使う
- 応急処置の際のサージカル手袋代わりに使う（感染予防）
- スープなどを飲むときにカップにかぶせて使い捨てする（洗いものを減らす）

ラップ・アルミホイル

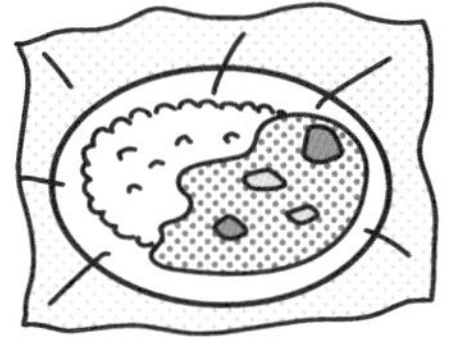

- 食器の上にかぶせて使い捨てする（洗いものを減らす）
- 体に巻きつけると防寒になる
- ラップはやけどの応急処置に（冷やしたあと、傷を乾かさないようにするため。医療機関を受診するまでの応急的なもの）

布ガムテープ

- 伝言メモを書いて玄関ドアに貼りつける
- ダンボールベッドや、仕切り板の組み立てに
- 細かいガラス破片を貼りつけて取り除く
- 割れた窓ガラスの応急処置に

油性マジック

- 伝言メモを消えないように残す
- 片付けや物資の整理で仕分けがしやすくなる
- 指などを骨折したときの応急処置に（添え木の代わりとして）

7 水の備え

水道の復旧には時間がかかる

災害時、水道は止まります。過去の災害では、断水が解消されるまでに3日から1カ月以上かかりました。**今後発生するとされている震災でも、1週間以上の断水被害が予想されています。**混乱した状態では、給水もすぐには受けられません。命を守れるだけの水は用意しておく必要があります。

●南海トラフ地震での断水被害予想（断水人口）

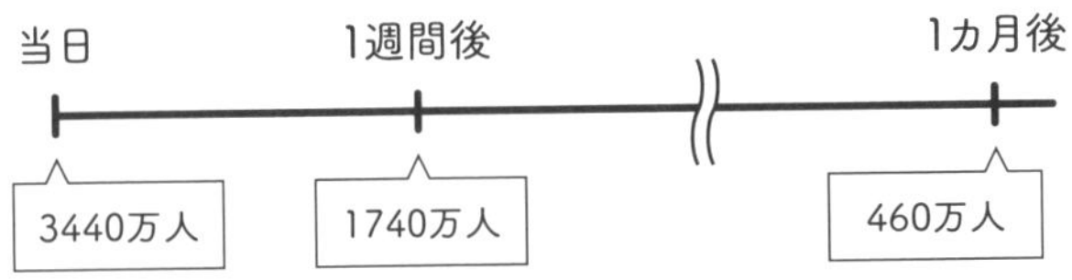

出典：内閣府「南海トラフ巨大地震の被害想定について（第二次報告）」

飲料水は1週間分用意しておく

飲料水は、少なくとも1週間分は確保しておきましょう。**1人あたり1日に2Lを用意します。**1週間分なので1人14Lです。備蓄用の5年保存水などだと、保存期間がいつまでだったかわからなくなるので、通常のミネラルウォーターをローリングストックするのがおすすめです。ペットボトルにためた水道水は3日ごとに交換すれば飲料水として使えます※。

1日2Lの理由

成人男性の場合、1日の排出水分量は2.5L。食事から得る水分（1L）、体内生成分（0.3L）と合わせて、排出水分量を補う必要がある。料理に使用するための水も含め、1人最低2Lの飲料水が必要になる。

※浄水器を通した水は塩素による消毒効果がないため毎日取り替える。

生活用水は日ごろからためておく

断水が続くと、トイレや洗濯など生活用水にも困ります。容器に貯水したり、お風呂の残り湯をすぐには捨てずにとっておくなど、ある程度の生活用水が確保できるように備えておきましょう。ただし、トイレの水は下水道が使えるようになってからでないと流してはいけません（→P178）。

＜ポリタンクやペットボトルへの貯水＞

ペットボトルやポリタンクに入れておけば、使い終わった後は給水時の運搬容器としても使えます。浄水器を通していない水道水は、3日間は飲料水として使えます。4日目に使わなかった分は花の水やりや洗濯に使い、新しい水に取り替えましょう。

＜お風呂の湯はすぐに抜かない＞

お風呂の残り湯はすぐに抜かず、次に湯を張るときまで湯船に残しておきましょう※。ただし、いっぱいに入っていると地震の揺れと湯の圧力で**浴槽が破損してしまう可能性があるため、6割程度にしておきます。**お風呂の湯は生活用水に使います。雑菌が繁殖している可能性があるので絶対に飲まないように。

※子どもがお風呂の残り湯で溺れたり、浴室にカビが生えたりしないように、普段は湯船のふたを閉めておく。

給水の運搬にはペットボトルやポリタンクのほか、ポリ袋・ゴミ袋などがあると便利です（→P257）。

備えよう

応急給水拠点を確認する

いくら貯水しておいても、断水が長引けば足りなくなります。そんなときは給水拠点や避難所の給水車から水をもらってきます。断水時の応急給水拠点は自治体ごとに定められているので、あらかじめ水道局のホームページなどで確認をしておきましょう。

8 電気の備え

明かりは作業用と据え置き用を用意

大規模災害に停電はつきもの。地震後の停電の場合、暗い中で余震にあうのはかなりの恐怖を感じるでしょう。明かりはいくつあっても困ることはありません。スマートフォンをライト代わりに使えばいいのでは？　という考えはNG。停電は何日も続く可能性があります。充電を消費してしまうスマートフォンのライト機能では不十分です。

作業用：ヘッドライトで両手を空ける

日常生活では、両手を使った作業が多々あります。さらに**災害直後は瓦礫（がれき）や家具が散乱している可能性があり、手がふさがった状態で動くのは危険**です。懐中電灯よりも便利なのが、ヘッドライト。両手を空けた状態で進行方向を照らせます。登山やアウトドア用のものは性能がよく、コンパクトでおすすめです。

据え置き用：1家庭にランタン3つ

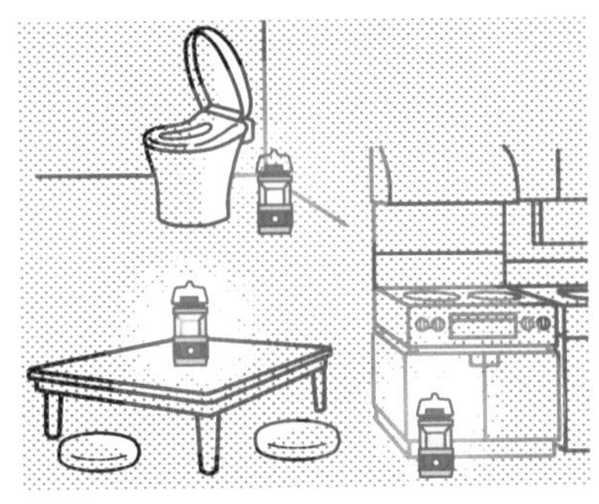

据え置き用の明かりには、広い範囲を照らせるLED ランタンがおすすめ。家族で在宅避難をする場合、誰かがランタンを持って移動したら真っ暗、ということにならないように、複数用意しておくとよいでしょう。**キッチン、リビング、トイレの3カ所に置けるよう3つ用意**すると安心です。

替えの電池も忘れずに。3回交換できる分を用意しておきましょう。

停電時の冷蔵庫対策

停電で冷蔵庫が使えなくなったら、傷みやすいものはクーラーボックスに移動しましょう。電源が切れてもすぐに常温になるわけではないので、扉の開閉を極力避け、冷気を逃がさないようにします。なるべく早く消費しましょう。

●普段からやっておきたい効果的な冷蔵室・冷凍室の使い方

❶ 冷蔵室の中身は7割程度にしておく

冷蔵室は詰め込みすぎず、余裕を持たせておくと冷気が効率的に回る。

❷ 冷凍室はパンパンに詰めておく

冷蔵室とは逆に、すき間なく詰めておくと冷気を逃がさない。

❸ 保冷剤を常に冷やしておく

停電時に使えるほか、冷凍室のすき間（スペース）を埋める効果もある。

●停電時の対応

❶ 傷みやすいものは保冷剤と一緒にクーラーボックスへ

生ものなど傷みやすいものは、十分な保冷剤とともにクーラーボックスへ移しておく。

❷ 冷蔵室の一番上の棚へ凍ったものをのせる

冷凍食品や保冷剤を冷蔵室の一番上にのせると、冷蔵室の冷気がある程度保たれる。

❸ 開閉は必要最小限にする

一度開けると冷蔵庫内の温度は一気に上がる。本当に必要なとき以外は開けない。

備えよう

保冷剤は「氷点下タイプ」を。ペットボトル氷も有効

小さいタイプの保冷剤だと、生ものなどの傷みやすいものを冷やすには心もとないもの。「氷点下タイプ」の保冷剤はクーラーボックス内を0℃以下に下げるので、氷や生鮮食品を一定期間保存するのに適しています。また、ペットボトルに水を入れて凍らせたペットボトル氷は、保冷剤として使えるのはもちろん、溶けたら飲料水になります。

停電時の暑さ・寒さ対策

停電が起こったら、エアコンが使えなくなります。とくに夏の台風では暑くても窓が開けられないので、熱中症の危険が高まります。**電源に繋がなくても動く扇風機やカセットガスストーブを用意しておくとよいでしょう。**替えの電池やカセットボンベも、ローリングストックで備蓄します。

＜暑さ対策＞

扇風機

USB充電式や乾電池式を用意する。机に置けたり持ち運びに特化していたりと種類はさまざま。平時から熱中症対策に使える。

＜寒さ対策＞

カセットガスストーブ

カセットボンベで動くコンパクトなストーブ。持ち運べるので、平時から浴室やトイレ、キッチンの足元などピンポイントで温めたいときに便利。

新聞紙を体に巻きつけるだけでも暖かくなります。

スマートフォンのバッテリーは充電式と乾電池式を用意

スマートフォンのモバイルバッテリーは、**持ち運び用は充電式を、家の備蓄用としては乾電池式を備えておくのがおすすめです。**持ち運び用は3回フル充電できるタイプだと安心です。**乾電池式は、3回交換できる分の乾電池をローリングストックで保管しておきます。**

＜持ち運びに＞
充電式

＜家の備蓄に＞
乾電池式

家庭用蓄電池

備えよう

電気を蓄え、必要なときに使用できる家庭用蓄電池。日常生活で使用する電気をまかなうことを前提にした据え置き型の「定置式蓄電池」と、災害時の非常用電源としての「移動式（ポータブル）蓄電池」があります。移動式のほうが手軽ですが、定置式は普段からためた電気を使えるため、電気代が削減できます。**蓄電池は、停電しても冷蔵庫を使用できるなど、大きな安心に繋がります。**費用やスペースを考慮しつつ、導入を検討してみてもよいでしょう。

9 ガスの備え

ガスは1カ月以上止まる可能性がある

南海トラフ地震や首都直下地震では、都市ガスの場合、ほとんどの地域で復旧するまでに1カ月以上かかると予想されています。ガスが使えないと温かい食事が食べられず、お風呂にも入れません。カセットコンロと、お風呂に入れなくても体を清潔に保つために、体ふき用ウェットシートなどを用意しておきましょう。

●都市ガス復旧にかかる日数（予想）

復旧対象戸数
復旧日数※

※95％が復旧するまでの日数。被害が甚大で復旧予測が困難な地区は除く。

出典：経済産業省「南海トラフ巨大地震、首都直下地震を踏まえた災害対策について」

カセットコンロで温かい食事を

非常時に温かい食事を食べるためには、カセットコンロとカセットボンベは欠かせません。カセットボンベは案外すぐに消費してしまうので、1カ月毎日お湯を沸かせるだけの量は備えておきましょう。普段から鍋料理などで使用し、ローリングストックします。

カセットコンロ……1家庭1台

カセットボンベ……1家庭15～20本

（2～3日で1本×1カ月）

カセットボンベの使用期限は6～7年※1。火気や直射日光、高温多湿を避けてローリングストックを。

1本あたり約60分使用可能※2。1日30～45分使用する場合の本数。

※1　製造年月日から。製品によって異なる。期間内でも、サビがついていたり、変形したりしているものは使用しない。
※2　「イワタニカセットガス（250g）」を3.5kw（3000kcal/h）のカセットコンロで使用した場合。

10 トイレの備え

下水道は使えなくなる

どんな非常事態でも、トイレは数時間もすれば我慢の限界が来る生理現象。しかし大規模災害では排水管や下水管などが破損し、トイレが使えなくなる可能性が高くなります。公衆トイレには人が殺到し、水を流せないにもかかわらず強行使用することによってどんどん劣悪な環境になっていきます。トイレの備えは必須です。

●非常時に想定されること

公衆トイレは長蛇の列＆劣悪な環境に

駅などの公衆トイレや避難所のトイレは不足状態。やっと順番が来たと思っても、使用不可の状態で無理やり使った場合、劣悪な環境になっている。

トイレを我慢するために水分を控えて体調悪化

ひどい状態のトイレに行きたくないがために、食事や水分をとらずに体調を悪化させてしまう。トイレを我慢すること自体も体に悪い。

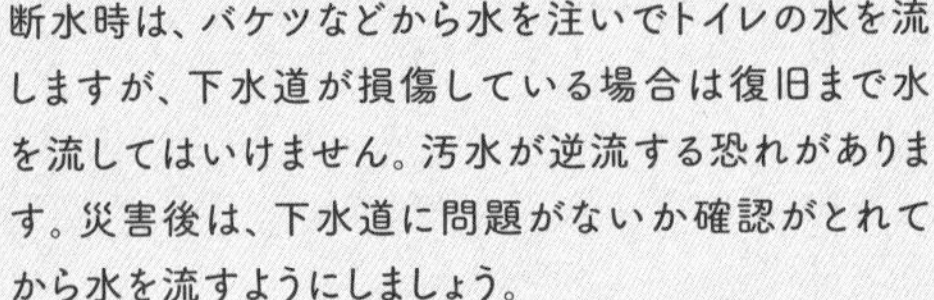

Check

下水道の復旧まで水は流さない

断水時は、バケツなどから水を注いでトイレの水を流しますが、下水道が損傷している場合は復旧まで水を流してはいけません。汚水が逆流する恐れがあります。災害後は、下水道に問題がないか確認がとれてから水を流すようにしましょう。

非常用トイレを準備しておく

トイレが使えなくなる状況に備えて、非常用トイレは必ず用意しておきましょう。なるべく多めに用意しますが、最低でも家族が1週間使えるだけの備蓄が必要です。種類がいくつかあるので、機能を比較して選んでください。

◎非常用トイレの種類

<自宅備蓄用におすすめ>
吸水凝固シートタイプ

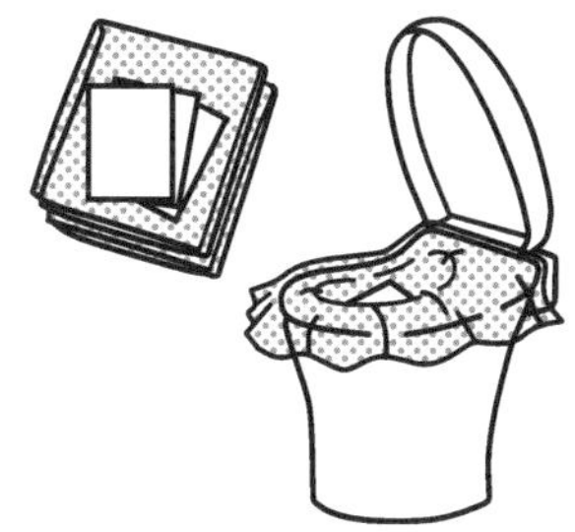

袋の底に、おむつのような吸水シートがついたタイプ。便器にかぶせて使う。

<持ち出し袋用におすすめ>
タブレット（凝固剤）タイプ

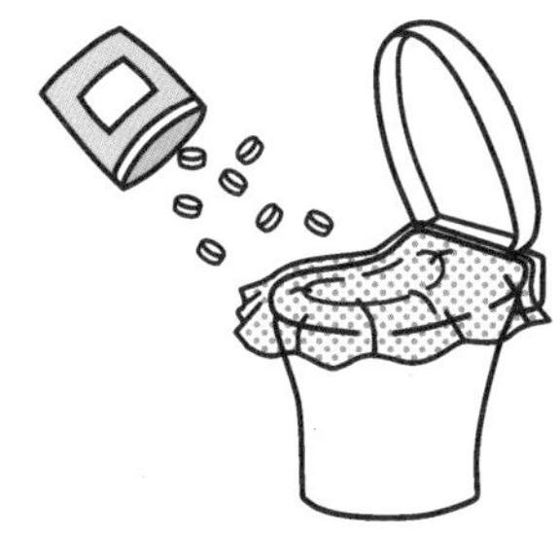

使用前（または後）にタブレット（凝固剤）を入れて凝固させるタイプ。便器にかぶせて使う。

<便器が使えないとき用>
組み立てタイプ

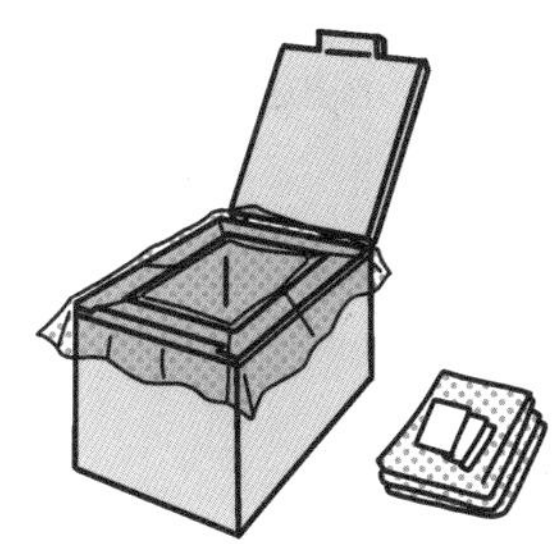

簡易的な便器を組み立てて使う。便器が使えないときに便利。

◎必要な個数

1人14～17枚（1週間分）

1人1日5回（小4回、大1回）、1週間使用できる枚数を用意する。吸水凝固シートタイプは複数回使用できるので"小は3回に1回交換、大は毎回交換"などルールを決めて節約が可能。（上記は節約した枚数）

◎非常用トイレを選ぶときの3つのポイント

❶ 丈夫で透けにくいもの

❷ 凝固スピードが速く、消臭力があるもの

❸ 使用後の処理がしやすいもの

非常用トイレの使い方

いざというときにスムーズに使えるように、非常用トイレは使い方を事前に確認しておきましょう。細かな部分はメーカーによって異なります。ここでは便器が使えるときの使い方を紹介します。便器が使えないときはバケツなどで代用するか、組み立てタイプの非常用トイレを使用しましょう。

1

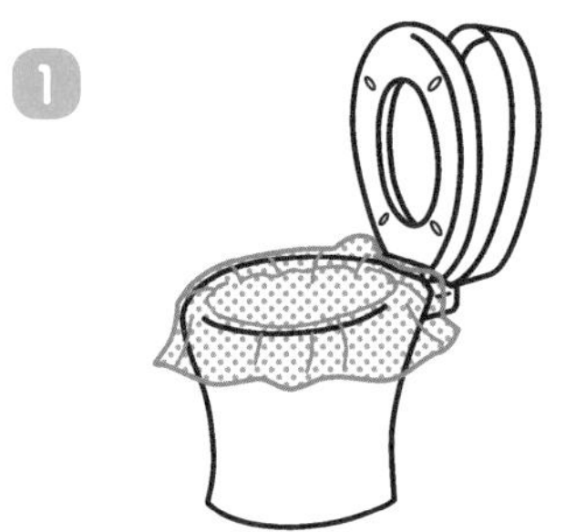

便座を上げて、便器に市販のゴミ袋をかぶせる。こうすることで非常用トイレが便器の底の水につかないので、使用後に非常用トイレだけ交換すれば、床を濡らさずにすむ。

2

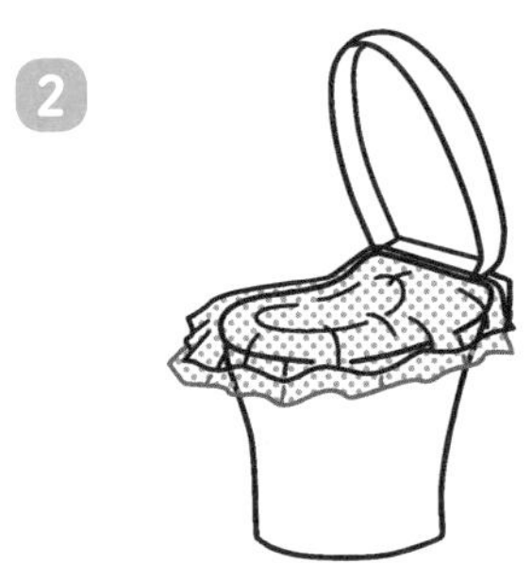

便座をおろし、非常用トイレをかぶせて用を足す。タブレットタイプの場合は用を足す前か後にふりかける（タイミングはメーカーによって異なる）。

3

使用後は非常用トイレだけを取り出し、空気を抜いて口を縛る。

4

密閉できる容器にゴミ袋をセットして捨て、消臭剤をふりかける。自治体が定めたゴミ収集のタイミングや方法に従って処理する。

※便座の上からかぶせた非常用トイレが安定しない場合は、袋の口（上端）を便座に挟む。

非常用トイレと一緒に用意しておきたいもの

非常時であっても、トイレの後は必ず手を洗います。**感染症が広がりやすい非常時はむしろ、より一層衛生管理に気をつけなければいけません。**さらに使用後に水が流せないので、**ゴミ問題とにおい対策が重要です。**

<水が使えなくても手を清潔に>

非常時でも、できればトイレの後は水と石けんで手洗いをしましょう。**自分用の固形石けんを持ち出しの袋に入れておく**とよいです。水が使えない場合は消毒液や、除菌ウェットシートなどで清潔にしておきましょう。

◎用意しておきたい衛生用品

- 固形石けん（マイ石けん）
- 除菌グッズ
（消毒液、除菌ウェットシート）

<トイレットペーパーは多めに備蓄する>

トイレットペーパーは普段から多めに買い置きしてローリングストックしましょう。トイレットペーパーやティッシュなどの生活必需品は有事の際に買い占めがおきやすい品物です。いつもの買い置き分に、1パック多めに備えておくと安心です。（4人家族の場合は2～3パック）

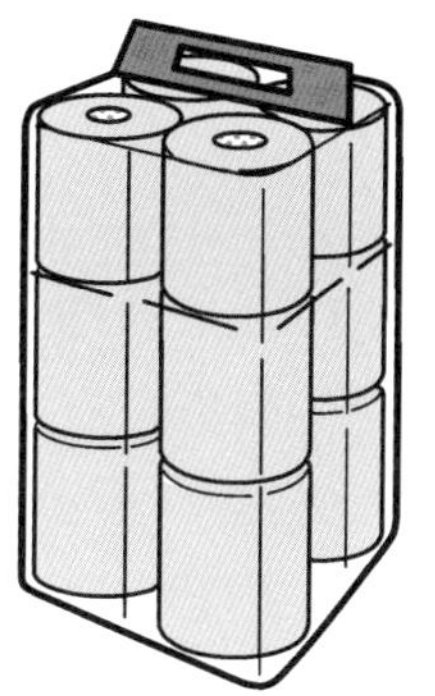

<トイレゴミの保管>

大きな災害の後はゴミの収集が遅れることがあります。**使用済みの非常用トイレを、においをもらさず保管するため、密閉できる容器が必要です。**可燃ゴミとして出せる場合が多いですが、自治体によっては分けることもあります。ルールを確認してから出すようにしましょう。

◎トイレゴミの保管に便利なもの

- ふたつきゴミ箱
- ふたつき衣装ケース
- 屋外用収納ボックス
- 保存用密閉袋
- おむつ用防臭袋

非常用トイレの自作方法

用意しておいた非常用トイレがなくなったら、ゴミ袋と新聞紙を使って自作できます。下記の方法以外にも、ゴミ袋にペットシーツ数枚やおむつを敷いて作ることも可能です。

作り方

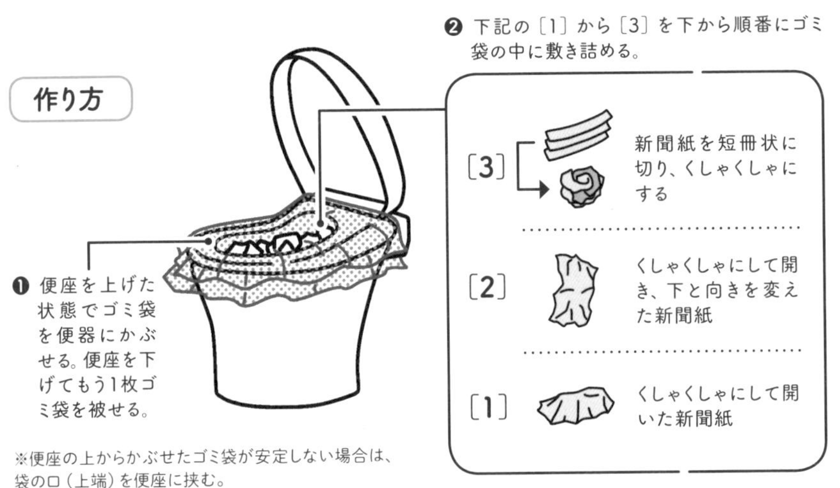

※便座の上からかぶせたゴミ袋が安定しない場合は、袋の口（上端）を便座に挟む。

使用後

11 非常時の衛生管理

体を清潔に保つために

大きな災害の後は、しばらくお風呂に入れなくなると考えられます。最初のうちは我慢できても、しばらく経つとかゆみやにおいが無視できなくなります。1カ月分の衛生用品があると安心です。

体ふき用ウェットシート 1人 1パック（30枚入り）

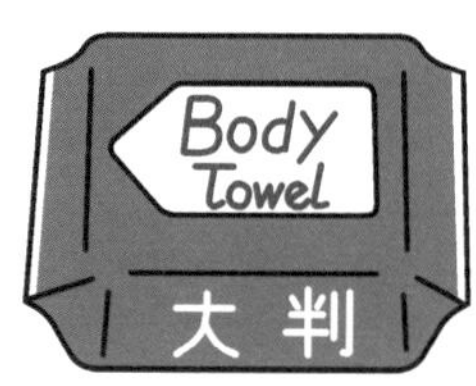

被災地はほこりが多く、片付け作業で汗もかく。背中まで届く大判タイプのウェットシートで、1カ月間毎日体をふけるようにしたい。

ドライシャンプー 1カ月分

水を使わないシャンプー。頭皮がスースーしてさっぱりできる。使い方や内容量はものによって異なるので、事前に確認を。

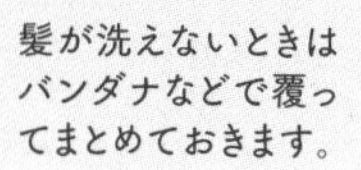

＜ウェットシートはアルコールタイプとノンアルコールタイプの両方用意する＞

除菌ができるアルコールタイプと、デリケートな部分にも使えるノンアルコールタイプ、両方あると安心です。日常生活で使うものなので、ローリングストックしましょう。**赤ちゃんのおしりふきは分厚く、大人も肌のデリケートな部分に使えて便利です。**

女性に多い衛生面の悩み

被災後に発生する女性の衛生問題は、非常時にはなかなかフォローされません。事前に可能な限り備えておくことが大切です。

<生理用品は多めに用意する>

生理用ナプキンやおりものシートは、1カ月分多めに備えておきましょう。避難所では女性用衛生用品の配布がうまく行き届かなかったりする事例が発生しているので、持ち出し袋にも加えておきます。

<下着の替えを工夫する>

被災地では下着を毎日替えられません。**デリケートゾーンを清潔に保つため、おりものシートをつけ替えて対応します。**使い捨てショーツも便利です。インナーはブラジャーではなくカップつきインナーだと洗濯物が減ります。

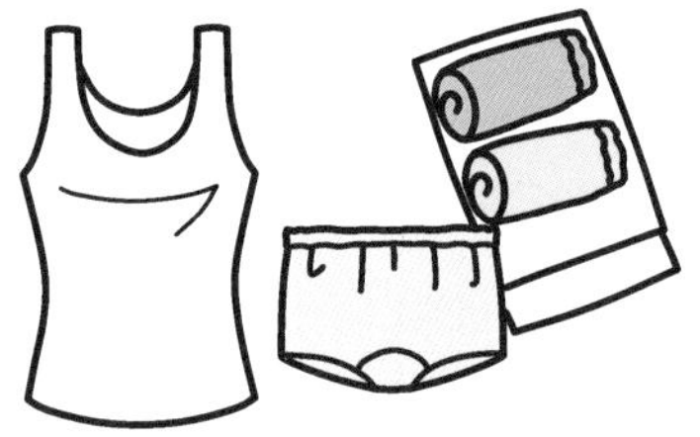

<スキンケアアイテムを用意する>

肌のことは後回し、と思ってしまいがちですが、**避難所は乾燥している場合も多く、**保湿クリームやリップクリーム、多用途のオイルなどがあるとよいでしょう。洗顔もできないので、メイク落としシートや洗顔シートがあると便利です。

備えよう

デリケートゾーンのケアは重要

デリケートゾーンは洗い流さないとさっぱりできません。**使い捨てのビデがあると便利です。**なければ、ペットボトルのキャップにキリなどで10カ所程度穴をあけ、ペットボトルに水を入れると簡易シャワーになります（→P287）。穴あきキャップを何個か用意しておきましょう。

水が出なくてもオーラルケアは必須

歯磨きができなくなって口内環境が悪化すると、口臭が気になるのはもちろん、肺炎などの病気にかかる危険が高まります。唾液と一緒に雑菌が体内へ入り込むためです。非常時に水が出ない状況でも、オーラルケアができるように対策を考えましょう。

1人
1～2ボトル
（100枚入り）

1カ月間、毎食後にふける分の量。手指や食器をふくのにも使えるため、多めにあるとよい。

口腔ケア用ウェットシート

口に入れても害のないウェットシート。口の中をふいて衛生を保つ。高齢者など肺炎リスクが高い人はとくに多めに用意する。

液体歯磨き

水ですすぐ必要のない液体歯磨きは有効。使用後、清潔なタオルを液体歯磨きに浸し、歯をふけばさらに効果が上がる。

うがい薬

感染症の予防にうがいは大切。被災後はほこりも多く舞っているのでとくに注意が必要になる。

デンタルフロス、歯間ブラシ

歯磨きができないと、歯の間に汚れが残りやすくなる。蓄積されると不衛生なので、あると便利。

どれも平時から使えるものばかり。ローリングストックで備蓄しましょう。

Column

マンションと災害

マンションは、戸建て住宅と比べれば地震や台風で建物自体が崩壊する危険性は低いといえます。しかし、家具や窓の破損、マンションならではのライフラインの問題など、備えなければいけないことがあります。

電気が止まったら水も止まる!?

2019年10月の台風19号では、多摩川の水が排水管から逆流して浸水し、神奈川県川崎市のタワーマンションで停電が発生しました。これは、地下の配電盤が浸水により壊れたためです。停電によりエレベーターが停止し、水の供給もストップしました。**多くのマンションは、ポンプの力を使って各戸に水を届けています。停電によりこのポンプが停止すると、水が止まります。**マンション在住者は、**十分な飲料水と生活用水の備えが必要**です。

●給水方式の違い

高置水槽方式

マンション敷地内の受水槽にためた水を、ポンプで屋上の高置水槽に送り、重力で各戸へ給水する方式。

停電したら…

高置水槽に水が残っているうちは使用可。しばらくすると断水。

ポンプ圧送方式

マンション敷地内の受水槽にためた水を、加圧ポンプで各戸に直接給水する方式。

停電したら…

ポンプが止まるのですぐに断水。

直結増圧方式

受水槽は設けず、水道本管からポンプの力で直接各戸へ給水する方式。

停電したら…

低層階は水道本管からの水圧で水が出る。高層階は断水。

直結直圧方式

ポンプは使わず、水道本管の水圧だけで給水する方式。

停電したら…

変わらず水道を使用できる。

自宅マンションの防災対策を確認する

災害時にスムーズな行動ができるよう、**マンションの防災対策や設備について、平時に管理会社へ確認しておきましょう。**たとえば、断水になっても水道局からの配水が正常に稼動しているなら、マンションの敷地までは水がきていることになります。**敷地内のどこかに「非常用給水栓」があれば、そこから直接水を得ることができます。**

ほかにも気になることがあれば、早めに確認を！

確認しておきたいこと（例）

- □ 給水方式
- □ 断水になったとき、水を得られる「非常用給水栓」はあるのか
- □ 電気の設備がどこに設置されているのか（浸水の危険はないのか）
- □ 非常用電源は用意されているのか（エレベーターは動くのか）
- □ 非常用電源がある場合、どこの電力を優先して回復させるのか
- □ 災害時、誰が指揮をとるのか

高層マンションは上層階ほどよく揺れる

東日本大震災発生時、東京では高層階になるほど家具の転倒や移動が多く発生しました。これは**「長周期地震動」という揺れが関係しているといわれています。**高い建物の高層階ほど揺れが大きく、長くなるのが特徴です。とくに**10階以上の建物の室内では、家具（とくにキャスターつき）が大きく移動する可能性があるので、対策が不可欠です。**

●長周期地震動

12 自宅に備えておきたいもの

自宅用備蓄一覧

在宅避難のために備えておきたいものの一覧です。1カ所にまとめてしまうと、もしそこが崩れたときに取り出せなくなるので、安全な場所へ分散配置しておきます。

※1家庭は4人家族の場合。

□ 非常食 **1週間分**

レトルトやフリーズドライなど、好みのものをローリングストック。

□ 飲料水

1人1日2L×7本

最低1週間分を用意。ローリングストックする。

□ 非常用トイレ

1人14～17枚（1週間分）

自宅用には吸水凝固シートタイプがおすすめ。

□ ラジオ

1家庭1台

乾電池と手回し充電を切り替えられるタイプがおすすめ。

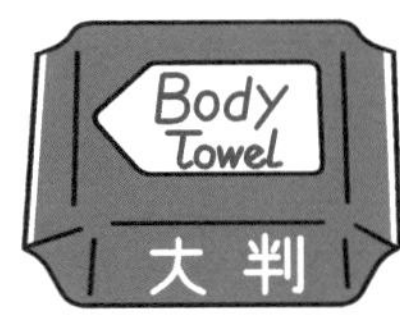

□ 体ふき用ウェットシート

1人1パック（30枚入り）

背中までふける大判タイプを1カ月分。

□ 口腔ケア用ウェットシート

1人1～2ボトル（100枚入り）

普段は手指に使えるので、ローリングストックする。

□ マスク

1人＋1箱（30枚入り）

□ LEDランタン
1家庭3台
キッチン、リビング、トイレ用。

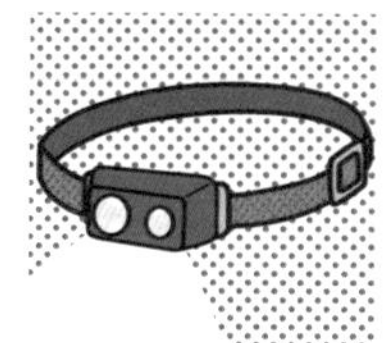

□ ヘッドライト
1人1個

□ 救急セット

□ レインコート
1人1着
雨とほこり対策。上下が分かれているタイプがおすすめ。

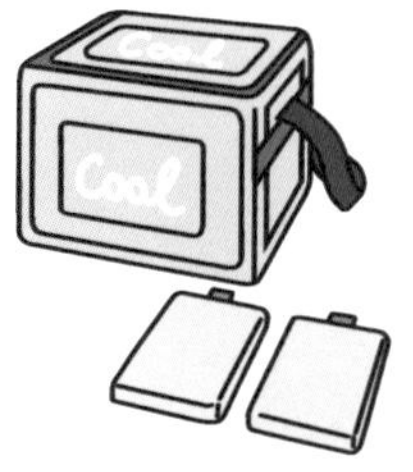

□ クーラーボックス
1家庭1～2台

□ 保冷剤（氷点下タイプ）
1家庭1～2個

□ 乾電池
各機器3回交換分
必要な電池の種類を要確認。

□ 布ガムテープ
1～2個

□ ゴミ袋（45L）
1人25枚
多用途。多くあるほどよい。

□ 穴あき（通気孔つき）ヘルメット
1人1個

□ カセットコンロ
1家庭1台

□ カセットボンベ
1家庭15～20本

□ 生理用品
＋1カ月分
おりものシートは下着を変えられないときにつけ替えるので多めに。

□ 新聞紙
1人朝・夕刊2日分
自作トイレや防寒などマルチに活躍。

□ ペットシーツ
1人30枚
自作トイレや布巾代わりに。

□ モバイルバッテリー（電池交換式）
1人1個

□ ラップ、アルミホイル
1人各2本
食器代わりや応急処置に。

□ ポリ袋（中サイズ）
1人25枚
耐熱で、湯せんできるもの。

□ 革手袋
1人1組
軍手だと瓦礫やガラスの破片が貫通して怪我をする可能性がある。

知識　備える　避難　アイデア

非常時持ち出し袋を準備する

緊急避難にも対応できるように

自宅が安全な状態であることが第一ですが、予想を超えて襲ってくることがあるのが自然災害。**急な立ち退き避難が必要になった場合でもすぐに対応できるように、非常用の持ち出し袋も1人1つ、用意しておきましょう。**取り出しやすい場所に置いておき、いざというときは常時携帯ポーチ（→P142）を加えて避難します。

持ち出し袋と一緒に用意しておきたいもの

ヘルメットなど、安全に避難するために身につけたいものは、持ち出し袋の近くに用意しておきましょう。**玄関など、外に出るときに必ず目に入る場所に置いておく**と、焦っていても忘れにくくなります。

《例》

- □ 穴あき（通気孔つき）ヘルメット（折りたたみ式はコンパクトになり便利）
- □ 長袖のジャージなど（肌の露出は怪我のもと。できるだけ露出は控える）
- □ 革手袋（瓦礫をどけながら歩くこともある。怪我防止に）
- □ 底の厚い靴（瓦礫の中は踏み抜くことがあり、底が薄いと危険。履き慣れたものを）

避難の格好

Check

自宅の状況により備えは異なる

自宅が危険な場所にある、耐震性が不十分など、最初から在宅避難が厳しいとわかっている場合は、備蓄はほどほどに、持ち出し品の整備やスムーズな避難のシミュレーションに注力してもよいでしょう。「これだけが正解」というものはないので、状況に合わせて柔軟に考えてください。

危険が押し迫っているときは、荷物よりも、とにかく身の安全を優先して避難しましょう。

非常時持ち出し袋に入れたいもの

持ち出し袋は1人1つ用意します。子どもも、無理のない範囲で自分の分は自分で持つようにします。避難に支障のない重さに調節しましょう。

☐ 飲料水**2L～**
持てるだけ。男性が多めに持つなど工夫を。

☐ 非常食**3食分**
缶詰やシリアルバー、水でご飯ができるアルファ米など、すぐに食べられるもの。

☐ 口腔ケア用ウェットシート
1～2パック（20～30枚入り）

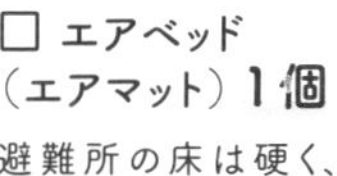

☐ エアベッド（エアマット）**1個**
避難所の床は硬く、ほこりが多い。

☐ LEDランタン（コンパクトタイプ）**1個**

☐ 固形石けん**1個**
感染症対策。避難所で大人数と共有しないように。

☐ 体温計**1個**
体調管理のため。感染症を避けたいので自分用のものを。

☐ スリッパ**1足**
厚底のもの。

☐ 現金
1000円札と小銭で2万円ほど。濡れないように密閉袋などに入れておく。

☐ 下着・靴下
2～3日分
女性の下着はカップつきインナーがおすすめ。

☐ 新聞紙
朝刊1日分

☐ レジャーシート

☐ 使い捨てカイロ
避難所は夏でも冷える。

☐ タオル

☐ クッションマット**1個**
キャンプ用が便利。

☐ 非常用トイレ
5～6枚
タブレット（薬剤）タイプのコンパクトなもの。

☐ 箸・フォーク・スプーン
1セット
使用後は口腔ケア用ウェットシートでふけば繰り返し使える。または割り箸など。

☐ ゴミ袋・ポリ袋
各5～6枚

☐ 油性マジック

☐ トイレットペーパー

☐ 体ふき用ウェットシート
1パック（30枚入り）

☐ 革手袋**1組**

☐ 印鑑、身分証明書・通帳のコピー

☐ お薬手帳

☐ 救急セット

☐ 除菌グッズ

☐ 耳栓・アイマスク

☐ ラップ**1本**

☐ マスク**多めに**

☐ 長袖・長ズボン**1着**

☐ P142の常時携帯ポーチ

職場で備える

自宅の備えはばっちりでも、日中はほとんどの時間を
職場で過ごす、という人も多いでしょう。
だからこそ、職場で被災しても困らないよう備えておくことが大切です。

知識　備える　避難　アイデア

1 3日間職場に滞在できる準備をする

帰宅困難者は大量に出る

過去の災害では、交通機関がストップし、多くの帰宅困難者が発生しました。今後予想される大地震でも、同等かそれ以上の人が外出先から戻れなくなることが想定されています。二次災害や混乱を避けるためにも、政府は、大きな災害が起きたら3日間は職場にとどまり様子を見ることを推奨しています。

●帰宅困難者数

※東日本大震災は東京都、神奈川県、千葉県、埼玉県、茨城県南部の人数。
南海トラフ地震と首都直下地震のデータは当日中に帰宅困難な人の想定人数。

東日本大震災	南海トラフ地震（予想）	首都直下地震（予想）
515万人	380万人	800万人

出典：内閣府「首都直下地震の被害想定と対策について（最終報告）」
「南海トラフ巨大地震の被害想定について（第二次報告）」

職場の危険を取り除く

職場が安全な場所でなければ、災害後にとどまることもできません。まずは自分の机やロッカーなど身近なところに危険がないかをチェック。リスクを取り除けたら、社内を見回してみましょう。社内環境の改善は、自分のためだけでなく、みんなのためになります。危険箇所を見つけたら、上司などに相談してみてください。

＜机の周りはきれいにする＞

机の上の山積みの資料は、地震で崩れてきます。また、机の下にものをたくさん置いていると、いざというときに潜れず、身の安全をはかれません。日ごろから、整理整頓しましょう。

＜ロッカーの上にものを置かない＞

ロッカーの上に置かれた重いダンボール箱などは、落下すると凶器になるので危険です。また、ロッカー自体も転倒防止のため固定する必要があります。

＜キャスターつきのものはストッパーをかけておく＞

コピー機や机の横の引き出しなど、キャスターつきのものは地震で動きます。揺れで身動きができないなか、それらが襲ってきたら大怪我のもと。ストッパーでロックしておきましょう。

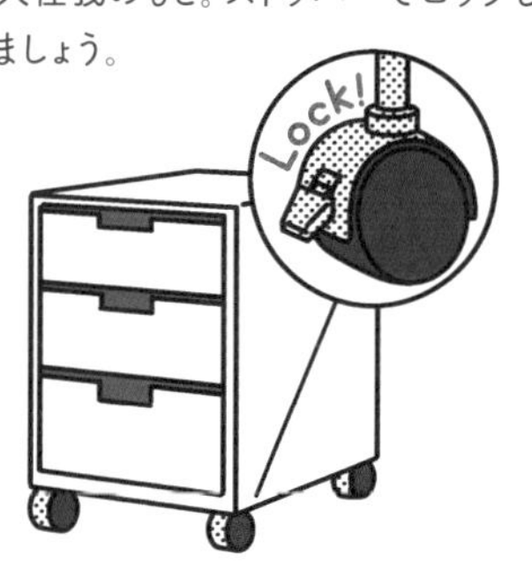

避難経路を確認し、脱出方法を確認する

災害時の避難経路と、避難器具の使い方を確認しましょう。普段は鍵がかかっているのなら、開け方も確認します。また、非常口の前に荷物を置くのは厳禁です。

発災後は無理に帰ろうとしない

災害の後は、公共交通機関がストップし、道路も混雑します。徒歩で帰れる距離なのかもわからずに歩き始め、途中で体力の限界が来てしまう可能性や、余震にあう危険があります。**さらに、多くの人がむやみに帰宅を始めると道路を混雑させ、救急や消防などの車が通れなくなり、被害拡大を招く可能性があります。**落ち着くまでその場にとどまれるように、備蓄をしておくことが大切です。

＜職場の防災管理を確認する＞

職場でも、何かしら災害への備えをしている場合が多いものです。従業員用の備蓄としてどんなものが準備されているのかを確認しましょう。非常食や水は備蓄されていても、1人ひとりの着替えやスニーカーまではほぼないでしょう。**職場で備蓄されていないものや、個人で使うものを中心に準備する**と効率がよくなります。

職場に備蓄されているものを確認

ないものは自分で準備

＜一時滞在施設を利用する＞

帰宅困難者を受け入れるための「一時滞在施設」が開かれることがあります。外出中に被災し、職場にも自宅にも戻れない場合は、近くの一時滞在施設で様子を見ます。自治体ごとに指定されているので、**よく行く場所周辺の一時滞在施設をチェックしておきましょう。**

＜帰宅支援ステーションを利用する＞

帰宅困難者に水道水やトイレ、情報などを提供する「帰宅支援ステーション」が、おおむね発災後4日目以降に開設されます。コンビニエンスストア、ガソリンスタンドなどが対象で、下のようなステッカーが目印です。徒歩で帰宅を始める際は利用しましょう。

家族に状況を伝えられるように連絡方法を確認しておきましょう（→P217）。

職場に備えておきたいもの一覧

□ 飲料水**2L**

職場の備蓄がある場合はひとまず1日分を用意する。

□ 非常食**1日分**

職場に備蓄がある場合は、ひとまず1日分を用意。そのまま食べられるシリアルバーなど。

□ 非常用トイレ**10枚**

自宅の備蓄と同じく、吸水凝固シートタイプ（→P179）がおすすめ。

□ モバイルバッテリー（乾電池式）**1個**

□ 歩きやすい靴**1足**

底の厚いもの。机の下などに置いておく。

□ レインコート**1着**

水害時だけでなく、ほこりだらけの外を歩くのに役立つ。

□ 穴あき（通気孔つき）ヘルメット**1個**

折りたたみ式がコンパクトで便利。

□ LEDランタン（コンパクトタイプ）**1台**

自分用のランタンを用意しておくと便利。

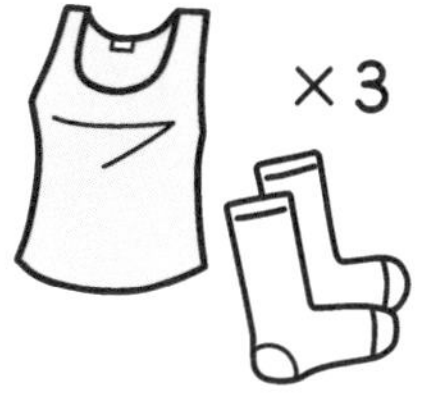

□ 下着・靴下**3日分**

□ 長袖・長ズボン**1着**

女性は散乱した社内でスカートにストッキング、パンプス姿だと危険。

□ 乾電池 各機器**3回交換分**

□ 常備薬**3日分**

P142の常時携帯ポーチも活用します。

状況に合わせて備える

高齢で避難生活のリスクが高い、小さな子どもがいる、
ペットを飼っているなど、人によっておかれている状況は異なります。
一律に「こうしなければいけない」と考えるのではなく、
自分にとって何が必要なのかを考えることが大切です。

知識　備える　避難　アイデア

1 高齢者、障がい・持病がある人の備え

「何ができないのか」「ないと困るもの」を考えておく

普段の生活の中で特別に準備しているものや、配慮していることが、非常時には対応できなくなる場合があります。「非常時であっても、必ず対応できないと困るもの」の備えから始めましょう。

●必要な対策の考え方

マンション住まいで
階段の上り下りができない

事前に予測できる災害では、先に親戚や知人宅など安全な場所に避難する

避難所のトイレが和式だと使用できない

福祉避難所へ避難する。組み立て式の非常用トイレを準備する（和式トイレを使い慣れていない子どもも同様）

入れ歯の洗浄ができない

口腔ケア用ウェットシートや入れ歯洗浄液を多めに備え、スペアも用意する

在宅介護を続けられる備えをする

在宅介護をしている場合、災害が起こると停電や物資の不足などにより、困りごとが増えることが予想されます。命に関わることなので、事前の対策が必須です。

＜電源が必要な医療機器を確認する＞

電動の介護ベッドや人工呼吸器、たん吸引機など、電力で動かしている機器が停電で止まってしまった場合の対処法を確認しましょう。**予備バッテリーの持続時間や、手動で扱う方法**など、事前に確かめておく必要があります。**機器のレンタル元やメーカーに、災害時に起こる危険と対処法を聞いておきましょう。**

＜緊急連絡先をまとめてメモしておく＞

かかりつけの病院やヘルパーさん、ケアマネジャー、医療機器の取り扱い先などの緊急連絡先はまとめてメモしておきましょう。**非常時は電話も繋がりにくくなるので、連絡の取り方について相談しておく**となお安心です。

電源が切れてしまったときのため、携帯電話と紙の両方に残しておく。

＜介護食・薬を用意しておく＞

介護など、個人によって状況が異なる事案にぴったり合致した支援を望むのは難しいものです。そのため、**介護食や持病の薬はなかなか手に入らないと考え、多めに用意しておきましょう。お薬手帳もコピーや写真をとっておきます。**

在宅介護を続けるためには、家を安全な状態にしておくことが大前提です。

避難の方法を考える

高齢者などは、避難に時間がかかることが考えられます。風水害など、事前にある程度災害の発生が予測できる場合には、早めの避難を心がけましょう。また、家族だけでは対応できない事態も十分考えられます。困ったときはお互いさまなので、周囲に協力を求めましょう。そのためには、日ごろの交流と理解が必要です。

＜家族全員が車椅子の使い方を知っておく＞

車椅子などの機器は、家族全員が扱えるようにしておきましょう。**普段は補助がいらない人でも、非常時は何が起こるかわかりません**。安全に避難できるよう、慣れておくことが大切です。

＜避難補助具を準備する＞

緊急避難時に車椅子をけん引できる避難補助装置を準備しておくというのもひとつの手段。**迅速に避難ができるので介助者の負担と危険も減ります**。また、車椅子を諦めておんぶで避難をする場合も十分あります。おんぶ補助具があれば、日ごろの介護も緊急時の避難も楽になります。

＜近所の人に状況を知っておいてもらう＞

避難は他者に協力をお願いしなければならない場面があります。近所の人たちと日ごろから交流し、状況を知っておいてもらえば、いざというときにスムーズに連携がとれます。**自治体では避難時の要支援者名簿を作っているところもある**ので、状況調査などには積極的に協力をしましょう。

＜福祉避難所を確認する＞

高齢者や障がい・持病のある人、妊婦など、配慮が必要な人たちのための福祉避難所があります。近くの福祉避難所の場所を確認しておきましょう。ただし、**非常時は福祉避難所もパンク状態になることがあります**。不自由のないサポートが受けられるわけではないので、備えは必須です。

備えておきたいもの一覧

なくては困るものは、常に多めに用意しておくことが基本です。非常時持ち出し袋にも適宜加えましょう。

☐ 口腔ケア用ウェットシート
＋1ボトル（100枚入り）

毎食後入れ歯をふけるように、多めに備蓄しておく。

☐ 介護食・とろみ剤
1週間分

支援物資はすぐには届かないと覚悟して、食べ慣れたものを備蓄する。

☐ 大人用おむつ
1カ月分

長時間タイプを30枚など。

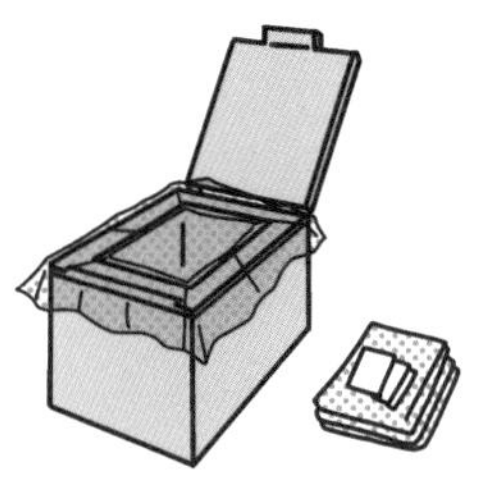

☐ 非常用トイレ
多めに

便器が使えなくなったときのために、便器を組み立てられるタイプのものもあると安心。

☐ 折りたたみ椅子
1脚

足が悪い人は避難所の床もつらいので、コンパクトな椅子があるとよい。

☐ 折りたたみ杖

おんぶで避難したりすると杖を忘れがちなので、折りたたみタイプを持ち出し袋に入れておく。

☐ 入れ歯のスペア

なくしてしまったときのために用意しておく。

☐ 避難補助具

車椅子のけん引式補助装置やおんぶ補助具。

☐ 補聴器

☐ 老眼鏡

☐ 常備薬

絶対に必要なものと、あったら便利なものを考え、持ち出し品の優先順位をつけましょう。

2 乳幼児の備え

いつものお出かけバッグを活用する

哺乳瓶やおむつの替えなどを入れた、おでかけ用のバッグは、そのまま非常時の持ち出し袋として使えます。帰宅したら使った分をすぐに補充するように心がけましょう。自宅には多めにストックしておきます。

いつものお出かけバッグ

＋

自宅に
多めに備蓄

液体ミルクに慣れさせておく

非常時はストレスで母乳が出なくなることがあります。お湯も手に入りにくいので、粉ミルクよりも液体ミルクが便利です。哺乳瓶に移し替えれば常温で使えます。ただし、非常時に急に使おうと思っても使えません。日ごろから週1回は液体ミルクにするなど、慣れさせておくことが大切です。

実は万能な赤ちゃん用品

赤ちゃんのためのグッズは、うまく活用すると非常時に役立ちます。たとえばおしりふきは大人の体もふけ、厚手なので掃除にも使えます。おむつはゴミ袋の底に敷いて便器にセットすれば非常用トイレになります。おむつ用の防臭袋は生ごみの処理に使うなど、マルチな活躍です。多めに備蓄しておくと赤ちゃんのためにも、大人のためにもなります。

備えておきたいもの一覧

非常時の支援物資は成人用がメインです。赤ちゃん用品はなかなか手に入らないと考えて多めに用意して、持ち出し袋にも無理のない範囲で加えておきましょう。

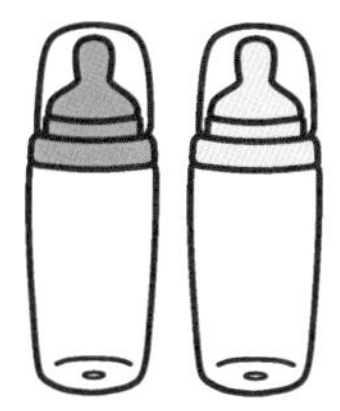

□ 使い捨て哺乳瓶
2～3本

□ 使い捨て哺乳瓶パック
2セット（60枚入り）

パックを哺乳瓶の中に入れて使う。パックのみ毎回交換し、哺乳瓶本体は汚れてきたら交換する。

□ 液体ミルク

ローリングストックで多めに用意しておく。

□ おんぶひも

逃げるときに足元が見やすくなり、両手があくのでおんぶがおすすめ。

□ 靴

おんぶや抱っこ、ベビーカーで逃げるときも靴は履かせる。

□ まほう瓶
（保温できる水筒）

□ お気に入りの
おもちゃ、おやつ

避難所など慣れない場所でも赤ちゃんを落ち着かせられるように。

□ おしりふき
＋2パック

大人が体をふいたり掃除に使ったりもできる。

□ ベビーマスク・
子ども用マスク **多めに**

支援物資は大人用がほとんど。

□ 紙おむつ、防臭袋
+2パック

□ 母子健康手帳

コピーをとっておく。さらに、写真に撮ってデータをクラウド保存するなど、紛失の対策を複数しておく。

□ ベビーフード、離乳食、パック飲料

ローリングストックで多めに用意しておく。

□ マグ、フォーク、スプーン、スタイ（よだれかけ）のスペア

□ 赤ちゃん用爪切り

□ 常備薬

おんぶに慣れさせると避難に役立つ

避難の際、足元が悪い中で赤ちゃんを抱っこしていると、つまずいて転んだときに危険です。赤ちゃんをおんぶして避難すれば視界が開け、両手もあきます。しかし、普段おんぶされ慣れていない赤ちゃんは重心が後ろに傾いていて、いざおんぶをしようとしても後ろに倒れてしまうことがあります。普段からおんぶに慣れさせておくと、体にしがみつく運動になり、避難にも役立ちます。

視界が広いので転倒の危険が減る。

高い位置でおんぶしていると、親がやっていることを見られるので、子どもの好奇心が育つともいわれています。

子どもが2人以上いるときは

共助として、周りの人に助けてもらうことが大切です。近所の人とすれ違ったときはときは子どもと一緒に挨拶をする。そんな簡単なことでも、子どもの社会性が身につくと同時に、もしものときの備えになります。厳しい場合は、2人抱き用の抱っこひもなどがあります。ただし災害時に急に使おうと思っても慣れていないと危険です。避難は「いつもやっている、慣れている方法」で行うことで危険を減らせます。

- □ 近所の人に協力してもらえるよう、日ごろから交流をする
- □ 上の子はなるべく歩いて避難できるようにトレーニングをしておく
- □ 2人抱き用の抱っこひもを使う。ただし、使い慣れていないとNG

ベビーカーを使った避難

ベビーカーでの避難もNGではありません。避難先で荷物をのせられたりするので便利です。ただし、災害時は道が荒れていてベビーカーがうまく操作できないこともあります。危険が迫っていて、おんぶや抱っこのほうが速い、と判断したらベビーカーを置いて逃げるなど、柔軟な対応が大切です。

3 妊婦の備え

母子手帳を持ち出せるようにする

かかりつけの産婦人科や保健センターが被災し、データが紛失してしまったり、復旧に時間がかかる場合、自身の体や経過についての情報を伝えられなくなってしまいます。母子健康手帳があれば、かかりつけ医でなくても検診などが受けられます。常に携帯するのはもちろん、下記のように、二重三重の対策でリスクを分散し、必ず情報が残るようにしておきます。

- □ コピーを持ち出し袋に入れておく
- □ 持ち出せなかったときのために、写真に撮っておく
- □ スマートフォンが壊れたときのために、クラウドへ保存しておく

→ **リスクを分散する**

出産・産後の準備をしておく

お産が近い場合は、通常の持ち出し品のほかに、分娩準備品や産後に必要なおむつ、哺乳瓶、おしりふきなどを準備しておきましょう。これらは支援物資として届きにくいためです。また、おなかが大きくなっている場合は避難のときに足元が見えづらく転倒の危険があります。誰かに先導・手助けしてもらいながら避難しましょう。

●持ち出し袋に加えておきたいもの

- □ 母子健康手帳のコピー
- □ 分娩準備品
- □ マタニティマーク
- □ 生理用品
- □ おくるみ
- □ 授乳ケープ（大きめのスカーフなど）
- □ 哺乳瓶、ミルク
- □ おむつ
- □ おしりふき
- □ まほう瓶（保温できる水筒）

知識 備える 避難 アイデア

4 ペットを飼っている人の備え

ペットと同行避難が基本

災害時、避難が必要な場合は、人間と一緒にペットも安全な場所まで避難させる「同行避難」が基本です。ペットとはぐれてしまうと、後から捜すのに労力が必要だったり、見つけられない間にペットの健康状態が悪化したりしてしまうためです。そのため飼い主には、普段からペットとともに安全に避難するための備えをしておく義務があります。

●ペットを飼っている人の避難の心得

❶ 避難完了後に引き返さない

万が一避難中にペットとはぐれてしまったり、家においてきてしまったとしても、警報が出ている最中に引き返すのはNG。自治体の動物担当や警察に相談すること。

❷ "同伴"避難ではない

ペットと一緒に避難はするが、一緒に避難生活をする「同伴避難」ではないことを理解する。動物が苦手な人への配慮などで、別々の場所（スペース）で避難生活をすることが多い。

❸ "ペットと一緒に残る"は絶対NG

危険が迫っているにもかかわらず、ペットの避難が難しいからと、自分も避難しないというのは厳禁。避難を促す周りの人たちや、救助活動にあたる人たちをも危険にさらすことになる。

❹ スムーズな避難方法を考えておく

多頭飼いの場合、家族の誰がどの子を担当するのか、ケージに入れるのかリードを使うのかなど、慌てないために避難の流れを決めておく。各自治体のガイドラインなどもチェックをしておくとよい。

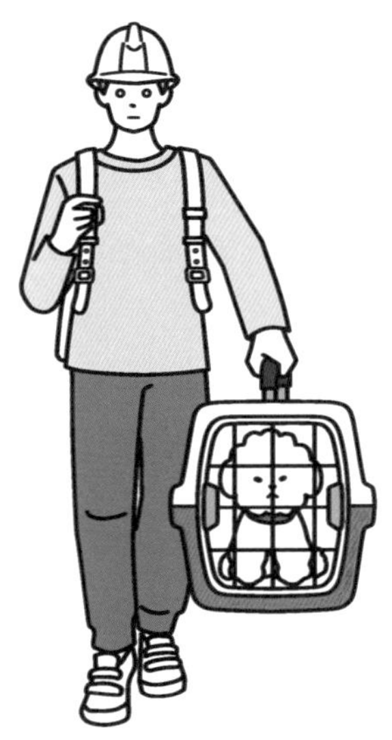

室内犬や猫はキャリーバッグや折りたためるケージに入れて避難。

備えておきたいもの一覧

災害後の支援は人間が優先。ペットフードやトイレなど、必須なものも不足します。飼い主の責任として、きちんと備えておきましょう。

□ フード・水
＋1週間分

食べ慣れたものを常に多めに備蓄しておく。

□ ペットシーツ、猫砂
＋1パック

人間の非常用トイレにも使える（→P182）。

□ 新聞紙
朝・夕刊1週間分

トイレの処理に使ったり、ケージの下に敷いたりと、いろいろ使える。

□ キャリーバッグ・ケージ

避難のときに使う。避難所ではそのままペットのスペースになることも。

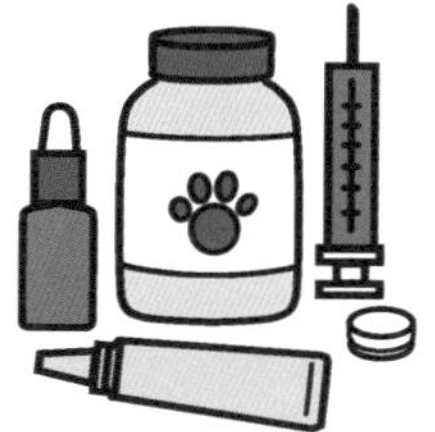

□ 常備薬

非常時、ペット用の薬は手に入らないと考える。

□ リード

小型犬はリードをつけてキャリーバッグやケージに入れて運ぶ。

□ ゴミ袋（45L）**50枚**
□ ポリ袋（中サイズ）**100枚**

ポリ袋に使用済みのペットシーツを入れ、さらにゴミ袋で包むなどして、においで周りに迷惑をかけないように。

□ テント

避難所でケージ代わりに使ったり、一緒にテント泊での避難生活をしたりできる（→P272）。

□ ペットの写真

迷子になってしまったときに捜索を依頼しやすくなる。

習慣・しつけが防災になる

災害時は、人間でさえ混乱します。そんなとき、ペットの安全を守り、周りの人へも迷惑をかけないようにするためには、そのような環境になっても大丈夫なように、日ごろから準備やしつけをしておく必要があります。下記は普段の生活の中でも大切なことなので、欠かさずに行いましょう。

□ 迷子対策をしておく

首輪や迷子札、犬の場合は鑑札や狂犬病予防注射済票をつける。はずれてしまうこともあるので、マイクロチップの装着は有効。迷子になってしまったときのために、写真も用意しておく。

□ ワクチン接種をしておく

避難所ではペットもストレスをためたり、免疫が落ちたりする。普段から感染症予防のワクチン接種や、寄生虫の予防・駆除などを行い、ペットの健康管理をしておく。

□ ペットホテルやサロンに預けるときは連絡方法を確認する

どこかへ預けているときなど、離れているタイミングで被災すると、再会までに時間がかかる。預ける施設の非常時の対応や連絡の取り方を共有しておく。

□ ハウストレーニングをする

迅速に避難するためには、キャリーバッグにスムーズに入ってもらう必要がある。また避難所ではケージで過ごす時間が長くなる。慣れていないと激しく吠えたり、体調を崩すことがある。

□ 人に慣れさせる

避難所で周囲の人を威嚇(いかく)し、吠えたり暴れたりすると、クレームに繋がる。同伴避難が認められた避難所でも、周りの人の理解を得られないと一緒には過ごせない。

□ 繁殖制限措置をする

飼い主とはぐれたペットが放浪し、繁殖して数を増やしてしまうことを防ぐ。不妊・去勢手術をしておくと性的ストレスや無駄吠えが減ったり、感染症を防止したりする効果もある。

避難生活の場所を考えておく

在宅避難が不可な状態でもペットと一緒に生活したい場合、避難所以外の避難先を検討する必要があります。車中泊やテント泊は、周りに人がいないのでペットとともに過ごすことができます。必要な準備やデメリット（→P270～）を理解したうえで、避難先の候補として考えてみましょう。

子どもと別々に被災する場合への備え

子どもが学校や保育園にいる場合

日中、子どもは学校や保育園、親は職場など、離れた場所で被災するケースを想定しておく必要があります。慌てて子どもを迎えに行って入れ違いになったり、二次災害に巻き込まれて被害を増やすことは避けましょう。**施設の職員と情報を共有するとともに、子どもにも災害時の対応を話しておくことが大切です。**

＜子どもが過ごす施設の状況と対応を確認する＞

子どもが過ごす施設が安全な場所なのかどうか知っておきましょう。たとえば、津波の危険があるにもかかわらず地震発生直後に迎えに行ってしまうと、そのまま巻き込まれてしまう可能性があります。**発災時、施設側が子どもを守るためにどんな対応をすることになっているのか知っておき、不用意に危険な場所に近づかない**ようにしましょう。

＜通学路の危険を一緒にチェックする＞

子どもが1人で登下校中に発災した場合、子どもが自らの身を守れるようにする必要があります。一緒に通学路を歩いてみて、危険な場所がないか確認しましょう。危険が多い場合、通学路の変更を学校に相談してもよいでしょう。

《例》

- ☐ ブロック塀のそば
- ☐ 古い看板がかけられた建物の下の道
- ☐ ガラス窓の多いビルの下の道
- ☐ 古い木造家屋が密集した狭い道

＜災害時の対応を決めておく＞

お迎えが必要な場合、誰が行くのかを決めておく必要があります。**学校によっては、事前に登録した人でないと引き取れないこともある**ので、親戚などに頼む場合は事前に学校に相談しておきます。また、登下校中に被災した場合、どの地点だったら学校に戻るのか、そのまま家に帰るのかなどを子どもとシミュレーションしておきましょう。

柔軟に、より安全なほうへ向かうことが大切です。

子どもが1人で留守番している場合

子どもが1人で家にいるときに大きな地震が起こったら、子どもは自ら判断し行動することになります。親が職場などにいる場合、その日のうちに帰って来られない場合もあります。無理に帰宅しようとすると、被害の拡大を招く危険があるので、3日間は離れ離れになる可能性があることを親子ともに理解し、いざというときの対応を確認しましょう。

＜発災時の行動を一緒に確認する＞

災害が起こったときの**身の守り方や、避難場所へ向かう際に近づいてはいけない場所などを定期的に確認**しましょう。小さな子どもなら、実際に体を動かして練習してみます。

＜近所の人と関係をつくっておく＞

見知った仲であれば、非常時に子どもの様子を見に来てくれたり、親の帰宅まで一緒に過ごしてくれることもあるでしょう。**公園や道ですれ違ったときなどには、親だけでなく子どもも挨拶をする**ように教えましょう。

＜子どもが安心して過ごせる空間をつくる＞

子どもが1人でいるときに家具が倒れたり、割れたガラスが飛び散ったりしたらとても危険。**家具の固定、ガラスの飛散防止など、家の中を安全な状態に**しましょう。

＜防災グッズや非常食の食べ方を教える＞

親がしばらく帰れない場合、防災グッズや非常食を子どもが自ら使って生活する必要があります。**使い方を親子で一緒に確認しましょう。非常食は、火を使わずそのまま食べられるものを用意しておきます。**ただし、在宅生活が難しい場合は避難所へ一緒に行ってもらえるように、近所の人に頼んでおきましょう。

Column

子どもに教えておきたい
公衆電話の使い方

近年、公衆電話の数は減り、一度も使ったことがない子どもが増えてきました。大規模災害時は固定電話・携帯電話はともに通じづらくなります。一方で、比較的繋がりやすいのが公衆電話です。大人も、子どもに教えながら使い方を再確認しましょう。

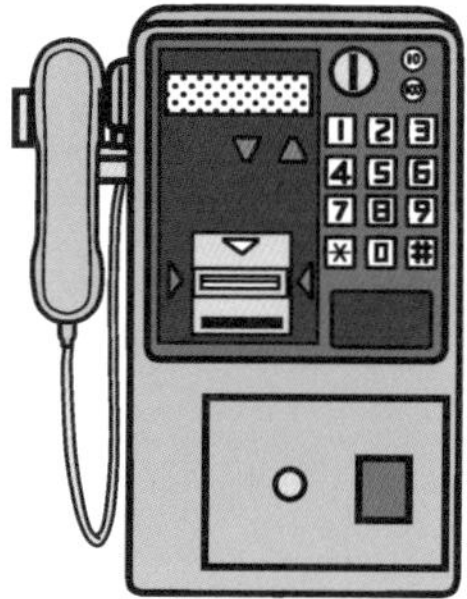

携帯電話の相手に、10円で数秒～数十秒の通話が可能（時間帯、距離、携帯会社ごとに異なる）。

- □ 10円玉を常に複数枚持っておく（100円でも通話は可能だがおつりは出ない）
- □ 近くの公衆電話を探す習慣をつける

通常時

10円、100円硬貨、テレホンカードを使用。

❶ 受話器を上げる
❷ 硬貨かテレホンカードを入れる
❸ 電話番号をプッシュする

緊急通報

警察（110）、海上保安庁（118）、消防・救急（119）への通報は無料。

❶ 受話器を上げる
❷ 緊急通報ボタン※を押し、電話番号をプッシュ

※デジタル公衆電話にはないので、受話器を上げたらそのまま電話番号をプッシュする。

災害時無料開放

大規模災害の後、無料化されることがある。

❶ 受話器を上げる
❷ 硬貨やテレホンカードを入れる※
❸ 電話番号をプッシュする
❹ 通話後、硬貨やテレホンカードが返却される

※デジタル公衆電話では硬貨やテレホンカードを入れる必要はない。

停電時はテレホンカードは使えません。

情報で備える

災害時、被災地ではなかなか情報を得ることができません。
情報不足ゆえの間違った判断は、命を危険にさらすこともあります。
正しく、早く情報を得るには、信頼できる情報源と、
その入手方法を事前に知っておくことが大切です。

知識　備える　避難　アイデア

1 災害時は情報が錯綜する

正しい情報の確保が命と生活を守る

停電が起こると、大事な情報源であるテレビが使えなくなります。情報がないために、津波や火災、土砂災害などの危険があるにもかかわらずその場にとどまると、避難が遅れて命の危険があります。テレビが使えなくなったらラジオやインターネットなど、ほかの手段で情報を取得することが大切です。

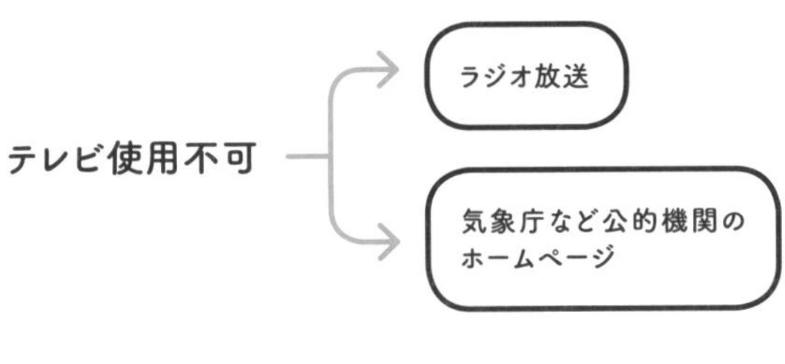

発災直後は、インターネット通信が制限されることもある。ラジオはリアルタイムの情報が得られるので貴重。

きっとたいしたことないだろうという正常性バイアス（→P9）がはたらくと、情報を軽視しがちになります。

memo

災害時無料WiFiを利用する

通信被害があると判断された場合、発災後72時間以内に、**被災地で公衆WiFiの「00000JAPAN」が無料で使えるようになります**。ただし、セキュリティ面は脆弱なので、個人情報の入力が必要なネットショッピングなどはしないように。また、似た名前のWiFiが故意に作られることもあるので注意しましょう。「0」が5つあるのが正しいものです。

デマのパターンを知っておく

災害の後はデマが広がりやすくなります。情報がない中で、何か「それらしい」情報があると簡単に信じてしまいやすくなります。また、人から人へ伝わる途中で話が変容したり大きくなったりします。よかれと思って広めた情報がデマだったとき、最悪の場合命に関わるような事態に発展することもあります。「非常時にはデマが増える」ということを知っておき、冷静な判断ができるようにしましょう。

デマ拡散"要注意"ワード

SNSの発達により、出所不明の情報が拡散されやすくなりました。デマには、いくつかの決まり文句があります。パターンを知っておきましょう。

【拡散希望】

情報を広げることをあおるもの。情報を精査する前に広めてしまいがち。

「○○関係者からの情報です」

「電力会社勤務の叔父から聞いた」「医療関係で働く知り合いによると」など、本人ではなく「関係者からの話」として語る内容。

「友達に知らせて」

「石油工場が爆発して有毒の雨が降るらしい」「トイレットペーパーがなくなるらしい」など不安をあおる内容。善意から、言われたとおり友達に伝え、連鎖していく。昔からチェーンメールなどで横行したデマのパターン。

「○○○って本当!?」

情報の出所がわからないままリアクションすることによって、誰も真偽がわからないまま話だけが広がる。

「メディアは報じていないけど…」

不安や恐怖の強い内容で、「不都合だから報道しないのだ」とメディア不信をあおる。

拡散の前に「一呼吸」と「ダブルチェック」

悪気なく、善意から情報を広げたとしても、それがデマだった場合さらなる混乱を招くことになります。情報に飛びつき、拡散する前に、**「これは本当に正しい情報なのか」「情報の出所はどこなのか」**を一呼吸おいて確認しましょう。また、**情報が正しい場合、通常は複数のメディアで報じられます**。別のところではその情報がどう扱われているのかダブルチェックしてみてください。

Check

故意のデマ発信は犯罪になる

2016年の熊本地震では、「地震によって動物園のライオンが逃げた」というデマが拡散されました。デマの発信者は動物園の業務を妨害したとして逮捕される事態になりました。悪ふざけのつもりでも、嘘の情報の発信は犯罪になります。

2 ラジオから情報を収集する

災害時にはラジオが活躍する

停電中でも乾電池や手回し充電で聞くことができるラジオは、貴重な情報源です。発災直後、インターネットは通信が遅れることがありますが、ラジオはリアルタイムの情報を得られます。**自宅や職場でどの局の電波が入るのか確認しておくと、スムーズに電波を合わせられます。**

自宅に

乾電池＋手回し充電タイプ

乾電池と手回し充電のどちらでも使用できるタイプがおすすめ。乾電池は替えを用意しておく。

カバンに

小型の持ち運びタイプ

軽くてコンパクトなサイズのものがあるので持ち運びに便利。常時携帯ポーチ（→P142）に入れておくとよい。

スマホに

ラジオアプリ

インターネットを介して、スマートフォンやパソコンでラジオを聴ける。「radiko.jp（ラジコ）」や「ListenRadio（リスラジ）」など。数秒～数分の時差がある場合があるので注意。

備えよう

お気に入りの番組を探してみる

どの局でどんな番組が放送されているのか視聴してみましょう。家事などの作業をしながら流したり、日常的にラジオに親しんでおくと、非常時にもスムーズに活用できます。お気に入りの番組やおなじみのパーソナリティーの声を非常時に聞くことができれば、ホッとするかもしれません。

「ワイドFM機能」つきが便利

ラジオ放送にはAM放送とFM放送があります。AM放送の電波は広範囲に届く反面、ノイズが入りやすくなります。対してFM放送の電波は、音質はいい反面、障がい物に遮られやすいので遠くまで届きにくいという特徴があります。ワイドFMに対応した機種では、AM放送をFM放送のきれいな音質で聴くことができます。

●AM放送とFM放送の違い

AM放送	FM放送
●遠くまで電波が届くが、ノイズが入りやすい ●建物内では聞こえにくい ●山かげでも聞こえる	●音質がクリアだが、遠くまで届かない ●建物内でも聞こえる ●山かげでは聞こえない

ワイドFM
FM補完放送。本来のFM放送用の周波数（76MHz～90MHz）に加え、災害や電波障害に強いFMの周波数（90.1MHz～95MHz）を使ってAM放送の番組を放送する。

災害時に役立つ「コミュニティFM」

市区町村レベルの小さなコミュニティに寄り添ったラジオ局「コミュニティFM」は、非常時に役立ちます。災害のときは避難所の案内や食料・水の供給状況など、地域に特化した生活情報を伝えてくれます。日本コミュニティ放送協会のホームページで、開設されている地区のコミュニティFM放送局を確認できます。

ラジオアプリ「ListenRadio（リスラジ）」ではコミュニティFMを聴くことができます。

知識　備える　避難　アイデア

3 情報収集にSNSやアプリを活用する

SNSは非常時も比較的繋がりやすい

過去の災害では、Twitter などのSNS は比較的繋がりやすかったという声があります。今後の災害でも同様とは限りませんが、情報収集方法のひとつとして活用するとよいでしょう。リアルタイムでの情報を知ることができます。

Check

SNSに気をとられすぎない

情報を得ようとSNS にかじりついていると、目の前の危険に気づけないことがあります。また、発災直後に、情報を発信しよう！　と写真や動画を撮っていると逃げ遅れる危険があります。SNS の利用は、身の安全が確保できてからにしましょう。

信頼できるアカウントやアプリを選ぶ

SNS のアカウントは誰でも簡単に作れて、情報を発信できるので、デマも流れやすくなります。**情報収集をするときは、気象庁や自治体などの公的機関が運営するアカウントをチェックするように**しましょう。アプリも不正のものなどがあるので、インストールする前に運営元やレビューを確認しましょう。

□ 公的機関やメディアが運営するアカウント

→防災士でもない一般人が運営している個人アカウントは、真偽不明な情報もある。

□ 実績のあるアプリ

→情報がなかったり、使えないのにお金だけかかるようなアプリもある。

SNS では公式のアカウントになりすました偽者のアカウントもあるので、本物かどうかよく確認しましょう。

◎情報収集に使えるTwitter公式アカウント

□ 首相官邸（災害・危機管理情報）
@Kantei_Saigai

首相官邸の公式アカウント。政府の活動情報を発信するほか、地震速報や、各機関の発表する防災情報を多数リツイートしているので、まとめて確認できる。

□ 気象庁防災情報
@JMA_bousai

気象庁公式の防災情報アカウント。風水害や地震、火山の噴火など、発生が予想される災害、または発災した際の状況や今後の見通しを発信する。

□ 警視庁警備部災害対策課
@MPD_bousai

防災のコツや、避難生活で役立つアイデア、豆知識を投稿している。通報や相談は受け付けていないので注意。

□ 内閣府防災
@CAO_BOUSAI

災害関連情報や、内閣府の防災担当が取り組む施策、対策会議の実施状況などを発信している。

□ NHK生活・防災
@nhk_seikatsu

防災に関する情報やニュースのほか、子育てや悪質商法など、生活・くらしに関する情報も発信。

興味のある情報を発信しているアカウントをいくつかフォローしてみましょう。

◎情報収集に使えるアプリ

□ Yahoo! 防災速報

対応：
iOS／Android

緊急地震速報や津波予報、豪雨予報、避難情報などの速報をプッシュ通知で知らせる。登録した最大3地点（国内）と、現在地に関する情報を通知する。

□ NHKニュース・防災アプリ

対応：
iOS／Android

さまざまなニュースや速報、災害・気象情報、各地の避難情報を閲覧できる。放送の同時提供や、ライブカメラ映像の配信もされている。

みんなで備える

災害時は、「自助」「公助」だけでなく、「共助」が大切です。
個人でできる備えには限界があります。家族や親戚はもちろん、知人や近所の人など、
地域の繋がりによってできる防災を考えましょう。

1 家族の連絡方法を確認する

災害時、電話は通じなくなる

大規模災害では、携帯電話も固定電話も繋がりにくくなります。南海トラフ地震では、9割以上の携帯電話が通話規制の影響を受けるとされていて、復旧には数日～数週間かかります。家族がバラバラで被災した場合、事前に何の対策もしていなければ連絡を取り合うことができず、長い時間会えないかもしれません。

●東日本大震災での通信状況

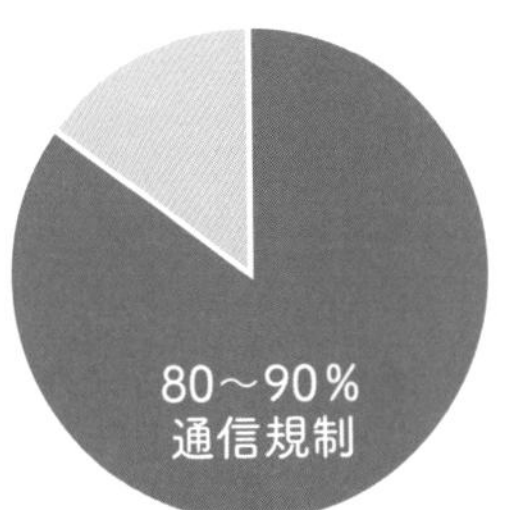

携帯電話

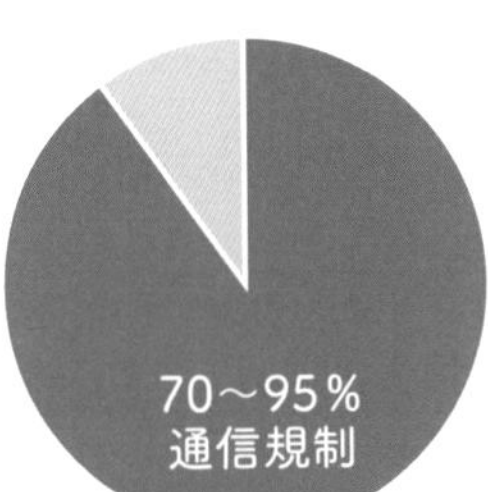

数日間、
断続的に続いた。

出典：総務省「大規模災害時の非常用通信手段の 在り方に関する研究会報告書～ICTによる災害医療・救護活動の強化に向けた提言～」

メールは比較的使える

過去の災害では、メールは受信までに時間がかかったりするものの、通話と比べると繋がりやすかった。家族や親しい人とはメールアドレスも交換しておくと連絡手段が増える。

さまざまな連絡手段を確保する

通話ができない状態でも連絡を取れるように、電話で直接やり取りする以外の連絡手段を確認しておきましょう。事前に家族で共有しておかないと、いざというときに機能しません。

＜災害用伝言サービス＞

大規模災害発生時、安否確認のための無料の伝言サービスが開設されます。いくつか種類があり、**毎月1日と15日などに体験できる**ので、試してみてどのサービスを利用するのか決めておきましょう。

災害用伝言ダイヤル

ひとつの電話番号をキーとして、伝言の録音と再生ができる。

＜使い方＞

❶「171」にダイヤルする
❷ 録音なら「1」、再生なら「2」を押す
❸ キーとなる電話番号（被災地の固定電話や携帯電話番号）を押して利用する

災害用伝言板（web171）

ひとつの電話番号をキーとして、インターネット上に伝言を残せる。

＜使い方＞

❶ web171にアクセスする
❷ キーとなる電話番号を入力する
❸ 書き込みなら「登録」、閲覧なら「確認」を押して利用する

災害用伝言板

携帯電話各社が開設する災害用伝言板。インターネット上に伝言を残せる。

＜使い方＞

❶ 各キャリアのサイトのトップページに表示される災害用伝言板にアクセスする（スマートフォンの場合は専用のアプリもある）
❷ 案内にしたがって利用する

＜SNSの家族グループをつくる＞

SNSは、災害時でも比較的繋がりやすい媒体です。LINEなどのチャットツールで家族のグループを作成し、普段からやり取りするようにしましょう。

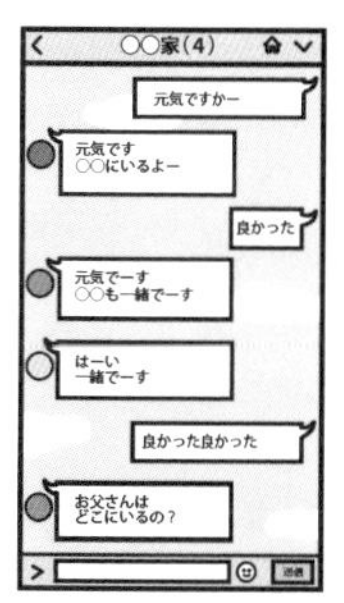

＜遠くの親戚・知人を緊急連絡先にする＞

被災地同士の通話は繋がりにくくても、「被災地から被災地外への通話」は繋がることがあります。遠くの親戚・知人宅を中継地点にして安否を確認できます。

知識 **備える** 避難 アイデア

2 避難方法と避難先を決めておく

避難経路と避難先を家族で確認する

災害が発生したらどのルートを通ってどこへ避難するのか、ハザードマップ（→P149）を見ながら平時に家族で確認しておきましょう。ただし、非常時は想定通りにいくとは限りません。「ここの道が通れなかったらこちらの道を通る」「Aの避難所がいっぱいだったらBに行く」など、複数のパターンを想定しておくことが大切です。

●確認すること

- □ 自宅が危険な場合、どこへ避難するのか
- □ 自宅から避難場所（または避難所）までの間に危険なルートはあるか
- □ バラバラで被災した場合、どこで落ち合うのか（「○○学校の正門前」など詳しく決める）

避難場所と避難所の違いを理解する

災害が起きたときの避難先には、大きく分けて「避難場所」と「避難所」があります。「避難場所」とは、発災時に身の安全をはかるために避難する場所のこと。「避難所」とは、被災後に自宅での生活を続けられない人が一定期間滞在する居住空間のことです。また、避難場所と避難所は右ページのように、さらに種類が分けられています。自宅や職場付近の各避難先を確認しておき、どのタイミングでどこへ避難するべきなのか理解しておきましょう。

右ページでそれぞれの違いを確認しましょう。名称や定義は自治体によって異なる場合があります。

一時集合場所（一時避難場所）

危険を回避するため、避難所に向かう前に地域の住民が一時的に避難する場所のことで、学校のグラウンドや地域の公園、寺社や寺院の境内などが指定されている。主に人口が密集する大都市で指定され、原則町丁ごとに集合場所が定められる。自治体によっては、「一時避難場所」と呼ばれることもある。

広域避難場所

地震などで発生した火災が延焼拡大して、地域全体が危険になったときに大人数を収容できる場所。一時集合場所（一時避難場所）から、集団で避難する。こちらのほうが近い場合や、一時集合場所に向かうのが危険なときは、直接こちらに避難する。大きな公園や大学、団地、ゴルフ場などが指定される。

一時滞在施設

大地震発生後の都市での一斉帰宅による渋滞を防ぎ、救命救助活動を円滑に行うため、帰宅困難者を一時的（おおむね3日間）に受け入れる施設。集会場や自治体の庁舎、オフィスビルのエントランス、ホテルの宴会場、学校などが想定されている。

収容避難所（指定避難所）

一般にいう「避難所」のことで、「指定避難所」とも呼ばれる。災害の危険から避難した住民を必要な期間滞在させたり、災害により家に戻れなくなった住民が一定の期間滞在するための場所。あらかじめ市区町村により定められ、主に小・中学校が指定される。

福祉避難所

一般の避難所（一次避難所）での生活が難しい高齢者や障がい者、あるいは特別な配慮を必要とする人を受け入れるための、設備や人を備えた避難施設。福祉施設や地域学習センターなどの施設が福祉避難所（二次避難所）として指定されている。

誤った避難は被害拡大に繋がる

「一時集合場所」や「広域避難場所」以外の施設は、**避難生活を送るには安全でも、発災直後の危険は防げない可能性があります**（避難所が避難場所を兼ねることもある）。慌てて逃げた先が実は危険な場所だった、ということがないように注意して確認しましょう。

確認しよう　自宅やよく出かける場所付近の各避難先を確認しましょう。

自宅近くの一時集合場所

自宅から徒歩　　分

自宅近くの広域避難場所

自宅から徒歩　　分

自宅近くの収容避難所

連絡先

自宅から徒歩　　分

自宅近くの福祉避難所

連絡先

自宅から徒歩　　分

よく出かける　　　付近の一時集合場所

　　から徒歩　　分

よく出かける　　　付近の一時滞在施設

連絡先

　　から徒歩　　分

3 地域の人とコミュニケーションをとる

災害時に「共助」は欠かせない

生き埋めになった場合、被災後72時間で助け出されないと生存の確率が著しく下がるといわれています。しかし、大規模災害の場合あちこちで要救助者が発生するうえ、道路が通れないなどで、救助隊はすぐには来ないかもしれません。過去の災害では、倒壊した建物の下敷きになった人の多くが、家族や隣人など、救助隊以外の人に助け出されました。非常時には、周囲との協力は欠かせません。

阪神・淡路大震災では、生き埋めや閉じ込めにあった人のうち約6割が家族や友人・隣人に救助されています。

すれ違いざまの挨拶だけでも防災になる

生き埋めや閉じ込めで身動きがとれない場合、近所の人たちと顔見知りであれば、「あの人がいない」と早々に気付いてもらえる可能性があります。また、避難生活の中でも協力し合えるでしょう。「防災のために仲良くしましょう!」というのではなく、挨拶などのちょっとした習慣や、イベントへの参加などが、自然と防災に繋がります。

挨拶・会釈

道ですれ違ったら必ず挨拶や会釈をする。お互いに顔を覚えられる。

お祭りやイベントへの参加

地域の催し物に参加してみると、役員の顔を覚えたり、多くの人との交流ができる。

防災訓練への参加

その地域ならではの危険を認識できたり、協力体制を確認できる。

老若男女が防災の主体的な担い手になる

これまで、地域の防災に関する計画・意思決定などは男性主体なことが多く、女性の参加が遅れていました。しかし、女性の意見の不足により、女性のニーズにうまく応えられないという問題がありました。現在は、女性リーダーの育成などの取り組みが推進されています。個人としても、年齢・性別に関係なく主体的に取り組むことが大切です。

Column

家族でやってみよう
おうちで防災キャンプ

「おうちキャンプ」と称して、電気・ガス・水道などのライフラインを使わずに、備蓄品や防災グッズを使って過ごす練習をしてみましょう。ちょっとしたレクリエーション感覚で、楽しみながら道具の使い方の確認ができます。さらに、危険や不便を感じたこと、もっと備えが必要なことが見えてきます。

子どもも含めて家族で行う。「どこに何があるのか」「どうやって使うのか」を家族全員が把握できるようにする。

賞味期限や使用期限が近い食品があるときなどに行ってみましょう。

家族みんなで確認

- □ 備えてあるものを使って非常食を調理できるか
- □ 非常食が好みの味であるか
- □ 防災グッズや備蓄食料は、スムーズに取り出せるか
- □ 防災グッズの使い方がすべてわかるか
- □ 危険・不便だと思ったことはないか

第4章

発災時のシミュレーション

実際に災害が起きたときに、どのように行動すればよいのか。
安全に怪我なく避難するためのポイントを時系列で解説します。

地震発生時の行動

地震大国の日本では、いつ大きな地震が襲うかわかりません。
いざというときに冷静な行動ができるように、適切な行動や注意点を知っておきましょう。

知識　備える　避難　アイデア

1 発生直前・発生中（緊急地震速報〜2分）

身を守る行動が最優先

緊急地震速報が鳴ったり、地震が発生した際は、誰もが突然のことに驚き、慌ててしまうもの。**震度5以上の揺れでは立っていることもままならず、テーブルの下にもぐり込むこともできないかもしれません。それでも、自らを危険にさらす間違った行動はとらないようにしましょう。**

家の中にいる場合

頭と太い血管を守る

揺れを感じたら、できるだけものが「倒れてこない」「移動してこない」「落ちてこない」場所に移動して、**座布団やクッションなど、手近にあるもので頭と、首の後ろや手首、足首などの太い血管を保護します。**頑丈なテーブルの下にもぐれるようであれば移動し、頭や背中を守りましょう。慌てずに、命を守ることを第一に考えて行動しましょう。

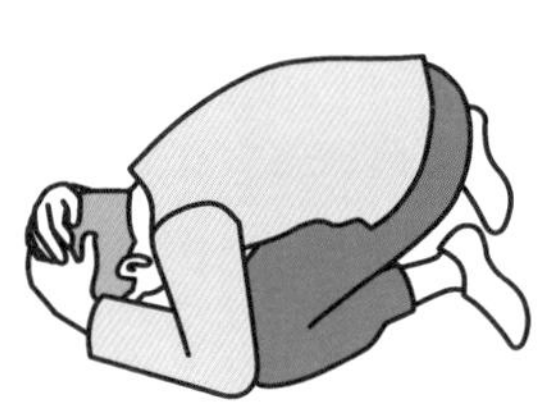

その場から動けないようなら、頭を手で守って姿勢を低くする「ダンゴムシのポーズ」をとる。首や手首などの太い血管を守る。

テーブルの下に入れたら、対角の脚を掴んで固定する。脚を掴まなくても安定している場合は、左のようなダンゴムシのポーズをする。

キッチンにいる場合

すぐにその場から離れる

包丁や食器など、一瞬で凶器に変わる道具が多いキッチンは、普段からの対策が重要です。飛び出した食器で怪我をしないように、扉はストッパーなどをつけておきましょう。調理中の場合はとくに危険。出しっぱなしの包丁や、鍋の中身が襲ってくることがあります。**激しい揺れのときに火を消しにいくというのはNG。火の始末より身を守ることを優先し、すぐにその場から離れましょう。**

お風呂にいる場合

逃げ道を確保し待機

全裸で入浴中の地震は慌てがちですが、**揺れを感じたらドアを開けて避難路を確保し、洗面器などで頭を守りながら揺れがおさまるまで浴室で待機します。**裸やタオル一枚の状態で外に出るのは怪我のリスクが高まり危険です。**ガウンや着替えをすぐに手に取れる場所に置き、足元を守るスリッパも用意しておきましょう。**

寝ている場合

布団にくるまって身を守る

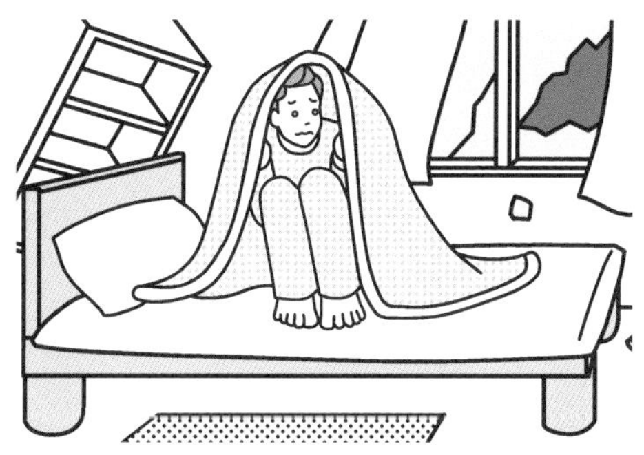

寝ているときに揺れを感じたら、布団や枕で頭や体を守ります。ベッドや布団はできるだけ窓から離すようにし、夜はカーテンを閉めることでガラスの飛散を防ぎましょう。携帯電話は枕元に置いておき、ヘッドライトやスリッパはひとつにまとめておきます（→P162）。

スーパーやコンビニ、デパートにいる場合

落下物に注意し商品棚から離れる

商品棚の転倒や破損、商品の散乱に注意して、できるだけ商品棚から離れるようにします。身動きがとれない場合は、買い物かごなどで頭を保護し、その場でしゃがんで安全を確保します。デパートでは、エレベーターホールや階段の踊り場などの広い場所に避難しましょう。

映画館や劇場にいる場合

前の席との間で身をかがめる

客席に座っている場合は、そのまま前の席との間に身をかがめ、バッグなどで落下物から頭を守ります。ロビーにいるときは柱のそばに移動して、揺れがおさまるのを待ちましょう。慌てて非常口や階段に駆け寄らず、必ず館内放送や係員の指示に従って行動します。

ビル街にいる場合

建物から離れる

ビルの看板や窓ガラスの破片、外壁タイルなどの落下物に注意して、できるだけ建物から離れます。近くに公園や広場などがあればそこに移動します。ない場合は耐震性の高い、比較的新しいビルに避難しましょう。古い建物やビルの壁際には近寄らないようにします。

オフィスにいる場合

コピー機やキャビネットから身を守る

転倒したキャビネットや固定していないコピー機があちこちに移動して凶器となるため、揺れを感じたら机の下などに身を隠します。机の下に荷物があってもぐれない、ということがないように。また、高層階ほど揺れが大きくなるので要注意です（→P187）。

エレベーター内にいる場合

すべての階のボタンを押す

揺れを感じたら、すぐにすべての階のボタンを押して、最初に止まった階で降ります。もし閉じ込められてしまったら、インターホンや非常ボタンを押して管理センターへ通報します。通じない場合は、携帯電話で管理センターや消防・警察に連絡しましょう。

地下街にいる場合

空いている非常口から避難

落下物から身を守りながら、柱や壁のそばで揺れが収まるのを待ちます。地下では停電により、多くの人がパニックになって非常口に殺到する危険があります。**地下街には60ｍごとに非常口を設置することが義務づけられているので、1つの出入り口に集中せず空いている非常口を目指しましょう。**ただし、原則として非常照明がつくまではむやみに動かないようにします。

運転中の場合

キーをつけたまま避難

揺れを感じたらハザードランプを点灯して、徐々にスピードを落とします。道路の左側に停車し、エンジンを切って揺れがおさまるまで車内で待機し、カーラジオなどから情報を収集しましょう。**避難の際は、緊急車両の通行時に車を移動できるよう、キーをつけたまま、ドアはロックしないでおきます。**連絡先を書いたメモを残し、貴重品や車検証を持って車から離れましょう。

トンネル内の場合、前方出口が見えるなら慎重に運転してトンネルを抜けます。長いトンネルなら、落下物に気をつけながら非常口から避難しましょう。

Check

車にこだわるのは逃げ遅れのもと

車を捨てて身ひとつで逃げるのは抵抗感が強いかもしれません。しかし、災害時は道路が渋滞し、車では身動きが取れなくなる可能性が高くなります。さらに、津波などの危険がある場合、渋滞に巻き込まれたまま逃げ遅れてしまう危険性もあります。身を守るため、ためらわずに車を置いて逃げましょう。

電車・バスの中にいる場合

乗務員に従い、慌てずに行動

電車は強い揺れを感じると緊急停車します。**座っている場合は、姿勢を低くしてカバンなどで頭を保護します。立っている場合はつり革や手すりにしっかり掴まって倒れないようにします。**バスの場合も同じです。停車後は乗務員の指示に従って行動しましょう。なお、地下鉄では停電になっても非常灯がつくので、慌てずに行動を。

山やがけ付近にいる場合

落石に注意して下山する

がけや急傾斜地などは、地震で崩れやすくなっている可能性があるため、すぐに離れましょう。山で揺れを感じたら、根の張った大きな木に掴まって、姿勢を低くして揺れがおさまるのを待ちます。揺れがおさまったら落石に注意しながら下山します。

海の近くにいる場合

海から離れ、高いところに逃げる

沿岸部では、揺れが小さくても津波が押し寄せることがあります。**揺れを感じたらすぐに海岸から離れ、遠いところより高いところを目指して、近くの高台や津波避難ビル（→P46）に移動します。**監視員やライフセーバーがいる海水浴場では、指示に従って行動します。

川べりにいる場合

川の流れと直角の方向に避難

大地震の場合、海から十数キロ離れた地域でも津波が川をさかのぼる「河川津波」が起こる可能性があります。**河川津波は川下から川上に向かって押し寄せるため、上流に向かって避難しても津波が追いかけてきます。川の流れに対して直角の方向に避難しましょう。**

2 発生直後（2〜5分後）

落ち着いて状況を把握する

火災などの二次災害を防ぐためにも、発生直後の行動が重要です。**揺れがおさまっても慌てて飛び出したりせず、落ち着いて周囲の状況を把握しましょう。**まずは自分や家族に怪我がないかを確認。出口を確保し、ガス漏れや漏電に注意します。

すぐに外に飛び出さない

揺れが収まったからといってすぐに外に飛び出すと、屋根瓦や窓ガラスが落下してくる可能性があるので危険です。まずは落ち着いて家族と家の中の安全を確認します。**ガラスの破片などが散乱している場合は、底の厚いスリッパや靴を履いて行動しましょう。**

出口を確保する

地震のときはドアや窓が変形して、開かなくなることがあります。**揺れがおさまったら、状況次第でいつでも避難できるように、部屋の窓や戸、玄関のドアを開けて出口を確保しましょう。**とくに集合住宅やマンションの場合、いったん開かなくなると外へ出ることが難しくなるので、非常階段を含めた避難路の確保を忘れずに。

火の元を確認・初期消火

地震のときは身の安全を確保することが先決。揺れがおさまってから、調理器具や暖房器具の火を消しましょう。**出火した場合は、「火事だ!」と大声で叫び、隣近所にも助けを求めて火が小さなうちに消火します。**炎が天井付近に達したり、危険を感じる場合はすみやかに避難を。

震度5程度の揺れでガスは止まる

震度5程度の揺れを感知すると、ガスメーターが自動でガスをストップします。慌てて火を消しに行く必要はありません。熱湯がかかったりしてやけどをする危険もあるので、火の元の確認は揺れがおさまってからが原則です。

ブロック塀には近づかない

ブロック塀や門柱などは、想像以上に倒れやすく、危険なので近づかないようにします。とくに逃げ場のない狭い路地や古いブロック塀は、注意が必要です。**日ごろから、傾きやヒビが入っていないか注意しておきましょう。**また、道路脇にある自動販売機なども倒れやすいので、むやみに近づかないように。

3 発生5分後以降

二次災害を防ぎながら避難・救助

大きな地震の場合、すぐにレスキュー隊が来ることは期待できません。地震による犠牲者の多くが、地震発生後の建物の倒壊や家具の転倒によるものといわれています。さらに、津波は短時間で襲ってきます。**二次災害に注意しながら、周囲の人たちと協力して自分たちの住む地域を守りましょう。**

周りの人たちの安否を確認する

家族の安全を確認したら、近所の様子を確かめましょう。近くで危険な建物はないか、火事は発生していないかを確認し、火事の場合は近所の人に声をかけて協力して消火にあたります。また、**近所に高齢者や体の不自由な人がいる場合は、声をかけて安否を確認し、安全な場所に誘導しましょう。**

協力して救助活動をする

もし家が傾いていたり、倒壊した建物があったら、救助を必要としている人がいないか、大声で確認します。家や家具の下敷きになったり、**怪我をしている人がいたら、近所の人たちに応援を求め、協力して救助しましょう**（救助の際の注意点はP316参照）。自分たちだけでは無理な場合でも、レスキュー隊が到着するまで声をかけて励ますことも大切です。

テレビ、ラジオ、ネットなどから正しい情報を入手する

誤った情報に惑わされないように、テレビやラジオ、気象庁や市区町村のサイトなどから、正しい情報を得るようにします。SNSも、身近な情報がわかる貴重な情報源です（参考になるアカウントはP215参照）。一方で災害時はさまざまな情報が錯綜し、噂やデマ、不正確な情報が流布することがあります。**あいまいな情報をうのみにせず、情報源を確かめて行動しましょう。**

避難するときの注意点

誤った行動は、被害を拡大させる原因になります。以下の点に注意して、適切に行動しましょう。

エレベーターは使わない

マンションやビルから避難する場合、エレベーターは途中で止まってしまい、閉じ込められる危険があります。 たとえ高層階にいてもエレベーターは使わず、非常階段で降りましょう。そのためにも、**マンションやオフィスでは普段から非常階段の位置と避難経路を確認しておく**必要があります。

必要なとき以外は車で避難しない

車での避難は渋滞を招いて身動きがとれなくなります。さらに、緊急車両の通行や、どうしても車での避難が必要な人たちの妨げになります。さまざまな二次災害の危険もあるため、寝たきりや体の不自由な家族がいるなど、やむを得ない場合以外は、できるだけ車は使わず徒歩で避難しましょう。

自分の避難場所を家族にわかるようにしておく

家族が別々の場所で地震にあった場合、安否確認に時間がかかることがあります。緊急時の連絡方法や行動を、あらかじめ家族で話し合っておきましょう。**避難するときは、玄関扉や窓など目立つ場所に無事を示すメモを残し、詳しい避難場所は扉の内側にメモを残すか、災害用伝言板（→P217）などで共有します。**

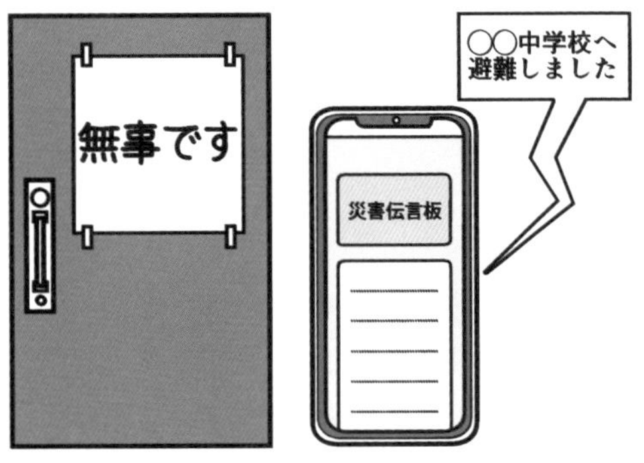

玄関扉の外側に避難先まで書いてしまうと、留守を悟られ空き巣に入られる危険があるので、外側には安否のみを、内側に避難先を示しておくとよい。または、災害用伝言板などを利用する。

備えよう

日用品が伝言に使える

メモは「消えない」「落ちない」ように残すのが基本です。油性ペンでガムテープに直接書いてそのまま貼りつけたり、ラップに書いて窓の内側から貼りつけたりすると素早くメモを残せます。メモを残すための道具が自宅にあるか確認しておきましょう。

玄関先に無事を記しておけば、安否確認に回ってくれている消防や自治会の人の時間短縮にもなります。

海に近づかない

「津波注意」の看板がある地域では、普段から「津波避難場所」や「津波避難ビル」を確認しておきましょう。揺れがおさまったらそこを目指します。**20～30㎝の津波でも、足をとられ動けなくなるので、注意報や警報が解除されるまでは海に近づかないようにしましょう。**

地震後に、海の近くの自宅に戻るのは厳禁。穏やかそうに見えても、津波はすごいスピードで襲ってくる。

避難前の最終チェック

自宅を後にして避難場所へ向かう前に、以下の点を確認しましょう。おこたると、二次災害に繋がる危険があります。ただし、危険が迫っている場合は一刻も早く逃げてください。

ブレーカーを落とす

散乱した部屋の中にスイッチが入ったままの電気製品があると、通電再開後、火災の恐れがある。慌てずブレーカーを落としてから避難する。

鍵をかける

災害後は多くの家が留守になるので、空き巣の被害が出やすい。火災の延焼を防ぐためにも、家の戸締まりを忘れずに。

ガスや水道の元栓を締める

見えないところにあるガス管が損傷している可能性がある。ガスが復旧したときにガス漏れを起こさないように、元栓を閉めておく。

避難の流れ

状況によってどこへどう避難するのかは変わります。
基本的な流れと、時間別の行動を紹介します。
いざというときにスムーズに判断できるように、イメージをしておきましょう。

知識　備える　避難　アイデア

1 災害別 避難行動フローチャート&タイムライン

地震避難のフローチャート

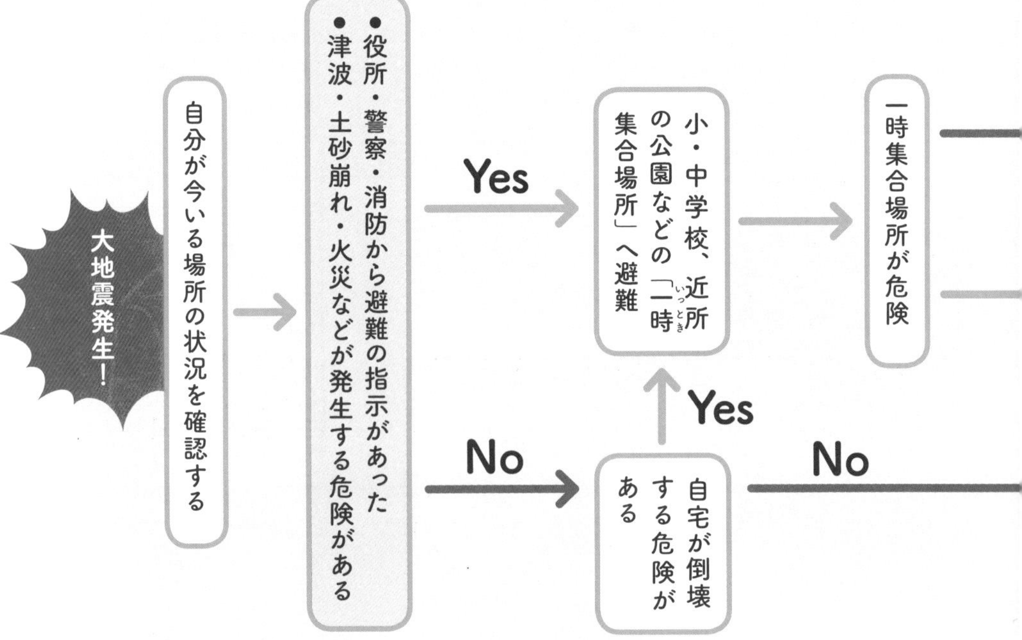

大きな地震が発生したときの基本的な避難行動の流れです。避難生活の場となる「避難所」と、安全を確保するための「避難場所」が異なる場合があるので、まずどこに逃げるべきか確認しておく必要があります（→P219）。

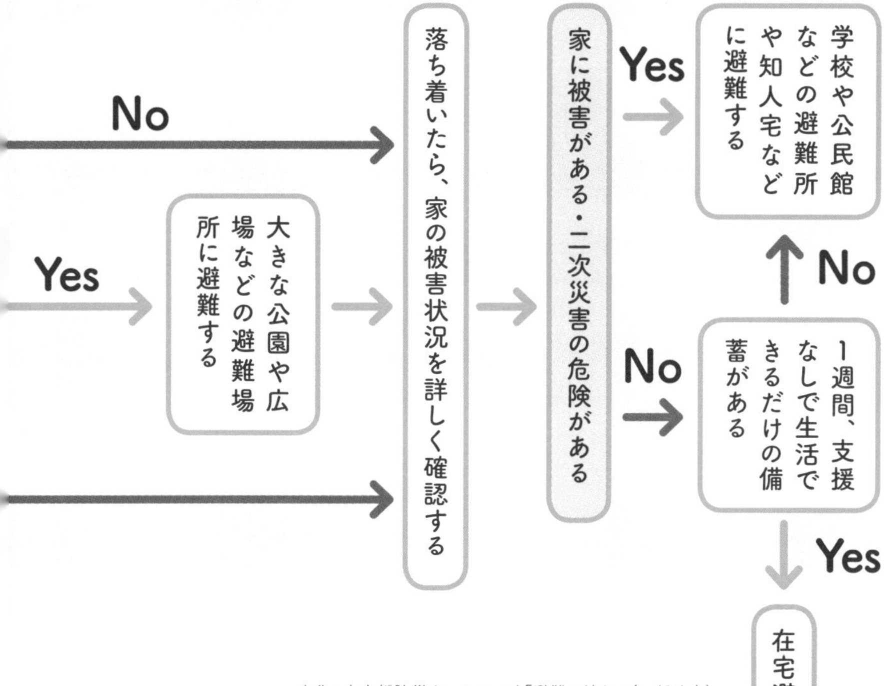

No →

Yes → 大きな公園や広場などの避難場所に避難する →

→ 落ち着いたら、家の被害状況を詳しく確認する → 家に被害がある・二次災害の危険がある

Yes → 学校や公民館などの避難所や知人宅などに避難する

No → 1週間、支援なしで生活できるだけの備蓄がある

No ↑ 学校や公民館などの避難所や知人宅などに避難する

Yes ↓ 在宅避難

出典：東京都防災ホームページ「避難の流れ」（一部改変）

風水害避難のフローチャート

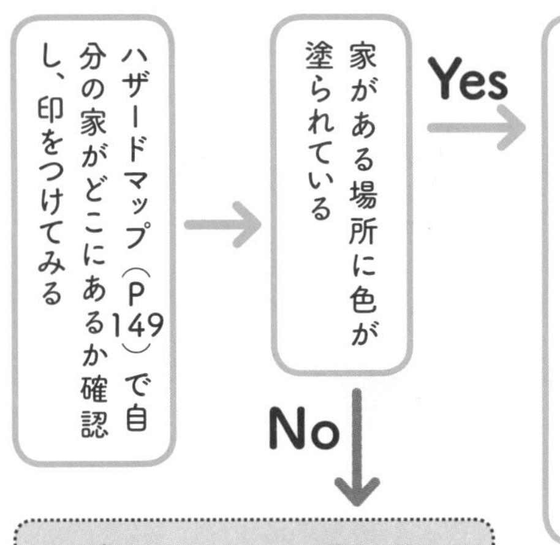

災害の危険があるため、原則として自宅の外に立ち退き避難が必要

色が塗られていなくても、周りと比べて低い土地や、がけのそばに家がある場合は注意。市区町村からの避難情報を参考に必要に応じて避難しましょう。

例外

※浸水の危険があっても、次の条件を満たす場合は自宅にとどまり、安全を確保することも可能です。
①洪水により家屋が倒壊または崩落してしまう恐れの高い区域の外側である
②浸水する深さよりも高いところにいる
③浸水しても水が引くまで持ちこたえられる、水、食料などの備蓄が十分にある

風水害避難のタイムライン

経過時間	3日前	2日前	1日前
警戒レベル	警戒レベル 1 台風予報	警戒レベル 2 大雨注意報 洪水注意報	警戒レベル 2 大雨警報 洪水警報
避難行動の例	●非常時持ち出し袋の準備 ●常備薬の確認 ●植木鉢などを室内に入れる	●ハザードマップで 避難経路を確認 ●動きやすい服装に着替える ●非常時持ち出し袋の最終確認	
確認しよう マイタイムライン			

※警戒レベルは1～5まで順番に発令されるわけではない。災害が発生していても警戒レベル5が発令されない可能性がある（市区町村が確実に状況把握できるわけではないため）。
※警戒レベル3は、高齢者など以外の人も状況に合わせて避難の判断をする段階。

風水害時にどんな避難行動をとるべきか、自宅の状況などを考慮して考えます。

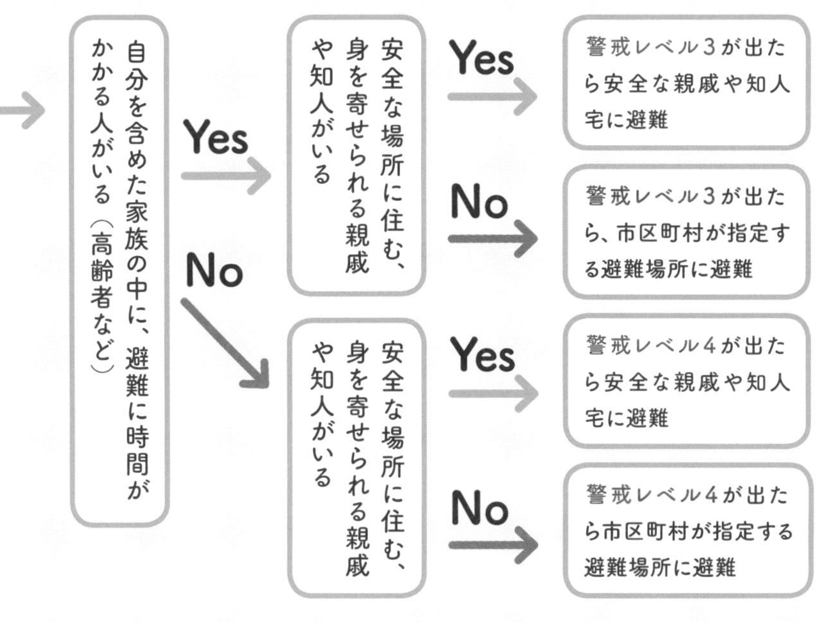

出典：内閣府「令和元年台風第19号等を踏まえた水害・土砂災害からの避難のあり方について（報告）（令和2年3月31日公表）」

上のフローチャートや下表の「避難行動の例」を参考に、実際の行動を書き出してみましょう。

	雨・風が時間とともに強くなる		災害発生
	警戒レベル **3** 高齢者等避難	警戒レベル **4** 避難指示	警戒レベル **5** 緊急安全確保
	避難開始 子どもや高齢者など避難に時間のかかる家族がいる場合や、避難場所が遠い場合はこの段階で避難。どこへ避難するかも決めておく。	●避難完了 ●避難先も危険になるようなら、さらに高い場所へ移動する（どこへ移動するか見当をつけておく）	**命の危険がある ただちに安全確保** 避難場所へ向かうのも危険。家の中の、より安全な場所で安全を確保する。

※警戒レベルは内閣府「令和元年台風第19号等を踏まえた避難情報及び 広域避難等のあり方について（最終とりまとめ）」をもとに作成。2021年出水期より運用開始予定（2021年1月現在）。

どんな避難行動をとるのか、家族で話し合って記入してみましょう。早め早めの避難が大切です。

◎風水害避難の確認ポイント

✎確認しよう

自宅のある場所

- 氾濫が想定される河川との距離

（　　　）川 ……… （　　　）m

（　　　）川 ……… （　　　）m

- 浸水する深さ：（　　　）m
- 近くの避難場所（　　　　　）
- 近くの避難場所までの所要時間：

徒歩（　　　）分

浸水深約50cm

床上浸水。マンホールから汚水が噴き出す。マンションは地下の電気設備が浸水すると停電や、給水が停止される可能性がある（→P186）。

浸水深約1m

床上浸水。停電が発生し、畳やじゅうたん、壁、家具に影響が出る。

浸水深約2m

1階軒下ほどの高さ。電化製品の被害、逃げ遅れの危険がある。

浸水深約5m

2階軒下ほどの高さ。

✎確認しよう

自宅のある場所

- 自宅が土砂災害警戒区域などに

（入っている・いない）

- 避難経路が土砂災害警戒区域

などに（入っている・いない）

普段500m歩くのに、大人の足で6～8分、高齢者で約10分かかります。非常時はもっと時間がかかる可能性があります。

- 50cm以上の浸水が予想される
- 土砂災害警戒区域などに入っている
- 浸水が長引くことが予想される

指定の避難場所などへ立ち退き避難

基本は立ち退き避難です。浸水が始まる前に避難しましょう（警戒レベル4が出たら全員避難）。すでに浸水し、指定の避難場所まで行くのが危険な場合は、堅牢な建物の3階以上（浸水予想5mの場合）や、高い場所に避難します。

- 夜間や激しい降雨で避難経路が見えづらい
- ひざ上まで浸水している（約50cm）
- 浸水20cm程度でも、水の流れが速い

家の中の安全な場所で安全を確保

外へ出るのが危険な場合は、家の中の、より安全な場所（上階、がけから離れた2階以上など）へ避難します。

第5章

避難生活

避難生活のあり方は、変化が求められています。
避難所以外の選択肢と、
それぞれのメリット・デメリット、注意点を紹介します。

さまざまな避難形態

近年の大規模災害では、避難所の不足が指摘されています。密集した空間での共同生活は感染症の危険も高いため、国や自治体では「分散避難」を推奨しています。被災したときにどのような形の避難ができるか、家族で事前に話し合っておきましょう。

知識

1 避難場所は分散させる

避難＝避難所ではない

避難所だけでなく自宅や親戚・知人の家、ホテルなどの宿泊施設、あるいは車の中など、避難生活を送る場所を分散させることを「分散避難」といいます。それぞれのメリットやデメリット、向き不向きを考え、家族に合った避難方法を選びます。在宅避難ができるように日ごろの備えをすることが基本ですが、少しでも危険を感じる場合は無理をせず、ほかの場所に避難しましょう。

【在宅避難】

自宅が無事で安全が確認できれば、そのまま自宅で生活をする「在宅避難」がおすすめです。まずは安心して寝起きできるスペースを確保して、生活をしながら少しずつ片付けていきましょう。とくに、**高齢者や子どもがいたり、ペットを飼っている場合は、可能な限り在宅避難ができるような準備を整えておくことが大切です。**

【避難所】

自宅に住み続けることができなくなった被災者を一時的に受け入れ、保護するのが、市区町村が指定している「指定避難所」です。外出先で被災した場合や、避難所が満員になって入れないときなどは、個人の住所に関係なく、地域外の避難所も利用できます。

【親戚・知人の家（縁故避難）】

安全な地域に頼れる親戚や知人がいれば、親戚宅や知人宅を避難先として検討してみましょう。そのためにも、**あらかじめハザードマップで自宅の被害程度を予測し、万が一のときには避難させてもらえるかどうか、相談しておくようにします。**

【ホテルなどの宿泊施設】

新たな避難のスタイルとして注目を集めているのが、ホテルや旅館などの宿泊施設の活用です。**基本的には要配慮者※が優先されますが、個室でプライバシーが確保でき、行政指定の宿泊施設では料金の補助もあるため人気があります。**避難所として指定されていない施設へ自主的に避難する場合は、通常の宿泊料金がかかります。

※1 要配慮者：高齢者や障がい者、妊産婦など、避難所での生活に配慮が必要な人のこと。

状況に合わせて避難生活の場を選ぶ

避難生活拠点決定フローチャート〈自宅外で被災〉

自宅以外の場所で被災したら、まずは自宅に戻るまでの間どこで過ごすのかを決める必要があります。無事自宅に戻れたら、次ページのチャートに沿って避難生活の場を決めましょう。

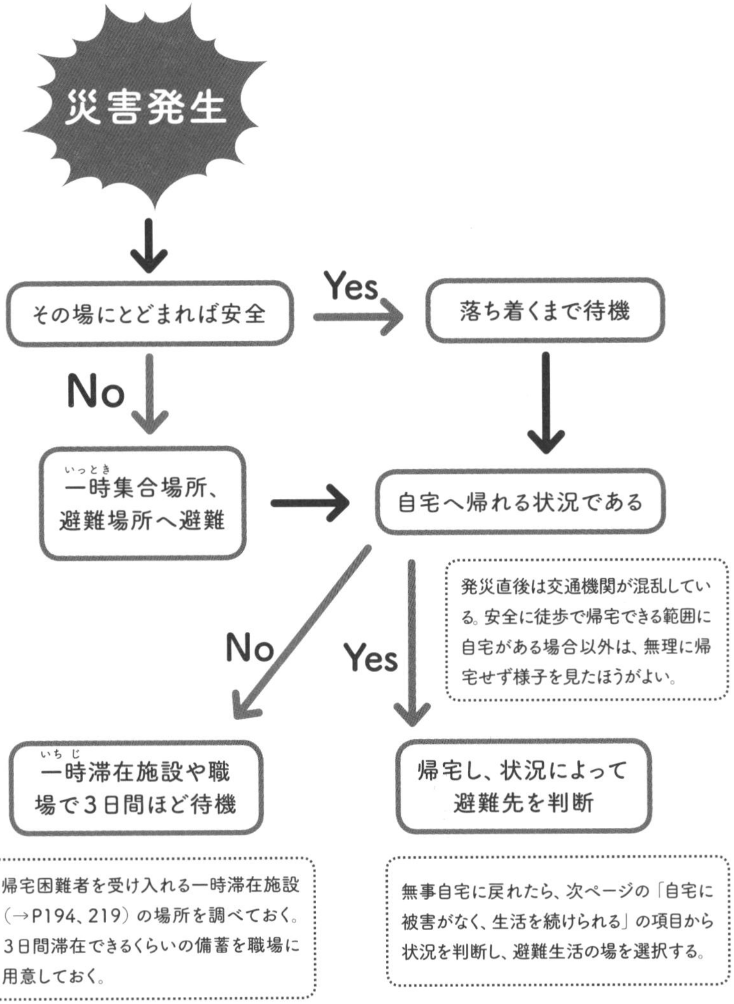

災害発生

↓

その場にとどまれば安全

→ Yes：落ち着くまで待機 → 自宅へ帰れる状況である

↓ No：一時（いっとき）集合場所、避難場所へ避難 → 自宅へ帰れる状況である

自宅へ帰れる状況である

↓ No：一時（いちじ）滞在施設や職場で3日間ほど待機

帰宅困難者を受け入れる一時滞在施設（→P194、219）の場所を調べておく。3日間滞在できるくらいの備蓄を職場に用意しておく。

↓ Yes：帰宅し、状況によって避難先を判断

発災直後は交通機関が混乱している。安全に徒歩で帰宅できる範囲に自宅がある場合以外は、無理に帰宅せず様子を見たほうがよい。

無事自宅に戻れたら、次ページの「自宅に被害がなく、生活を続けられる」の項目から状況を判断し、避難生活の場を選択する。

避難生活拠点決定フローチャート〈自宅で被災〉

自宅で被災したら、身の安全を確保してから状況を見極めます。「自宅に被害や二次災害の危険がないか」「自力で生活できるのか」がポイントです。

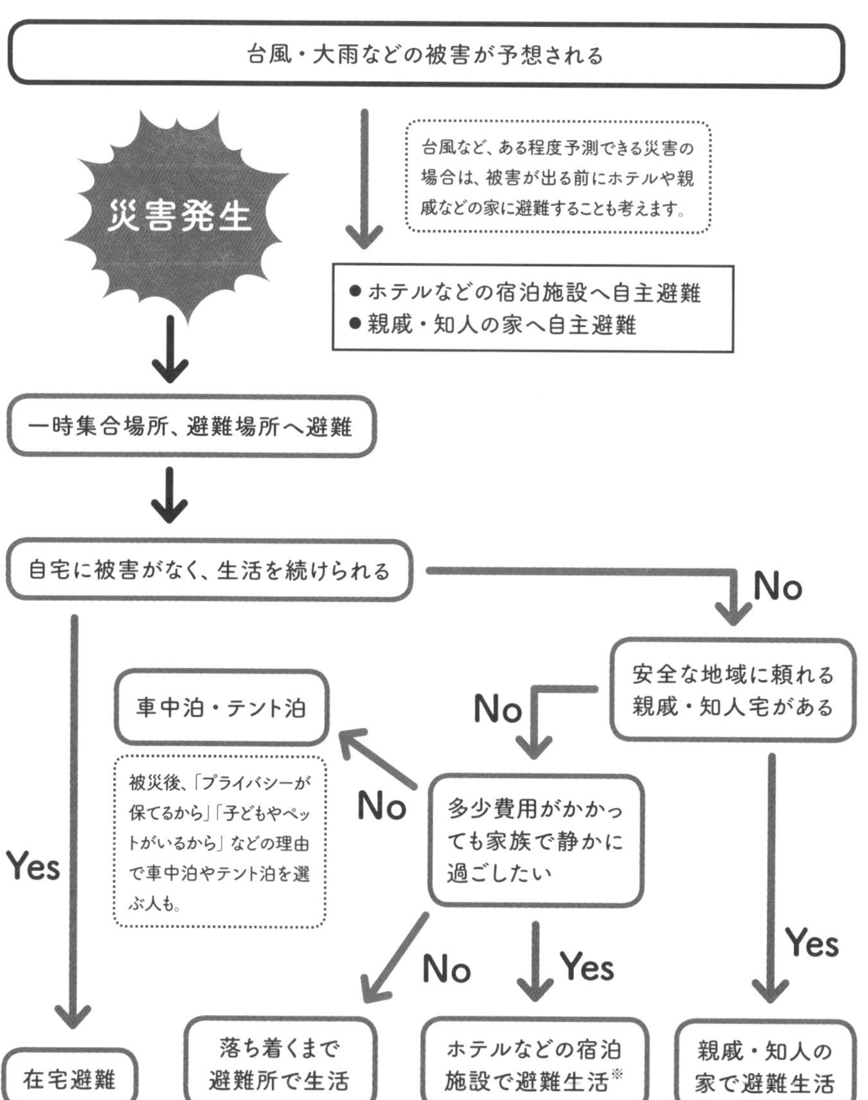

※必ず避難所として開設されるわけではない。

在宅避難

大規模な災害では、避難所が足りず廊下や階段の踊り場で
寝起きをしなければならないことがあります。危険がなく継続して住める状態であれば、
できる限り在宅での避難を考えましょう。

知識　備える　避難　アイデア

1 在宅避難とは？

国が推奨しているのは在宅避難

不安の中で避難生活を送らなければならない被災者にとって、住み慣れた自宅で寝起きすることは気持ちを落ち着かせ、不安をやわらげる効果があります。国や自治体でも、倒壊の恐れが少ないマンションなどを中心に、できるだけ自宅で暮らす「在宅避難」をすすめています。

避難所は不足する

今後30年以内に70～80％の確率で起こるといわれている「首都直下地震」や「南海トラフ地震」では、720～950万人もの避難者が出ることが予想されています。これは、東日本大震災のときの被難者数（47万人）の15～20倍です。**避難者数に対して、圧倒的に避難所のスペースが足りません**。加えて感染症対策のため、ひとつの避難所に収容できる人数は限られてきます。**自分自身で災害に備え、可能な限り在宅避難をすることが求められます。**

●避難者数予想

東日本大震災
47万人

首都直下地震
720万人（予想）

避難所は
パンク！
支援物資は
不足！

南海トラフ地震
950万人（予想）

在宅避難をするための日ごろの備え

災害後、被災地への支援体制が整い、物流が回復するには時間がかかります。在宅避難中は、“家にあるもの”でまかなうのが基本です。そのためにも命を繋ぐ備蓄や準備が重要になります。第3章のP148 ～、P166 ～を参考に、日ごろから在宅避難を想定した準備をしましょう。

＜家の中を安全な環境に＞

自宅が安全でなければ在宅避難はできません。まずは室内の状態を整え、災害が起こっても安全に過ごせる環境にしましょう。**家具は固定し、食器やインテリアなどは飛んで散乱しないようにすべり止めを敷いておきます。**ガラスには飛散防止フィルム（→P156）を貼りましょう。

＜ライフラインの代替手段の準備＞

災害時には多くの場合、ライフラインが断たれます。電気やガス、水道が止まった状態でも1週間は過ごせるように、**カセットコンロとカセットボンベ、ヘッドライトやLEDランタン、飲料水などを多めに用意しておきましょう。**また、近所の「災害時給水ステーション（給水拠点）」を確認しておくことも大切です。

＜食料品や日用品を備える＞

食料品のように賞味期限のあるものや、欠かせない日用品は、**普段使っているものを多めに買い置き、使った分だけ買い足す「ローリングストック」で備蓄しましょう**（→P166）。食料品も、食べ慣れたレトルト食品などを備蓄しておけば、避難中でも好みの味を食べることができます。

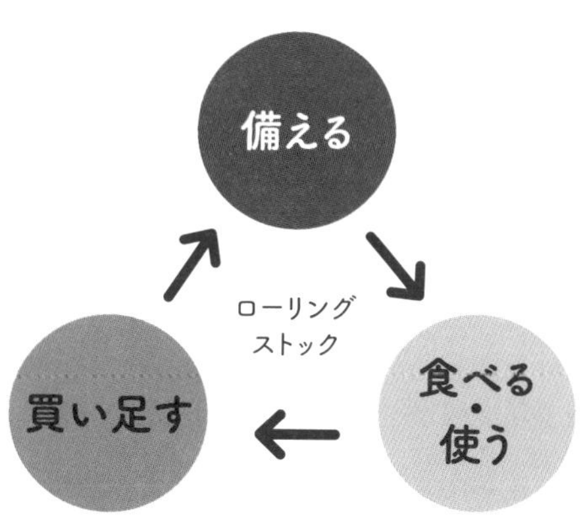

2 在宅避難のメリット・デメリット

在宅避難のメリット

在宅避難の最大のメリットは、住み慣れた家でプライバシーを守りながら暮らせること。とくに赤ちゃんやペットなどがいる場合、泣き声などで周囲に気を使わずにすみます。さらに、少人数で過ごすために感染症のリスクも低く、空き巣などの被害を防ぎやすいことも挙げられます。

プライバシーを保てる

普段と同じ環境で、人目を気にせずに過ごせる時間と場所があることは、在宅避難ならではのメリットです。プライバシーが確保されていることで、**余計なストレスを感じることなく落ち着いて過ごすことができます。**

犯罪に巻き込まれにくい

女性や子どもを狙った犯罪や置き引きなどが起こりやすい避難所と比べると、防犯面でも安全です。空き巣が増えるので、**ベランダや庭先に洗濯物を干しておくなど、できるだけ在宅であることをアピールしましょう。**戸建ての場合は、あらかじめ玄関に電池タイプの人感センサーのライトをつけておくのも有効です。

感染症のリスクが低い

大勢の人が共同生活をする避難所では「三密」が避けられませんが、自宅ではそのような心配は不要です。また、災害後は上下水道が止まることも多く、不衛生になりがちです。**家族がお互いに注意して、常に清潔な状態を守ることで感染症を予防することができます。**

体調管理をしやすい

災害後は、ストレスで体調を崩しやすくなります。とくに**高血圧や糖尿病などの生活習慣病を抱えている人は、環境の変化により血圧や血糖値のコントロールが難しくなります。**自宅で暮らすことで比較的ストレスも少なく、体調管理もしやすくなります。

在宅避難のデメリット

避難所から離れているために情報が伝わるのが遅かったり、二次災害への不安など、デメリットもあります。また、災害の直後は支援物資も届かず、ある程度食料や日用品の備蓄がないと在宅避難を続けることができません。被害の状況や家族の状態を考えて、在宅避難を続けるかを判断しましょう。

情報が届きにくい

災害の直後は被害の全貌が見えず、噂やデマも流れやすくなります。**避難所は、開設後すぐにテレビが設置されたり、新聞の号外が配布されたりします。行政からのお知らせなども避難所に集まる**ので、在宅避難中であっても避難所に毎日通って積極的に情報を得るようにしましょう。

食料や水は自主調達が基本になる

大規模な災害では避難所でも物資が不足して、在宅避難をしている人たちにまで回らないことがあります。救援物資もすぐには届かないため、日ごろから十分に備蓄をしておくことが大切です。**たとえ家が無事でも、生活が続けられなければ在宅避難はできません。**

不安で心細い

大きな地震の場合、しばらくは余震が続きます。そんなとき自宅にいると「今度こそ家が倒壊するのではないか」と不安になりますし、停電が続いている場合、明かりのない生活は心細いもの。**在宅避難に不安を感じたら、無理をせず避難所に避難しましょう。**

悩みを相談する相手がいない

被災によってこれからの生活に不安を抱くのは、在宅避難者も同じです。避難所では知り合いと話すことで気が紛れたり、派遣された専門のカウンセラーなどに相談することができます。「**避難所の人たちのほうが大変だから**」**と遠慮せず、困ったことがあったら避難所に出向いて相談してください。**

デメリットも、避難所生活にすればすべて解決するわけではありません。在宅避難をベースに対策を考えましょう。

在宅避難時の注意点

被災後、自宅が在宅避難できる状態であっても、完全に平時と同じように過ごせるわけではありません。油断せず、非常時ならではの事態に注意する必要があります。

二次災害の危険がある場合はすぐに退避

災害直後は問題がないように見えた家屋やガス管も、見えないところで大きな損傷を受けている可能性があります。**壁に亀裂が入った、ドアの開け閉めがしづらくなった、ガス臭い、などの兆候があったら無理をせず、避難所に移動しましょう。**非常時持ち出し袋はすぐに持ち出せるようにしておきましょう。

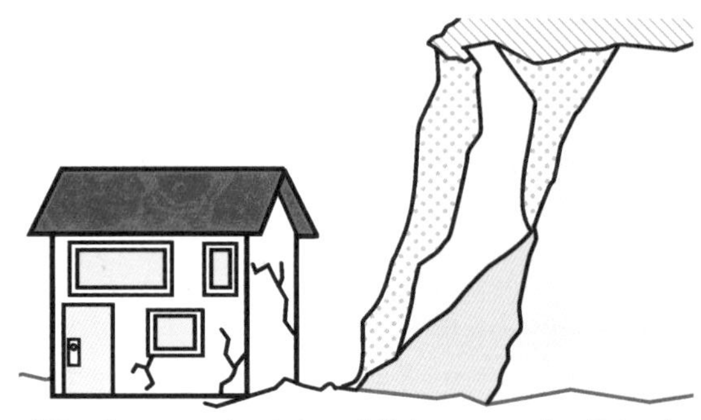

背後に山やがけがあるなど、二次災害のリスクが高い場合は在宅避難をせず避難所へ。

設備の確認ができるまでトイレの水は流さない

地震で**排水管が壊れているときに無理やり水を流そうとすると、汚水が逆流してくることが**あります。下水道が復旧するまで（マンションの場合は管理会社によるチェックが終わるまで）は使用を控え、非常用トイレ（→P179）を使いましょう。

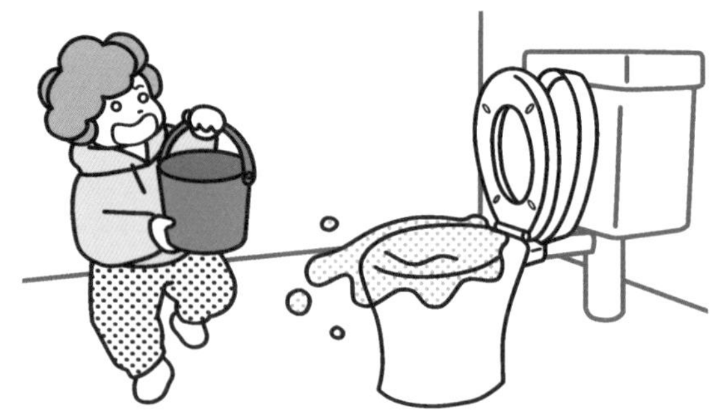

トイレに直接水を注いで流していいのは、下水道が復旧してから。

不審者の来訪

過去の震災では、ガスや電気の点検、家屋の修繕、保険金申請の代行業者などを装って法外な費用を請求されるなど、非常時の混乱につけこんだ詐欺や悪徳商法も報告されています。**見知らぬ訪問者には、必ず身分証明書を確認するなど注意し、すぐに判断しないようにしましょう。**

冷蔵庫の中のものから消費する

在宅避難では、停電のために傷みやすくなった冷蔵庫や冷凍庫の食料から消費します。停電になってもすぐに常温に戻るわけではないので、**できるだけドアの開閉を少なくして、庫内の冷たい温度を保ちましょう**（→P175）。食べて減らすことで、余計な生ゴミの削減にも繋がります。

ゴミの管理

震災後は、通常のゴミ収集の再開までゴミを自宅で保管する必要があるため、生ゴミや非常用トイレの汚物のにおいが漏れないように注意します。**ふたつきゴミ箱や衣装ケースなど、密閉できるもの**があるとよいでしょう。**消臭剤を一緒に入れたり、オムツ用の防臭袋などがあると便利です**（→P181）。ゴミ収集が再開しても、すぐに回収する必要のない古紙や、被災と関係ない粗大ゴミはしばらく出すのを控えましょう。

3 在宅避難を始める前の準備

在宅避難を始める前に

被災後も在宅避難を選択する前に、以下のチェックシートで、自宅で安全に過ごせるかどうかの目安をチェックしましょう。在宅避難が難しい場合は、避難所やほかの避難先を考えます。

在宅避難のためのチェックシート

●外観や周辺環境に関する確認

1	隣接する建物が傾き、自宅へ倒れ込む危険がある	YES	NO
2	周辺で地すべり、がけ崩れ、液状化、地盤沈下があった	YES	NO
3	建物の基礎が壊れている	YES	NO
4	建物自体の傾きがみられる	YES	NO
5	外壁が落下したり、大きな亀裂が入っている	YES	NO
6	建物の骨組みが変形したり、壊れたりしている	YES	NO
7	1～6以外に屋根瓦のズレや落下、サッシのゆがみなどがある	YES	NO

すべてNOなら建物内部の確認へ。
ひとつでもYESがある場合は、住み続けるのは危険です。ほかの避難先を考えましょう。

●建物内部に関する確認

8	床が大きくゆがんだり割れたりしている	YES	NO
9	柱が折れたり、割れたりしている	YES	NO
10	内壁に大きなヒビ割れや、崩れた部分がある	YES	NO
11	ゆがんで開閉できないドアが複数カ所ある	YES	NO
12	天井の落下がある	YES	NO

すべてNOなら室内を片付けて在宅避難をしましょう。
ひとつでもYESがある場合は、住み続けるのは危険です。ほかの避難先を考えましょう。

※このチェックシートはあくまで応急的な確認を行うもので、安全を保証するものではありません。

危険を取り除き、安心できる部屋をつくる

大きな地震や台風の後は、備えをしっかりしていないと、家の中はものが散乱して足の踏み場もない状態になります。万が一そのような状況になったら、安心して過ごすために、入り口をふさぐような転倒した家具を移動し、割れたガラスなどを片付けて、まずは家族が安全に寝起きできるスペースを確保することを優先しましょう。

＜片付け前に被害状況を記録する＞

片付けを始める前に、被害状況をスマートフォンや携帯電話のカメラで記録しておきましょう。建物の内外をできるだけ細かく写真に撮り、壁のヒビや浸水の様子はメジャーを当てたり、人が横に立って目安にすると、保険の請求や行政の補助金申請の際に役立ちます。

＜割れた窓を応急処置する＞

はじめに窓枠に残ったガラスを注意しながらはずし、飛び散った破片を片付けます。次に、**すき間ができないようにダンボールやブルーシートなどでしっかりと全体を覆い、ガムテープで貼りつけて窓をふさぎます。**ヒビ割れだけなら、ガムテープで補修しておきましょう。

＜人の手を借りる＞

被災後の片付けは、壊れた家具や電化製品の運び出しなど、とても重労働です。**自分たちだけでやろうとせず、近所の人と協力し合いながら行いましょう。**人手が足りないときは、自治体などに連絡して、ボランティアの手を借りることもできます。

備えよう

片付けのために準備しておきたいもの

- ☐革手袋
- ☐新聞紙、ゴミ箱（割れものを捨てる）
- ☐ほうき
- ☐ちりとり
- ☐充電式掃除機
- ☐粘着クリーナー
- ☐養生テープ、ガムテープ
- ☐ブルーシート
- ☐ダンボール

家の片付け方（地震災害の場合）

片付け中に起きた余震で怪我をしたり、閉じ込められたりするリスクを減らすためにも、**地震直後の片付けはざっくりと短時間ですませることが大切です。**余震でせっかく片付けた部屋が再びぐちゃぐちゃになって二度手間にならないよう、**「家の中を元通りにするのは3カ月〜半年後」ぐらいと割り切って、焦らずゆっくりと片付けましょう。**

●片付けるときの注意

- □ ガス漏れや漏電が起こらないよう、ガスや水道の元栓を閉め、電気のブレーカーを落としてから作業する
- □ 厚手の革手袋と底の厚い靴を身に着け、怪我をしないように注意する
- □ ゴミは自治体のルールに従って分別し、仮置き場が設置されるまで自宅で保管する

<割れたガラスを片付ける>

突き刺しを防止できる**厚手の革手袋と厚底の靴を身に着け、破片で怪我をしないように注意します。**大きな破片を新聞紙で包み、細かいガラス片はほうきで集めてガムテープなどで取り除きます。目に見えない破片は雑巾でふき取り、使った雑巾はそのまま捨てましょう。

大まかに片付けるのがコツ

余震が続くうちは元通りに片付けようとせず、危険を防ぐことを中心に考えます。高いところの荷物は床に降ろし、床に散らばったものは大まかにグループ分けしてダンボール箱に入れるなど、荷物は仮置き程度にします。家の補修や大きな家具の転倒防止を優先しましょう。

家の片付け方（水害の場合）

台風や大雨で1階が水に浸かっても、1階から2階へ「垂直避難」をすることで、在宅避難をすることができます。水に浸かった家財道具や畳は水を含んで重くなり、移動させるだけでも重労働ですが、悪臭や感染症を防ぐためにも、できるだけ早く片付けます。隣近所で助け合い、必要なときはボランティアの手も借りるようにしましょう。

●床上浸水の場合

1. 水が引いたら、濡れた畳や不要なものを片付ける
2. 濡れた床や壁、家具を水で洗い流す（または雑巾で水ぶきする）
3. 食器類や調理器具の汚れを洗い流す
4. 食器棚や冷蔵庫の汚れをふき取る

※電気配線や家電製品は専門家の点検を受ける。

＜必ずマスクをつけて作業をする＞

家に流れ込んだ汚水や汚泥は、カビや腐敗、異臭の原因となるだけでなく、ウイルスや雑菌を含んでいます。怪我をすると破傷風などの感染症に感染することもあるため、片付けの際は、長袖・長ズボン・革手袋で肌の露出をできるだけ避け、必ずマスクを着用します。

●床下浸水の場合

1. 家の周囲や床下の不要なもの、汚泥を片付ける
2. 新聞紙などで床下を吸水する
3. 扇風機などで換気し、乾燥させる

＜子どもには片付けをさせない＞

子どもはまだ体の免疫システムができあがっておらず、汚泥などから舞い上がる有害物質の影響を受けやすい状態です。大腸菌やサルモネラ感染症などの感染性胃腸炎、湿疹などのリスクが高まるため、できれば中学生以下の子どもは浸水被害の片付けに参加させるのは控えましょう。

Check

食器・調理器具の消毒

陶器やガラス、プラスチック製品は、食器用洗剤（中性洗剤）で洗ったあと、塩素系漂白剤や次亜塩素酸ナトリウム液（→P130）で消毒します。消毒液に弱い金属のカトラリーは煮沸消毒（→P130）し、竹や木材製品は、感染症予防のためにも処分しましょう。

ガスメーターの復帰方法

ガスメーターには、震度５程度以上の揺れを感じると自動的にガスの供給を遮断する装置がついています。揺れがおさまり、ガス漏れがなければ、自分でメーターを復帰することができます（ガスのにおいがしていたらガス会社に連絡してください）。ただし、広域の地震災害では地域へのガスの供給が遮断され、復帰できないこともあります。その場合は操作をしても復帰できないので、まずは安心して下記の復帰方法を試してみましょう。

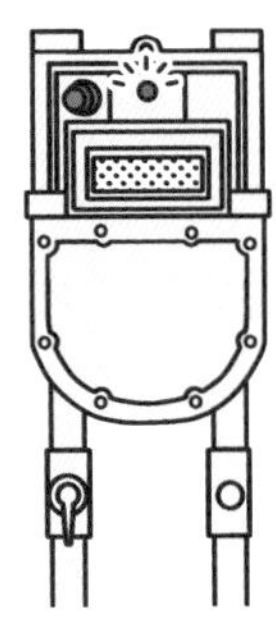

①赤ランプの点滅を確認

ガスは、震度5以上の揺れで自動的にストップする。ガスメーターの赤ランプが点滅していれば、ガスは止まっている。

②ガス機器のスイッチ確認

復帰作業の前に、屋内外にあるすべてのガス機器のスイッチがオフになっていることを確認する。

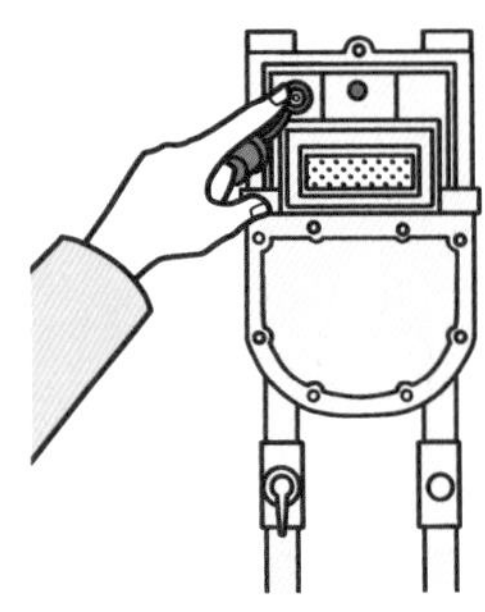

③復帰ボタンを押す

ガスメーターの復帰ボタンのキャップをはずして、ボタンを奥まで2秒ほど押し込む。赤ランプが点灯したあと、再び点滅を始める。

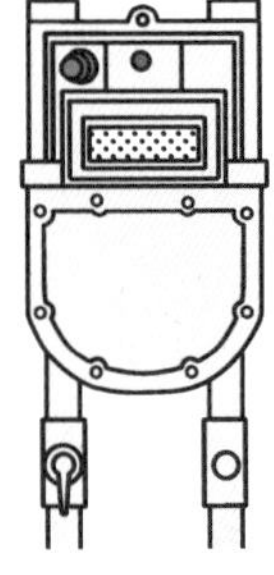

④3分待つ

そのまま3分待って、ランプの点滅が消えたら使用できる。これでガスが使えない場合は、③からやり直す。それでもダメな場合は、管理会社へ相談する。

※復帰方法はガスメーターの種類によって異なる場合がある。

4 水の調達方法

水を効率的に運ぶ方法

大規模災害時、断水は数週間から1カ月に及ぶことがあります。**備蓄の水だけでは足りなくなったら、給水所から水を調達する必要があります**。水は重いので、効率的に無駄なく運ぶ方法を知っておきましょう。

＜ポリ袋・ゴミ袋を活用する＞

給水車が来ても、水を運ぶための容器がなければ給水を受けられません。便利なのがポリ袋やゴミ袋。**袋類はどんな用途にも使えるので、多めに用意しておくとよいでしょう**。バケツやダンボール箱、リュックに袋を被せる際には、水漏れ防止のために袋を二重にします。

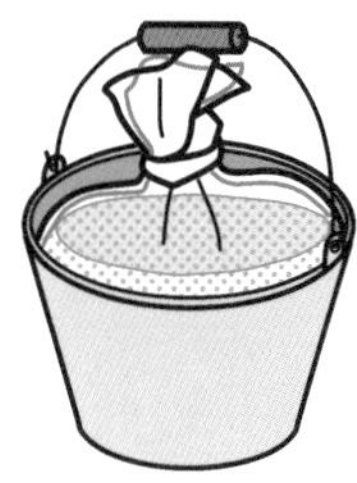

ポリ袋＋バケツ

水を入れたポリ袋を縛り、バケツに入れて運ぶ。取っ手があって持ちやすい。

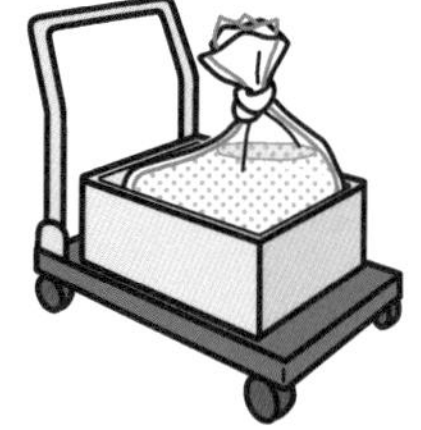

ゴミ袋＋ダンボール箱＋台車

水を入れたゴミ袋をダンボール箱に入れて運ぶ。そのままゴミ袋の封を開けば、水がめにできる。戸建て住宅居住者におすすめ。

ポリ袋＋リュック

水を入れたポリ袋をリュックに入れて運ぶ。階段を上り下りしなければならないマンション住まいの人にとくにおすすめ。

備えよう

ペットボトルやポリタンクに貯水しておく

日ごろからをペットボトルやポリタンクに貯水しておきましょう。使わなかったら花の水やりなどに使い、毎日交換します。非常時は飲料水や生活用水として使い、空になったら給水時の容器として使用します。

非常時に給水を受けられる「災害時給水ステーション」の場所を、水道局のホームページなどで確認しておきましょう。

避難所生活

自治体が指定する学校や公民館などが避難所になります。
知らない者同士が限られたスペースで暮らすため、さまざまなトラブルが起こりがちです。
非常時こそ協力し合い、少しでも過ごしやすい環境づくりが必要です。

知識　備える　避難　アイデア

1 避難所生活のメリット・デメリット

避難所生活のメリット

避難所は、災害によって自宅で暮らせなくなった人が臨時に身を寄せ、生活の場となる場所です。食事や生活必需品の配給など、人だけでなく情報や物資が集まるキーステーションとなるため、災害の規模や状況を客観的に知ることができます。誰もが安心して過ごすためにも、他人への配慮やマナーを守ることが大切です。

二次災害の危険が減り安心できる

災害によってライフラインが停止しても、**避難所には非常用電源が設置されていることがあるため、短時間で電気がつく可能性があります**。また、避難所は学校などの公共施設が指定されていることもあり、一般の住宅に比べて堅牢です。自宅で二次災害のリスクに怯えるよりも安心して過ごすことができます。

情報を得られる

自治体からの情報は、まず避難所に伝えられます。テレビも自治体などから供給され、最新の情報収集に役立ちます。また、うまく電源補給ができればスマートフォンなどを使って外部の情報も得やすく、避難所にいることで多くの情報が手に入ります。

人がいる安心感

余震などの危険がある中で過ごすのは、誰もが不安なものです。**避難所では周りに人がいることがストレスとなる反面、人がいることが安心感に繋がります**。

避難所生活のデメリット

避難所で暮らす人々は、誰もが我慢を強いられています。知らない者同士が暮らす避難所では、プライバシーの問題や人間関係など、トラブルの種はあちこちにあります。どんな状況でも、さまざまな立場の人に対して、お互いに思いやりと支援を忘れないようにしましょう。

常に人の気配や物音がする

避難所では夜中でも人の気配や物音がするため、睡眠不足になりがちです。ゲーム機や携帯電話の画面が周囲の眠りを妨げることもあるので、マナーは守りましょう。**アイマスクや耳栓を用意しておくのがおすすめです。**

感染症のリスクが大きい

大勢の人が密集して暮らす避難所では、感染症のリスクが高まります。こまめな手洗いとうがい、マスク着用、口腔ケアを敢行して、感染症を予防します。**水なしで使える除菌グッズも持ち出し袋に入れておきましょう。**

物資の取り合いなどによる人間関係の悪化

避難所ではストレスにより、ささいなことでトラブルになります。被災直後は**支援物資も届かず、食料や物資の配給が行きわたらないと取り合いやケンカになることも。**落ち着いて、助け合いの気持ちを持って行動しましょう。

衛生環境の悪化

多くの場合、**仮設トイレが設置されても数が足りず、清掃やゴミの回収も行き届かない**ために衛生環境が悪化しがちです。感染症予防のためにも居住区域は土足厳禁を徹底し、水が出ない場合は手指をこまめに消毒するなど、衛生面に気をつけましょう。

1人あたりのスペースは1畳分

避難所での1人あたりのスペースは、平均で1畳ほどといわれます。4人家族で四畳半程度のスペースでは、落ち着くことはできません。**狭い環境でじっとしているとエコノミークラス症候群（→P324）の危険もあるため、定期的な運動やストレッチが大切です。**

プライバシー問題によるストレス

隣との間がダンボールなどの簡単な間仕切りで仕切られただけの空間では、人に聞かれたくない話ができない、着替えに困るなど、プライバシーが守られないことが強いストレスとなります。**更衣室をつくるなどの配慮と工夫が必要です。**

避難所生活のストレスを減らすために

役割分担をする

避難所での生活環境を良好に保つためには、避難者が主体となる「自主運営」の姿勢が重要になります。**避難所の開設・運営にかかる負担が一部の人に偏らないようにするためにも、早い時期に役割分担をしましょう。**避難者それぞれが、自分のできることや得意なことを進んで行うことで共助の気持ちも高まり、運営もスムーズになります。

●避難所での役割分担（例）

総務班
避難者受付、名簿の作成、各班の調整、ボランティア対応、避難者への情報提供、防犯対策・秩序維持

施設班
生活スペースの決定、入浴設備の設営、施設の設営・修理・改善、トイレの確保、汚物処理、避難所の整理整頓、清掃、ゴミ処理

救護班
負傷者の応急手当・看護、避難者の健康管理、避難所の衛生管理、感染予防、要配慮者の支援

食料班
食料・飲料水の管理、必要量の把握、保管食料・飲料水の配給（在宅避難者への対応含む）

物資班
必要物資の管理、必要数の把握・保管、物資の配給（在宅避難者への対応含む）

性別で役割を固定しない

過去の災害では、女性は問答無用に食事係、など性別によって役割を決められてしまうことがあった。性別ではなく、避難者自身が自分のできることや得意なことを進んで手伝うようにする。

＜リーダーはさまざまな立場の人が就任する＞

避難所のルール決めは、それぞれの班から選出したリーダーの話し合いによって決めると効率的です。**リーダーの年齢や性別が偏っていると、そのほかの人たちの要望がくみ取りにくくなります。**老若男女がリーダーになり、さまざまな立場の意見を反映させましょう。

さまざまな人への配慮を忘れない

避難所には、赤ちゃんから高齢者まであらゆる年代の人が集まるだけでなく、妊産婦や外国人、障がいのある人、性的マイノリティの人など、さまざまな背景や生活習慣、宗教、価値観を持った人がいます。**みんなと同じ行動が難しかったり、サポートが必要な人に対しても、思いやりと支援の心を忘れずに接しましょう。**

着替えや下着を干すスペースを決める

プライバシーの確保が難しい避難所では、**人目を気にせず着替えができる更衣室が必要**になります。さらに、性犯罪防止のためにも、**下着だけでも別に干せるような物干し場のスペースを設ける**など、プライバシーに配慮した避難所運営が大切です。

授乳スペースや子どもが安心して過ごせる場所をつくる

乳幼児がいる人には、安心して授乳できるスペースや、可能なら赤ちゃんが泣き出したときに周りに気を使わずにすむような部屋を用意します。また、慣れない生活で母子ともに体調を崩しやすくなるため、体調管理にも十分に気を配りましょう。

困っている人には積極的に声をかける

避難所での共同生活では、困っていても「みんな大変だから」と自分からは言い出せない空気になりがちです。周りをよく見て、困っている人がいないか気にかけましょう。**具体的な支援方法がわからなくても、「何かお手伝いしましょうか」と声をかけてみましょう。**

性別による物資の配布と注意点

生理用品などは、1人ひとり必要な量も違うので、一律配布では十分ではありません。早いもの勝ちになってしまうのもトラブルの元なので、女性用トイレに置いておき、必要な人が使うなど、配布方法に工夫が必要です。女性用トイレを使用できない人のために、多目的トイレにも置いておくとよいでしょう。

知識　備える　避難　アイデア

3 避難所のトイレ事情と使い方

避難所のトイレは不足する

避難所では、「水が出るか」「汚水が流せるか」などの被害状況に応じて、仮設トイレやマンホールトイレなどの災害用トイレが設置されます。しかし、多くの場合、すぐには設置されず、**設置されても収容人数に対して数が少ないのが実情です。避難所へは、コンパクトなタイプの非常用トイレを多めに持参しましょう。**

●避難所に仮設トイレが設置されるまで

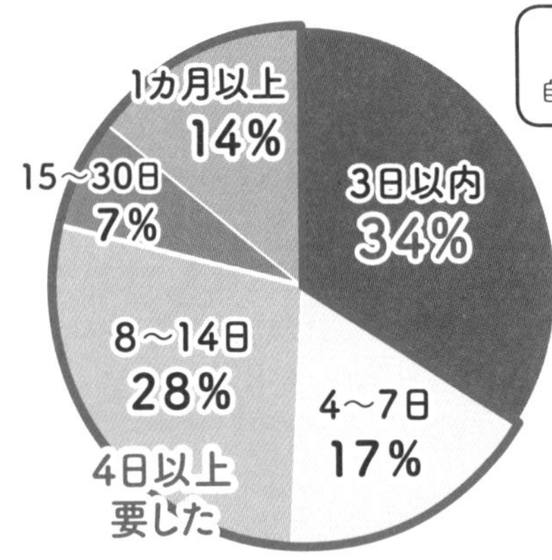

東日本大震災の際に、仮設トイレが3日以内に設置された自治体はわずか3分の1。最も遅かった自治体では2カ月後（65日後）というデータがある。

出典：日本トイレ研究所「東日本大震災3.11のトイレ」

トイレは劣悪な環境になる

仮設トイレが設置されるまでの間、水が流せず使用不可であっても、生理現象は我慢できません。やむを得ずそのまま用を足す人が現われ、トイレはどんどん劣悪な環境になります。**ノロウイルスなどの感染性胃腸炎のリスクが高まるだけでなく、トイレの回数を減らすために飲食を控えて健康を害する危険があります。**安心して用を足せるように、非常用トイレは持参しましょう。

避難所のトイレは和式も多いので、高齢者や子どもはとくに大変です。

避難所でのトイレの使い方

水洗トイレが使えない避難所では、みんなが注意しないとトイレはあっという間に汚れてしまいます。使用の際には全員が清潔を心がけ、手洗いや手指の消毒を忘れないようにしましょう。

●避難所でのトイレの使い方

- □トイレの使用ルールに従う
- □障がい者、高齢者、子どもが優先して洋式トイレを使用できるようにする
- □手洗い、手指消毒をしっかり行う
- □女性と子どもはトイレに1人で行かない（避難所では、トイレに行くときは防犯ブザーを持ち歩くなどして、犯罪予防をする）。

避難所のトイレは暗い

夜間は真っ暗になる可能性がある。手がふさがっていると大変なので、ヘッドライトなど両手が空く明かりが必要。防犯にもなる。

＜手洗いと手指の消毒を徹底する＞

流水と石けんで、しっかり手洗いします。手洗い用の水がない場合はウェットティッシュなどで汚れをふき取ったあと、アルコール消毒液で消毒をしましょう（正しい手洗い方法はP132を参照）。

感染症予防の観点から、自分用の固形石けんを持参するとよい。

消毒液やウェットティッシュは不足する可能性があるので、持参する。

●こんなときは必ず手洗い

- □トイレの後
- □食べものを食べる前
- □ゴミを取り扱った後
- □オムツ交換後、子どもの体をふいたとき
- □切り傷などの手当をする前と後
- □鼻をかんだり、咳やくしゃみをした後

4 避難所での防犯

女性を狙った犯罪

被災者は、誰もが余裕をなくしています。**中には不安やストレスから暴力を振るったり、混乱に乗じて女性を狙った性犯罪なども起こります。**そのようなことが起こらない環境づくりが大切ですが、個人でも対策をしましょう。

＜服装や洗濯物に注意する＞

避難所では、痴漢や盗撮をはじめ、夜間のトイレで襲われたり、寝ているところに忍び込まれたりなど、さまざまな性被害が発生します。**干している服を目印にしてくることもあるので、一目で女性とわかるような服は避けるなどの対策が必要です。**

＜できるだけ1人で行動しない＞

日中でも人気のない場所や周囲の目が届かない場所には近づかず、できるだけ1人では行動しないようにすることが大切です。事前にできる対策として、**避難セットに防犯ブザーや催涙スプレーを入れておき、集団を離れるときは持ち歩くようにしましょう。**

memo

警察や専門窓口へ相談を

性犯罪などのデリケートな問題は、とくに避難所のような狭いコミュニティの中では、被害を隠してしまうことがあります。「＃8103（ハートさん）」にダイヤルすれば、発信地域の都道府県警察の性犯罪被害相談電話窓口に直接繋がります。1人で抱え込まずに専門の人に相談してください。

性犯罪被害相談電話
＃8103（ハートさん）

※緊急を要する場合は110番通報を。
※土日・祝日および勤務時間外は当直で対応。
※一部のIP電話などからは繋がらない場合がある。

子どもを狙った犯罪

避難所では、子どもにまで手が回らないことも多く、被害にあいやすくなります。たとえば、普段なら不審者は地域の情報として周知されますが、災害後はいろいろな人が出入りするため、たとえ見慣れない人が子どもに声をかけていたとしても、支援者かも……と見過ごされがちです。「何かおかしい」と思ったら、迷わず声をかけて犯罪を未然に防ぎましょう。

＜子どもたちだけにしない＞

避難所でのストレスは、一番弱い存在である子どもたちに向かいがちです。ストレスのはけ口として通りすがりにいきなり殴られたり、言葉の暴力を浴びせられることもあります。子どもを1人にしたり、**子どもたちだけにしたりしないように注意し、トイレなどに行く場合も必ず大人が付き添う**ようにしましょう。

窃盗や置き引き、スリなどの犯罪

被災地では“火事場泥棒”が多発し、治安が悪化します。住民が避難した住宅を狙う空き巣だけでなく、ボランティアを装った窃盗団が避難所に入り込んで盗みをはたらくなど、悪質な犯罪もあります。隣や近くになった人とはできるだけ声をかけ合い、お互いに協力して犯罪対策をしましょう。

●対策

- □貴重品は常に持ち歩く
- □スペースを離れるときは家族や信頼できる人に荷物を見ていてもらう
- □人前でお金の話はしない
- □自宅はしっかりと戸締りをする

避難所から、留守にしていた家へ一時帰宅する際は、空き巣と鉢合わせする危険があるため、複数人で行く。

縁故避難・ホテル避難

感染症リスク抑制のためにも、安全が確保できる親戚や知人宅などへの避難もひとつの手段です。避難所が足りないときは自治体がホテルや旅館などの宿泊施設を借り上げるなど、新しい形の分散避難も進んでいます。

知識　備える　避難　アイデア

1 新しい分散避難の形

縁故避難・ホテル避難が有効な状況とは

在宅避難ができないとき、安全な地域で身を寄せることができる親戚や知人宅がある場合は、そちらに避難させてもらいましょう（縁故避難）。危険を逃れて気心の知れた人たちと過ごすことは、とても心強いものです。高齢者や乳幼児がいたり、持病を抱えていたりする場合など、避難所生活が厳しい人にはとくに有効です。また、被害が予測できる災害のときは、事前の避難も検討しましょう。

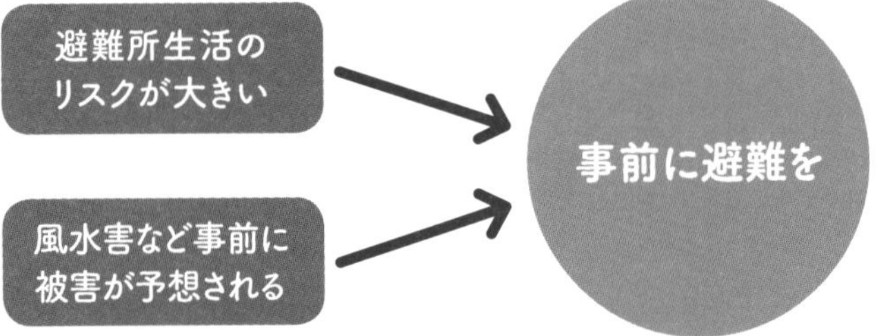

安心して過ごせる環境は心身ともに休まる

親戚や知り合いから避難を相談されたときには、「困ったときはお互いさま」の精神で、できるだけ受け入れる方向で検討しましょう。避難する側は感謝の気持ちを忘れずに。

親戚・知人宅への避難で注意すること

親戚宅や知人宅に避難させてもらうには、日ごろの関係が重要です。**普段から万が一のとき、お互いに助け合えるような関係を築いておきましょう。**また、同じ屋根の下に暮らすことで今まで見えていなかった部分が見えてきて、人間関係がこじれてしまうこともあります。親しき仲にも礼儀あり。お互い、適度な距離感を持って接することが大切です。

事前に親戚や知人と相談しておく

相手が困っているときに手を差し伸べたい気持ちはあっても、さまざまな事情からできないこともあります。親戚宅や知人宅への避難を考える場合は、あらかじめ相談し、**避難させてもらえるかどうか、おおまかに何日間くらいならお世話になることができるか確認しておきましょう。**

避難は"お客さま"ではない

どんなに居心地がよくても、親戚宅や知人宅はホテルや旅館ではありません。**被災のショックがある程度落ち着いたら、家事の手伝いなど、自分でできることを申し出ましょう。**体を動かすことで気も紛れます。気力が戻ったら、できるだけ早めに生活の立て直しを図りましょう。

ホテルへの自主避難で注意すること

風水害など、ある程度事前に被害が予想できる場合は、**状況が悪化する前に自主的にホテルをとり、避難することも選択肢のひとつです。**このときは、もちろん通常の料金が発生します。**非常事態だからといって割引を求めたり、避難所らしい支援は求められません。**

大規模災害時はホテルも営業していない可能性があります。

自治体がホテルや旅館と提携して避難所になることも

災害時における感染症対策のひとつとして、ホテルや旅館などの宿泊施設を避難先として活用できるよう、政府が提携協力を求めています。ただし、利用できる対象者や料金、申し込み方法などは自治体によって異なるため、確認が必要です。

ホテルや旅館が避難所になる場合の概要

●対象となる人

- □高齢者
- □障がい者（身体、知的、精神、発達障がい者）
- □妊産婦、乳幼児
- □要介護者　など

※ 自治体が定めた「避難所での生活に特別な配慮が必要な人」とその家族が対象になる。

●災害後の流れ

①近くの避難所に一旦避難する。

↓

②避難所では、要配慮者の状況を把握し、必要とする支援に応じて「避難所の福祉スペース」、社会福祉施設などの「福祉避難所」、事前に協定を結んでいる「宿泊施設」に振り分ける。

※ 被災状況によっては、直接福祉避難所や宿泊施設に避難することもある。

●料金

- 国の基準では、1泊3食7000円程度（熊本地震と同等の措置）までを自治体が負担することになっている
- 都市部など、地域によっては上記金額では足りないところもあり、1泊につき一律1000円程度の料金を利用者から徴収するなど、利用者の負担は自治体によって異なる

それぞれの基準は自治体によって異なります。家族に要配慮者がいる場合は、あらかじめ相談し、事前登録の必要があれば登録しておきましょう。

ホテル・旅館避難の注意点

被災時に避難できる宿泊施設は、あらかじめ自治体と協定を結んだ施設に限られるため、収容人数には限りがあります。さらに、市区町村によっては管轄内に十分な宿泊施設を確保できないこともあります。**避難所での生活が厳しい要配慮者とその家族を優先的に誘導するため、誰でも利用できるわけではありません。**

自宅から離れた施設に振り分けられることもある

ホテルや旅館などの宿泊施設が避難所となる場合、原則として、**被災者が避難する施設を選ぶことはできません。**そのため、場合によっては自宅から遠く離れた宿泊施設に避難しなければならないこともあります。**避難をする際には、家に帰って足りないものを持ち出さなくてもすむように、十分な準備をしていきましょう。**

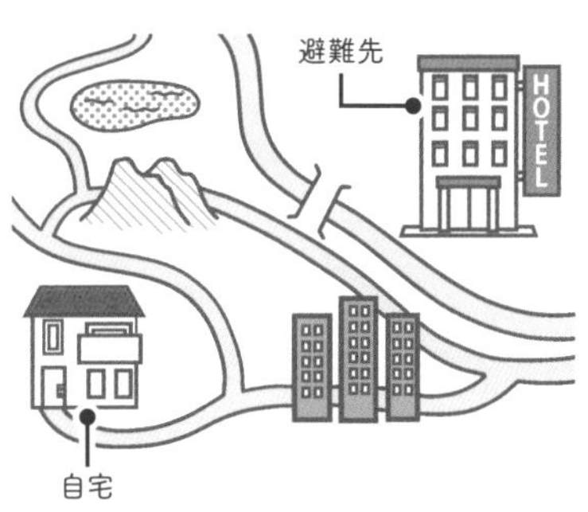

ホテルや旅館に平常時のサービスを求めない

非常時には、ホテルや旅館でも通常のような食事やサービスを提供することができなくなります。大きな災害のときは、被災者を迎えるホテルや旅館の従業員も被災者かもしれません。**宿泊施設に滞在していても、そこはあくまで"避難所"であることを忘れず、無理なサービスを求めない**ようにしましょう。

Check

譲り合いの心を大切に

誰もが、少しでもよい環境で避難生活を送りたいと思うものです。しかし現時点では、すべての人に十分な支援が行き届くとは言えません。自分よりも困難な状況の人、支援が必要な人へ配慮する気持ちを忘れないようにしましょう。支援だけに期待するのではなく、自分でできる対策はあらかじめしておくことが大切です。

ホテルや旅館への避難制度はまだ十分ではありません。過度な期待はせず、自らできる対策を。

Special Column

車中泊・テント泊

在宅避難や知人宅への避難ができず、避難所での生活も避けたいという場合に、
車中泊やテント泊も選択肢のひとつになります。
デメリットもあるため、事前の準備が必要です。

車中泊

子どもやペットと一緒に避難する場合や、プライバシーの確保、感染症の拡大防止などの観点で有効です。車中泊を行うには、水道とトイレが近くにあることが重要なため、日ごろから自宅以外で車中泊ができそうな場所をピックアップしておくとよいでしょう。

車中泊のメリット・デメリット

メリット

- □プライバシーを守れる
- □トランクに水や非常食、避難グッズを積んで家族がまとまって移動できる
- □ペットと一緒に生活できる

デメリット

- □エコノミークラス症候群（→P324）のリスクがある
- □暑さ対策と寒さ対策が必要
- □一酸化炭素中毒の危険がある
- □ガソリン代がかかる
- □避難所から離れていると、情報や支援物資を得にくい

車中泊を快適にする5つのポイント

❶ こまめに体を動かす

狭い車内で同じ姿勢を続けていると、血行が悪くなりエコノミークラス症候群のリスクが高まる。**できるだけ車外に出て、散歩やストレッチなど、体を動かす。**

❷ シートをできるだけフラットにする

シートをフラットにして寝ることで、エコノミークラス症候群の予防になる。シートを倒して段差やすき間がある場合は、クッションや毛布、タオルなどを用いて、できるだけフラットになるように調節する。難しいときは、足元にクーラーボックスなどを置いて足を上げて寝る。

❸ 車内の温度を快適に保つ

車内は夏は暑く、冬は冷えるため、断熱が必要。フラットにした寝床の上には銀マットなどの断熱材を敷く。冬は銀マットを養生テープなどで窓に貼り、夏はフロントガラスをサンシェードで覆う。

❹ 窓をふさいでプライバシーを確保する

窓から中が見えないようにする。プライバシーの確保だけでなく防犯面でも重要。**窓にタオルを挟んだり、グリップにロープを渡して服やタオルをかける**だけでも、目隠しや防寒、日よけになる。

❺ 普段から車中泊避難の準備をしておく

着替えやタオル、非常用トイレ、LED ランタン、ひもやガムテープ、銀マット（できれば厚さ1cm以上のもの）、非常食と水などの防災グッズは、普段からまとめてトランクに入れておく。着替えは年2回、夏用と冬用を入れ替えておくと安心。可能であれば車中泊を体験しておくとよい。

●エコノミークラス症候群 8つの対策

❶ 4～5時間ごとに外に出て散歩や運動をする
❷ 水分をとる
❸ 弾性ソックスを履く
❹ 車の中で座ったまま、つま先とかかとの上下運動と深呼吸を1時間ごとに3～5分行う
❺ 男性はベルトを、女性は下着を緩めて、ゆったりした服装をする
❻ 血行が悪くなるため、足は組まない
❼ 不自然な姿勢で寝ないために、睡眠薬は用いない
❽ 複数名で車中泊する場合は、女性や高齢者をドア側に

出典：日本旅行医学会「車中泊の血栓症予防！」（一部加筆）

Check

車中泊ではエンジンを止める

車中泊での寒暖対策は、窓の断熱のほか、寝袋や寝具で工夫するのが基本です。エアコンをかけたまま寝ると、一酸化炭素中毒の危険があるので、寝るときはエンジンを切りましょう。とくに降雪時は、積もった雪でマフラーがふさがれると危険です。

テント泊

「テント泊」ができると、避難形態の幅が広がります。アウトドアグッズはそのまま避難生活に活用できるものが多いので、家族でキャンプなどを楽しみながら、少しずつそろえていくのもいいでしょう。

テント泊のメリット・デメリット

メリット

- □ プライバシーが守られる
- □ 家族全員が横になって寝られる
- □ ペットと一緒に過ごせる

デメリット

- □ 暑さや寒さ、雨による浸水対策が必要
- □ 周囲の迷惑にならない場所を探す必要がある
- □ 避難所から離れていると、情報や支援物資を得にくい

テント泊を快適にするポイント

❶ 低地や水辺は避ける

川原などの水辺は雨で増水する危険があるのでNG。周囲より低い土地は水の通り道になり、雨のときに浸水してしまうので避ける。

❷ 木の近くは避ける

落雷や倒木の危険があるので木の下も避けたい。鳥の糞などにも悩まされる。

❸ 湿気対策をする

テントの下にはマットを敷いて地面からの湿気や冷えを予防。寝具とテントは毎日干して乾燥させる。

グランドシートを2枚重ねることでも湿気対策ができる。

第6章

使える！防災テクニック

災害時の身の守り方から、限られたものでの避難生活を快適に過ごす工夫など、
知っていると便利なアイデア＆テクニックを集めました。

避難時

KEYWORD

浮く

1 シャツやズボンを浮き輪にする

水の中で、シャツやズボンなどを用いて浮力を得る方法があります。できるだけ空気が漏れないようにすることが重要です。

■シャツを着たまま

なるべく空気を取り込む体勢で

ズボンからシャツの裾を引き出し、襟を立てる。次に、空気が漏れないように片手で左右の襟をしっかり掴む。もう片方の手で裾の前側を掴んでシャツの中に空気を入れる。やや上半身を前側に傾けた状態で水に飛び込めば、中の空気で浮ける。

■ズボンを脱いで

裾とウエスト部分を閉じて

ウエストのボタンやチャックを締めた状態で両足の裾をそれぞれ縛り、さらに両足を結ぶ。ウエスト部分を持って大きく振りかぶって空気を入れ、手でしっかり握って空気が漏れないようにする。股の間から顔を出せばライフジャケットのように浮き上がる。

ペットボトルでライフジャケットを作る

ペットボトルをTシャツに固定すると即席のライフジャケットになります。ペットボトルのキャップとひも状のものを用いてしっかりと固定しましょう。

●必要なもの

●空のペットボトル（500ml なら8～10本）　●T シャツ　●ひも状のもの

1

キャップでTシャツに固定

キャップをはずしたペットボトルをTシャツの中に入れ、外側から布ごとキャップを閉じる。

2

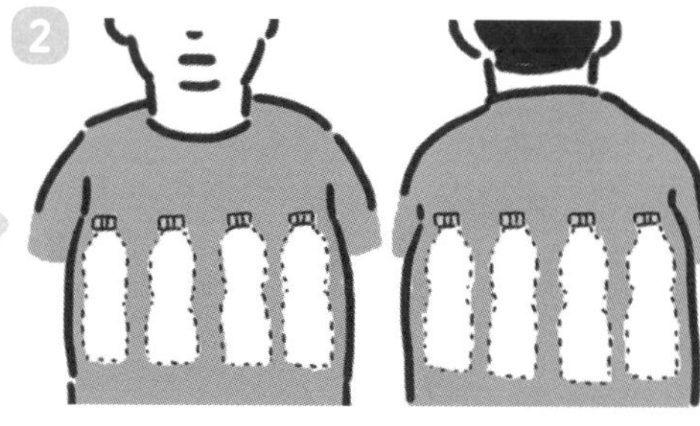

前と後ろに一列ずつ並べる

体の前と後ろに一列ずつ固定する。500mlのペットボトルで子どもは4本ずつ、大人は5本ずつが目安。

3

下側はひもを巻いて固定

水中でT シャツがめくり上がらないように、おなかの部分にひもを巻いて結べば完成。

Check

緊急時にはペットボトルだけでも浮き輪になる

空のペットボトルを抱えるだけでも浮くことができます。1.5L なら1本、500ml なら2本で浮けます。焦ってジタバタせず、静かに体勢をキープすることが重要です。

KEYWORD

移動

1 靴ひもをほどけにくく結ぶ

一刻を争う避難時に、靴ひもがほどけてしまうと、タイミングによっては命に関わります。蝶結びにひと手間加えるだけでほどけにくくなるので、普段から実践しましょう。

1

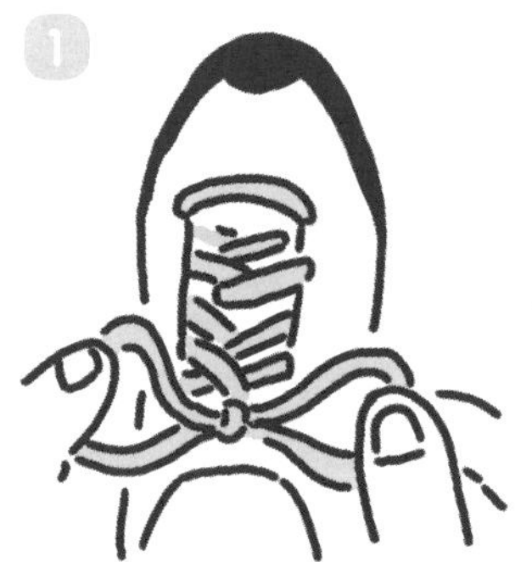

蝶結びしてできた左右の輪をそれぞれの指でつまむ。

2

つまんだ左右の輪を、固結びする。

3

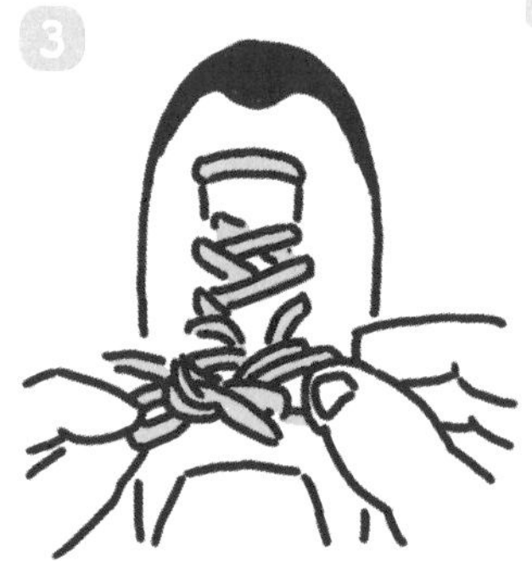

緩まないように、しっかりと固く結ぶことがポイント。

蝶結びした上で固結びをしているので、意外とほどくのは簡単。

2 靴ひもを疲れにくく結ぶ

避難時には、徒歩での長距離移動を余儀なくされることがあります。ただでさえ緊急時で心身ともに疲弊していく中、足への負担はなるべく減らしたいところ。「パラレル」という結び方は足への負荷が分散され、負担が軽減されます。

1

最初の穴に靴ひもを上から通し、右のひもを左3列目に、左のひもを右2列目に下からそれぞれ通します。

2

右2列目の穴に通したひもを左2列目の穴に上から通す。さらに、右4列目の穴に下から通す。

3

左3列目の穴に通したひもを右3列目に上から通し、さらに左5列目に下から通す。

4

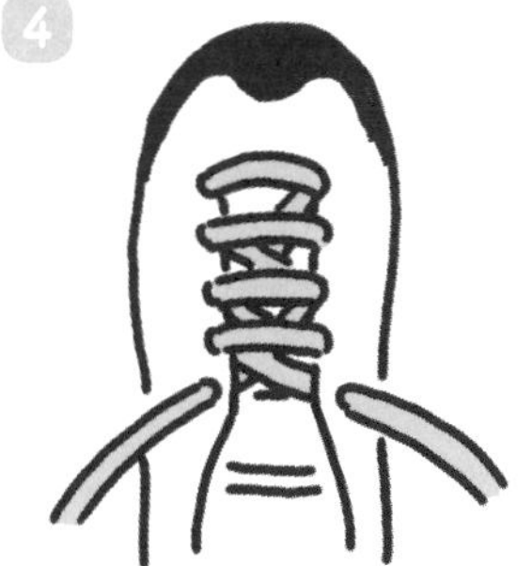

2・3を交互に繰り返して最後の穴まで通す。最後は左右のひもを結んで完成。

Check

避難用の靴は普段から履き慣れたものをセレクト

避難時の靴は、丈夫で底の厚いものが適していますが、普段から履き慣れていないと、いざというときに靴ずれなどのアクシデントを起こす可能性があります。専用の靴を用意したら、履き慣らしておくことを忘れずに。

3 重いものを軽くする

実際に重量が軽くなるわけではないですが、軽く感じることができるテクニック。重いものと軽いものを一緒に運ぶ際には、重い荷物を上にすると軽く感じられます。リュックの荷物の詰め方にも応用できます。

■複数の荷物を運ぶときは重いものを上に

重心を上にすれば軽くなる

軽い荷物を下、重い荷物を上にして運ぶと、重心が上になって、重い荷物も軽く感じられる。ただし、ものの形や大きさによってはバランスを崩しやすくなるので、注意が必要。

重ねられる箱がないときは、上部右側の角と底部左側の角といったように、上下の対角線上で持つと持ちやすくなります。

■リュックに荷物を詰めるときは重いものを上に

上下だけでなく、全体のバランスも考えて

リュックサックにものを詰めるときも、重いものを上にすると軽く感じる。バランスを崩さないように、重いものは背中側の肩甲骨から肩ぐらいの高さに、軽いものは外側の下のほうに入れるのがおすすめ。

歩いたり走ったりしても揺れないものだと、さらに軽く感じられます。体にフィットした、チェストストラップやウエストストラップのあるリュックサックがおすすめです。

ズボンでリュックサックを作る

避難時は両手が自由になるリュックサックが、何より便利。急遽、追加のリュックサックが必要になった場合は、ズボンを使って簡単に代用リュックを作ることができます。

●必要なもの

●長ズボン　●2m程度のひも

1

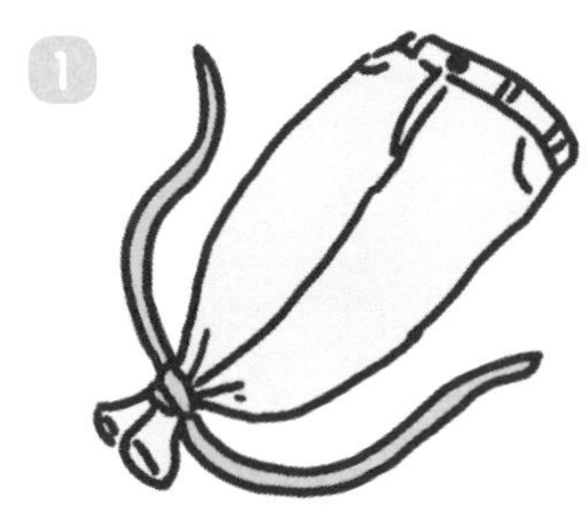

長ズボンの両裾をひもで束ねる。残りのひもの長さは、両側が均等になるようにしておく。

2

長ズボンをひざのあたりで折り、縛ったひもの残りを、ベルト通しにぐるっと一周通す。

3

股上部分に空間ができているので、荷物を入れる。股下の両足部分は肩ベルトになる。

4

ベルト通しに通したひもをきっちりと結び、ふたをすれば、中のものが飛び出ることもない。

KEYWORD

SOS

1 正確な現在地を伝える

救急車や消防車を呼ぶときに、正確な現在地を伝達できる方法を紹介します。スマートフォンなどのGPSでは正確な住所が表示されないこともあるので、注意しましょう。

■自動販売機の住所表示を確認する

住所表示ステッカーを確認

屋外に設置された自動販売機には、住所が表示されている。

■信号機の管理番号を伝える

番号だけで伝えられる

事故や事件の際にも使えるように、信号機の管理番号は警察などで管理されている。

■標識の管理番号を伝える

すべての道路標識にある

各道路標識に表記されている道路標識管理番号でも、現在地を伝えられる。

■電柱番号を伝える

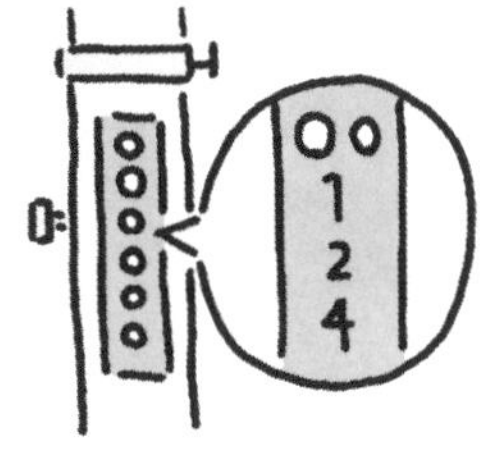

住所表示がなくても大丈夫

すべての電柱に「区域名＋番号」のような電柱番号がついている。

光や煙で救助を呼ぶ

山中での遭難時や、洪水などで避難が遅れて取り残された場合などには、救助ヘリなどに現在地を知らせなければなりません。光や煙を発していれば遠方や上空からでも見つけてもらいやすいです。

■鏡の反射で

太陽光を反射させる

晴天時であれば鏡やCDの銀の面を使い、太陽光を救助ヘリに向けて反射させる。懐中電灯よりも目立つ。

■焚き火で

3本の煙は国際標準

焚き火の煙も発見してもらいやすい。三角形に3本の煙を上げる3点焚き火は、国際的なSOSサイン。延焼しないように注意する。

■夜間は懐中電灯で

光で輪を描く

災害救助は昼間が基本だが、夜に助けを求める場合は懐中電灯の光も有効。輪を描くように動かす。

鏡の反射で救助を呼ぶときは、専用の「シグナルミラー」があると角度を調整しやすいです。登山の際は携帯しておくのがおすすめです。

光が届いたと思っても相手がこちらを見ているとは限らないので、根気よく続けましょう。

避難生活

KEYWORD

明かり

1 懐中電灯をランタンにする

懐中電灯は光が直線的で広範囲を照らせないという弱点があります。ペットボトルやレジ袋を利用して光を乱反射させれば、簡易的なランタンになり、周囲を広く照らすことができます。

■ペットボトルを利用する

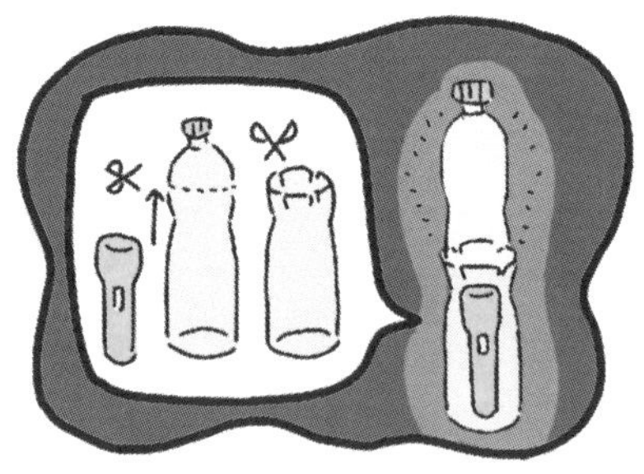

中の水が光を乱反射

空のペットボトルを用意し、懐中電灯の長さより高い位置で縦4カ所に切り込みを入れ、中に懐中電灯を入れる。その上に、水を入れた別のペットボトルを重ねる。下のペットボトルはコップでも代用できる。大きな懐中電灯であれば、懐中電灯の上に直接水入りのペットボトルを置くだけでもOK。

■白いレジ袋を利用する

レジ袋で光を乱反射

懐中電灯の先の部分を白いレジ袋で覆うだけでも、光が乱反射して広範囲の明かりが得られる。光を通して乱反射させる素材であれば同様の効果が期待できるので、くしゃくしゃにしたトイレットペーパーや新聞紙などでも代用できる。

※長時間使用すると熱を帯びるタイプの懐中電灯は、発火の危険があるので、熱くなったら使用を中止する。

身近なもので簡易ランプを作る

停電時にランタンや懐中電灯の電池が切れた場合はローソクの出番。しかし最近はローソクを常備しない家庭も増えています。そこで、ローソク代わりに身近なものを簡易ランプにする方法を紹介します。

■ツナ缶※で

1缶で1〜2時間もつ

缶切りやキリなどで缶に穴を開け、綿のひもや、こよりにしたキッチンペーパーなどを芯として差し込む。数分おいて芯に油が浸透したら、火をつける。火が消えたら普通に食べられる。

■バターで

約100gで4時間もつ

皿に立てた角切りバターにつまようじで穴を開け、綿のひもや、こよりにしたキッチンペーパーなどを、芯として差し込む。芯の先に軽くバターを塗り、火をつける。

※ 油漬けでない水煮は使用不可。油漬け・オイルサーディン系の缶詰ならツナ缶以外でも使用できる。

■サラダ油で

アルミホイルで固定

耐熱のコップにサラダ油を入れ、綿のひもや、こよりにしたキッチンペーパーなどを芯にして、アルミホイルで固定する。芯に油が浸透したら火をつける。

どの簡易ランプの場合も火事の危険があるので、その場から離れる際は必ず火を消してください。

地震発生直後はガス漏れや、飛散した木くずなどへ燃え移る危険があるため、火を使うのは避けましょう。

KEYWORD

水

1 水をろ過して飲料水にする

飲料水が足りなくなった際に、身近なものを使って飲料水以外の水をろ過して飲めるようにする方法を紹介します。アウトドアや防災グッズとして携帯浄水器も多く売っているので、そうしたグッズも防災バッグに入れておくと安心です。

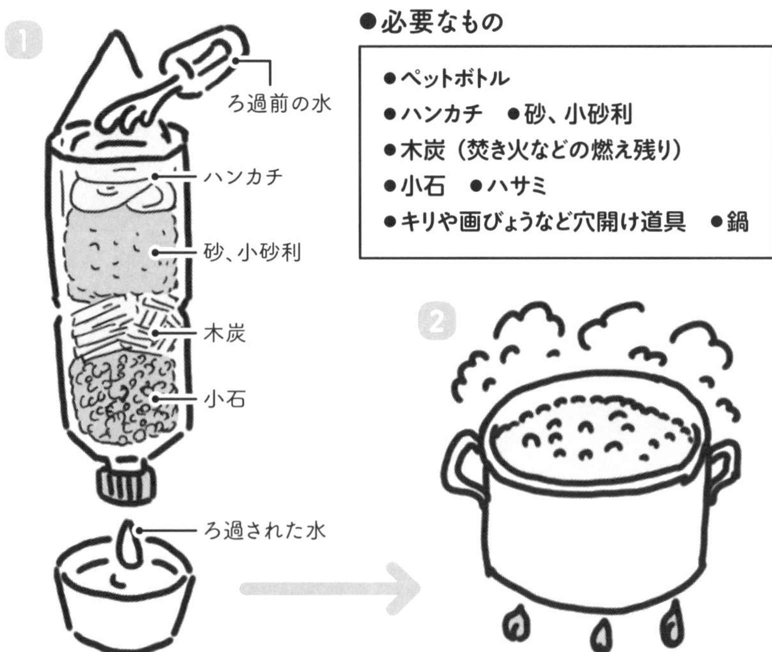

ペットボトルのキャップに直径3mm程度の小さな穴を開ける。ペットボトルの底を切り、中に下から、図のように入れて層を作れば、ペットボトルろ過器の完成。上から少しずつ水を入れてろ過する。

ろ過した水はそのままでは危険なので、必ず10分以上煮沸殺菌する。ただし、鉱物や農薬、洗剤など化学物質が溶け込んだ水には効果がないので、そういった水は使わない。

海水を真水にする

海の近くであれば大量にある海水を鍋にかけて蒸留し、真水にする方法があります。蒸留した水はその日のうちに飲みきるようにしましょう。

●必要なもの

●大鍋　●中華鍋　●タオル　●耐熱容器　●石（洗っておく）

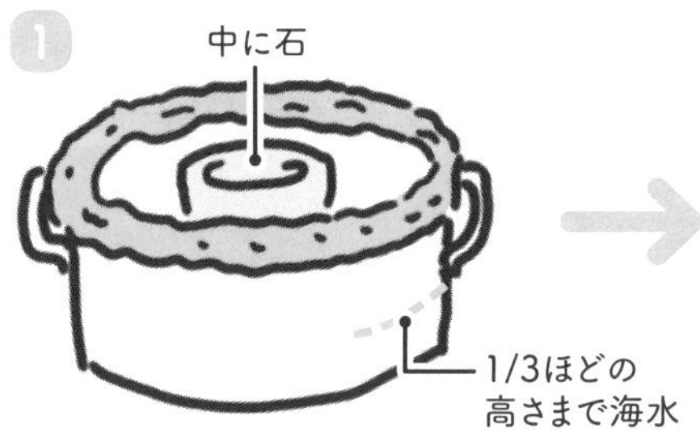

海水を1/3ほどの高さまで入れた大鍋の中央に、重しの石を入れた耐熱容器を置く。大鍋のフチにタオルを巻く。

大鍋の上に海水を入れた中華鍋をのせる。途中でひっくり返らないようにバランスに注意する。

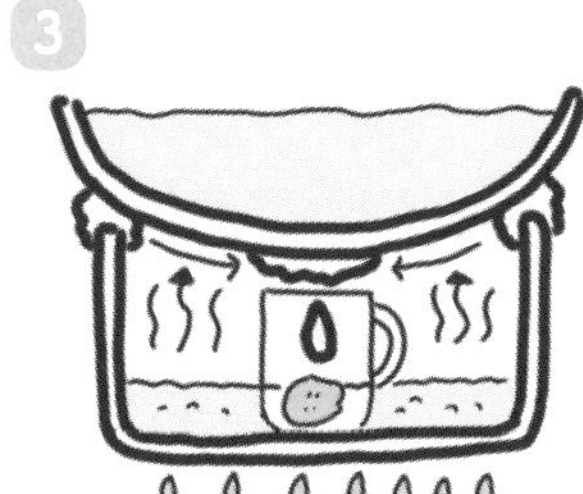

2を火にかける。やがて大鍋の中の海水から水蒸気がのぼり、中華鍋に当たって冷やされ、中華鍋の底を伝って耐熱容器の中に落ちていく。

Check

貴重な水をうまく使う工夫をしよう

水はできるだけ1回では捨てず、使い回します。飲料水や調理にはきれいな水を使いますが、トイレを流すための水は、手を洗ったときの水などでも十分です。また食器を洗うときは、大きな汚れは先にふき取っておき、「洗う用（洗剤入り）」「すすぎ用」「仕上げ用」と、水を3つのバケツに分けて行うと、節水になります。

3 ペットボトルの簡易蛇口で節水する

手やものを洗うなど、生活用水としても貴重な水を少しでも節約するためには、ペットボトルで作る簡易蛇口が便利です。適量の水が出てくるうえ、両手を同時に洗うこともできます。

■作り方

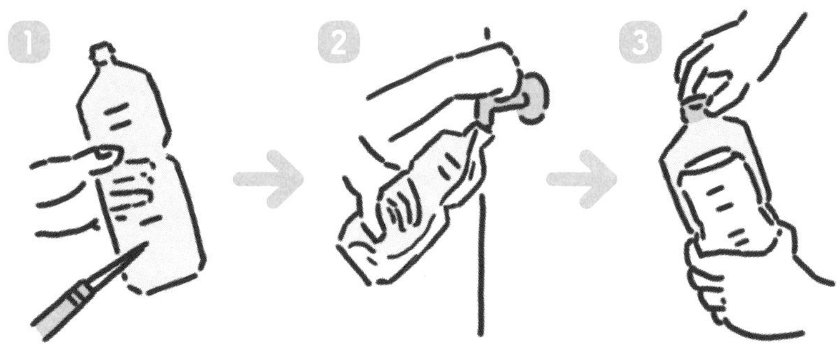

1 ペットボトルの下のほうにキリなどで2～3mmほどの小さな穴をひとつ開ける。

2 穴を指で押さえてふさぎながら、ペットボトルに水を入れる。

3 穴を指で押さえたまま、キャップを閉めて密閉する。

■使い方

水を出すには

閉めていたキャップを緩めると、自動的に水が出てくる。

水を止めるには

使い終わったら、キャップを閉めれば水が止まる。

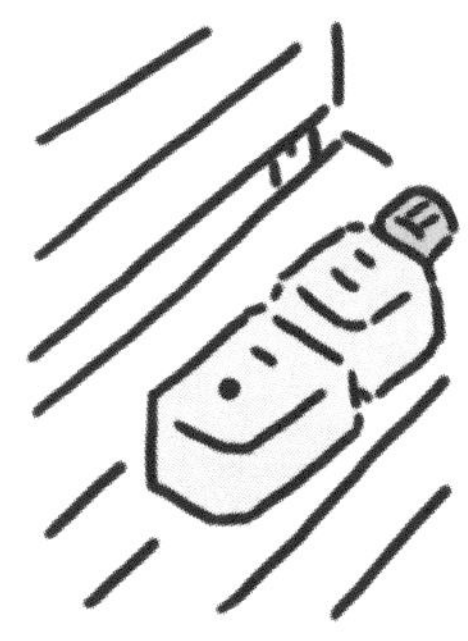

使わないときは

穴を上に向けて横にして置いておけば、水漏れを防げる。

ペットボトルでシャワーを作る

ペットボトルのキャップにいくつも穴を開けることで、シャワーヘッドにすることができます。一度に出したい水の量によって穴の大きさを変えたキャップをいくつか用意しておけば、用途に合わせて使い分けられて、節水にも繋がります。

1 ペットボトルのキャップに、小さな穴を数カ所開ける。ペンであらかじめ印をつけておくとわかりやすい。画びょうなどで簡単に開けることができる。

2 ペットボトルに水を入れ、1のキャップを閉めれば、簡易シャワーが完成。キャップのサイズは、どのボトルもほぼ同じなので、穴を開けたキャップを数種類用意しておくと便利。

Check

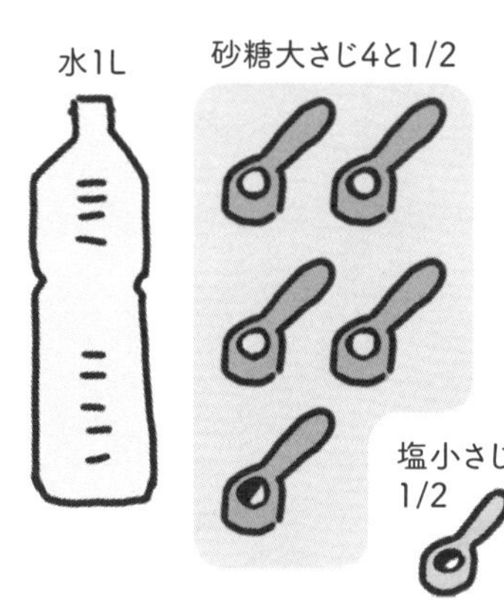

熱中症対策にも大活躍 経口補水液の作り方

経口補水液とは、水に食塩と砂糖を溶かした液のこと。吸収率が水の約25倍よいため、主に脱水症状の応急処置などに使われます。作り方は、水1Lに対して砂糖40g（大さじ約4と1/2）、塩3g（小さじ約1/2）を入れて溶かすだけ。避難生活時の熱中症対策や脱水症状防止に活躍します。

KEYWORD

火

1 乾電池で火をおこす

乾電池とスチールたわしで火をおこす方法があります。やけどをしないように革手袋などを着用して行いましょう。

●必要なもの

●乾電池×2個（同じ種類のもの） ●スチールたわし　●革手袋など

スチールたわしの上に、マイナス面を下にした乾電池を置く。もう1つの乾電池を、マイナス面を下にして先に置いた乾電池に重ねて置く。スチールたわしを伸ばして、上の乾電池のプラス面に接触させると通電し、スチールたわしが発火する。

2 新聞紙で薪を作る

避難生活では、ちょうどよい薪は手に入りにくいもの。新聞紙を使って紙薪を作ることができます。

●必要なもの

●新聞紙1日分程度　●水適量 ●バケツ　●棒状のもの

1

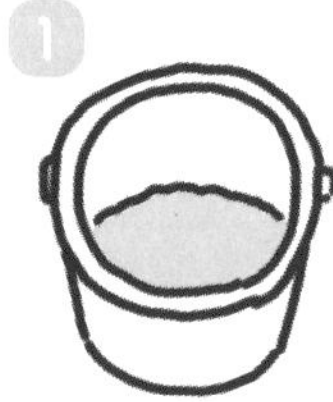

水を入れたバケツに、ちぎった新聞を入れて混ぜ溶かし、どろどろにする（インクで手が汚れるので注意）。

2

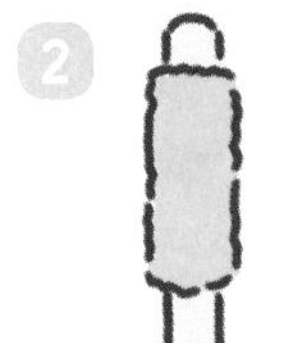

1を手で絞って水けをとりながら、棒状のものに巻きつけて形成する。

3

棒から引き抜き、天日で乾燥させる（完全に乾燥させるには4～5日かかる）。できた紙薪は一瞬で燃え尽きず、安定した火力が得られる。

空き缶（アルミ缶）でコンロを作る

避難生活が長引き、カセットコンロのガスが切れてしまったら、アルミの空き缶で作れる簡易コンロが役立ちます。

●必要なもの

●空き缶（アルミ缶）350ml×3本　●ハサミ　●定規
●アルミホイル（25cm幅）　●つまようじ
●キッチンペーパーなど　●サラダ油

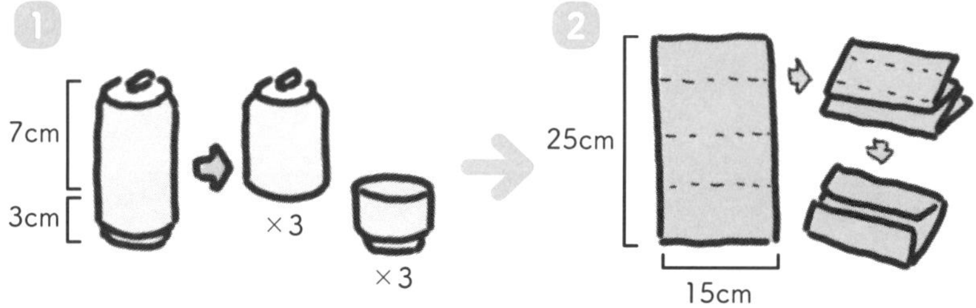

①空き缶3本を、それぞれ上（飲み口があるほう）が約7cm、下が約3cmの高さになるようにハサミで切る。

②アルミホイルを15cm幅に3枚切り、それぞれ図のようにじゃばらに四つに折る。その後、さらに内側に折る。

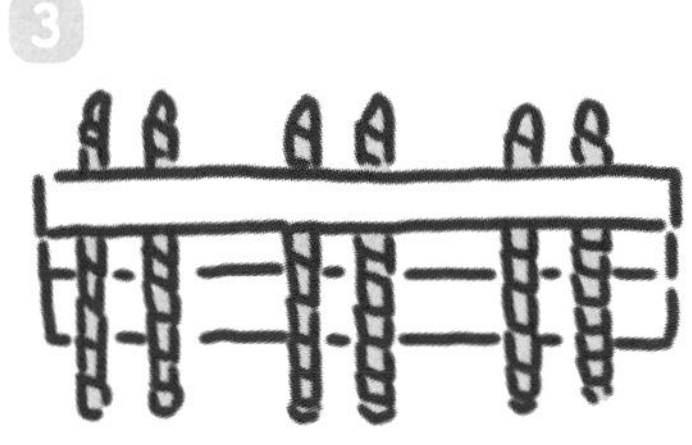

③②の上部につまようじなどで、2個ずつ間隔を空けて計6個穴を開ける。キッチンペーパーなどを細くねじって作った芯を差し込む。このときアルミホイルから芯の頭が3mm程度出るようにする。残りも同様にして作る。

④③を輪にして高さ約3cmのほうの空き缶に収める。サラダ油を、芯がしっかりつかる程度（缶の半分くらいまで）注ぐ。サラダ油が入った空き缶3個を内側に、その外側に残りの空き缶3個を図のように並べてセットする。芯にサラダ油が浸透したら火をつければ、コンロの完成。

KEYWORD

調理

1 空き缶(アルミ缶)でごはんを炊く

ガスが使えず、道具もないというときは、アルミ缶を使うとごはんが炊けます。アルミ缶を2つ使い、ひとつをカマドに、もうひとつを釜にして重ねることで、1合弱の米が炊けます。

●必要なもの

- ●空き缶(アルミ缶)350ml×2本
- ●缶切り　●ナイフ(カッター)
- ●目打ちやキリなどの穴開け道具
- ●割り箸　●アルミホイル　●小石
- ●タオル　●米(1合弱)　●水
- ●燃料(小枝、細く切った牛乳パックなど)

1 まず、カマドを作る。缶の上ぶたを缶切りで切り取り、キリなどで上部3カ所に空気穴を開ける。側面をナイフで切り抜き、燃料を入れる焚口(たきぐち)を作る。

2 もうひとつの缶も同様に上ぶたを缶切りで切り取り、中を水ですすぐ。1合弱の米と水を入れてから、割り箸を使って3～4回研ぐ。水を捨てて米と同量の水を入れる。

3 2にアルミホイルでふたをし、重しとして小石をのせてから、1にのせる。焚口に小枝や細く切った牛乳パックなどの燃料を入れて火をつける。火を絶やさず、焦げないように様子を見ながら約30分間火にかける。炊きあがったらタオルなどを使ってやけどに気をつけながら火からおろし、缶を逆さにして5分間蒸らしたらできあがり。

2 ポリ袋でごはんを炊く

ガスが供給されていたり、カセットコンロがあれば、耐熱性のポリ袋を使ってごはんが炊けます。鍋で炊くよりも水の節約になり、同時にほかの食材を湯せんすることもできて便利です。

●必要なもの

- 耐熱性のポリ袋
- 鍋　●耐熱皿
- 米（1合）　●水　●トング

1

ポリ袋に米1合と同量の水を入れ、30分おいてから袋の空気を抜いて、口を閉じる。

水をトマトジュースに変えて、コーン缶やツナ缶、塩などで調味したりと、アレンジも楽しめます。

2

ポリ袋が鍋底にくっつかないように、耐熱皿を敷く。1を入れたときに中の米が浸かるぐらいの高さまで水（きれいでなくてもOK）を入れて、火にかける。沸騰したら、1を入れて20分ほど中火にかける。

3

炊きあがったら火を止め、そのまま鍋の中で5分間蒸らせば完成。透明な袋に入っているので、炊きあがり具合を目で確認できる。

道具なしで缶詰を開ける

備蓄品や救援物資の中にはプルトップ型ではない、缶切りが必要な缶詰もよく含まれています。しかし被災時には、缶を開けるための道具が何もないことも。少し力が必要ですが、道具なしで缶詰を開けられる方法を紹介します。

接合部分をこすって削る

缶詰のふたは、フチの接合部分が削れると取れる構造になっている。そのため缶詰のふたのフチを、コンクリートやアスファルトに円を描くようにゴシゴシこすりつけると、ふたを開けることができる。ただしふたをはずす際に、中に砂やゴミが混入しないよう、気をつける必要がある。

スプーンで缶詰を開ける

スプーンを缶切り代わりにして缶詰を開けることができます。通常の缶切りで開けるときと比べて力が必要で、切り口のギザギザが鋭くなるので注意しましょう。

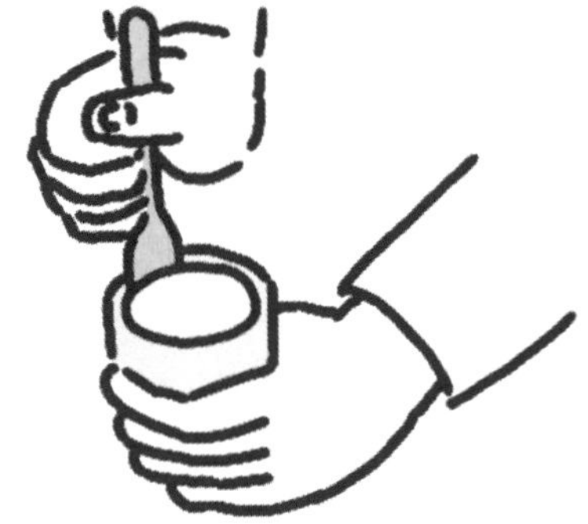

スプーンを缶切り代わりに使う

スプーンの柄の根元部分をしっかりと握り、缶詰のフチにスプーンの先を強く押し当ててこする。こすったところに穴が開いたら、そこから缶切りの要領で前後にスプーンを動かし、穴を広げていく。

5 カップ麺を水で作る

電気やガスが使えないときはカップ麺用のお湯を沸かすのもひと苦労です。しかし、カップ麺はお湯の代わりに水を使っても作ることができます。時間は少しかかりますが、おいしく食べられます。

■カップラーメン

スープが冷たいので夏の暑いときにも、するすると食べられる。

■カップ焼きそば

約20分

節水のため注ぐ量を少なめ（麺が隠れるくらい）にしても。

■カップうどん

約60分

麺が太いのでより時間がかかるが、その分食べごたえがある。

袋麺の場合も、袋の上部を開けて水を注ぎ、15分ほど待つと食べられます。袋の中で少し麺を割ってから水を注ぐと、少ない水で麺を戻すことができます。

KEYWORD

食器

1 チラシで食器を作る

チラシや新聞紙で簡単に食器が作れます。ラップやポリ袋をかぶせて使いましょう。小物入れやゴミ入れとしても使え、使用後はそのまま捨てることもできます。

1 チラシを縦半分に折り、さらに横半分に折る。

2 折った部分に手を入れ、三角形に開き潰す。

3 反対側も同じように開き潰した後、1枚めくる。反対側も同様にする。

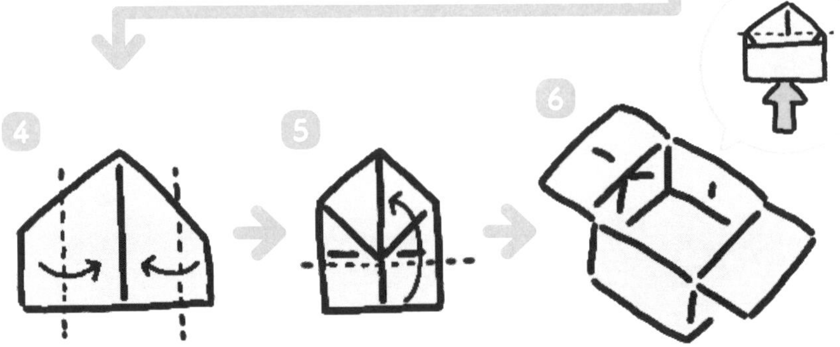

4 上の1枚を両端から中心に向けて折る。反対側も同じようにする。

5 図のように下から上に折る。反対側も同じように折る。

6 折った部分を外側に広げて開き、底を作れば完成。広げる前に上図の点線部分に折り目をつけておくと、底が作りやすい。

2 ペットボトルや牛乳パックで食器を作る

空いたペットボトルや牛乳パックでも食器を作ることができます。紙よりも丈夫なので安定します。用途に合わせて工夫しながら作ってみましょう。

■ペットボトルで食器を作る

1

2Lの角型ペットボトルの飲み口部分を切り取り、縦半分に切る。

2

図のようなトレイが2つできあがる。手を切らないように注意。

■牛乳パックでスプーンを作る

1

500mlの牛乳パックの飲み口部分を切り取ってから、縦4つに切り分ける（図はひとつだけ切り分けた状態）。さらに、図の濃い部分を切り取る。

2

切り取った角の部分がスプーンに。切る角度を変えれば、すくう部分の深さが調節できる。

Check

ポリ袋やラップを活用して、食器を洗わずに使いまわす

災害時には水が貴重なので、使い捨て食器のほうが毎回洗うより合理的な場合も。通常の食器もポリ袋やラップをかぶせて使えば、食器を汚さずにすみます。

KEYWORD

簡易家具

1 ダンボールで椅子を作る

避難所では長い間、冷たくて硬い床や地面にしか座れないことも多く、おしりが痛くなりがち。そんなときは、ダンボールの椅子を活用しましょう。安定して座れて、軽いので楽に持ち運べます。

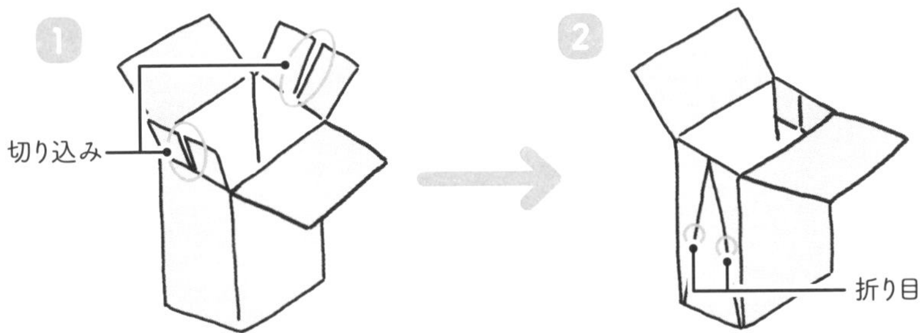

1 短いほうのふたの中央に切り込みを入れ、内側に折り込む。もう一方も同様にする。

2 1の切り込み部分を起点に、底の両隅に向けてカッターの逆刃で折り目を入れる。完全に切れてしまわないように力加減に注意。反対側も同様にする。

3 カッターでつけた折り目に合わせて内側に押し込み、長いほうのふたを両側からかぶせて重ねれば、台形になる。

4 重ねたふたの両側に、図のようにななめの切り込みを3cm程度入れて、内側に折り込む。ふたが浮かないようにしっかりと折り込めば、丈夫な椅子の完成。

2 ダンボールでベッドを作る

救援物資を配り終えた後の空き箱などのダンボールが大量にあれば、ベッドを作ることも可能です。避難所に避難者が多い避難初期段階はスペースが足りずに難しいですが、避難生活が長引く場合は作ってみてもよいでしょう。

●必要なもの

●ダンボール箱×16個　●ハサミ（またはカッター）　●ガムテープ

1

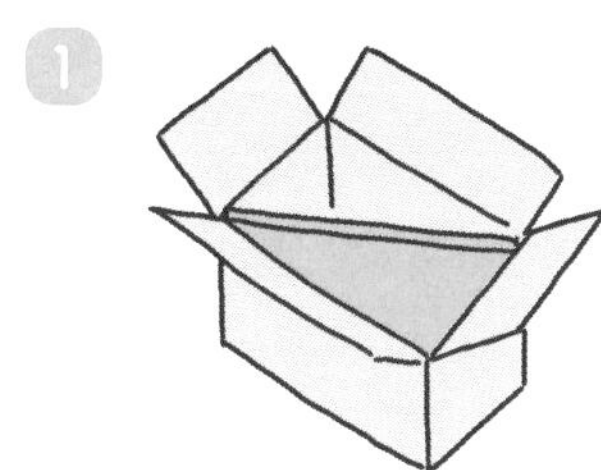

箱の底をガムテープで閉じた後、同様にふたも閉じる。このとき、箱の中に補強用のダンボール板を図のように入れると、強度が増す。

2

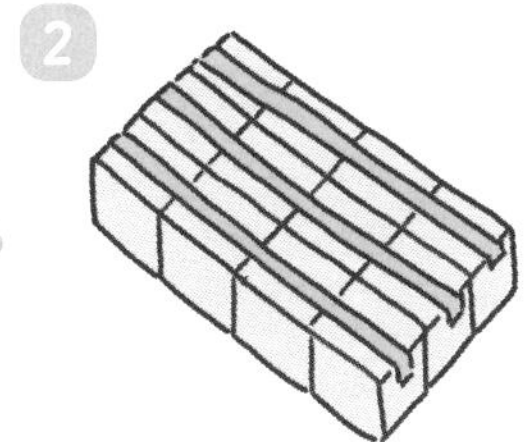

①の作業を繰り返し、同じものを12個用意する。4個×3列に並べ、図のように1列ごとにガムテープでまとめる。

残り4個のダンボール箱は、図のように切り開いて平らなダンボール板にする。外から見える部分になるため、なるべく状態のいいものを選ぶ。

4

③のうち2枚を②の上に敷き、残り2枚を図のように立てて②の頭側に貼り、仕切りにしたらできあがり。床で寝るよりも体が痛くなりにくく、ほこりのたまった床から体を離すことができる。

ダンボールを繋げるだけでも寝床になる

十分なダンボール箱とスペースが確保できない場合、数個のダンボール箱をトンネルのように繋げてその中で寝る方法もあります。シンプルですが防寒やプライバシー確保の効果があり、そのまま寝るよりは寝心地がよくなります。

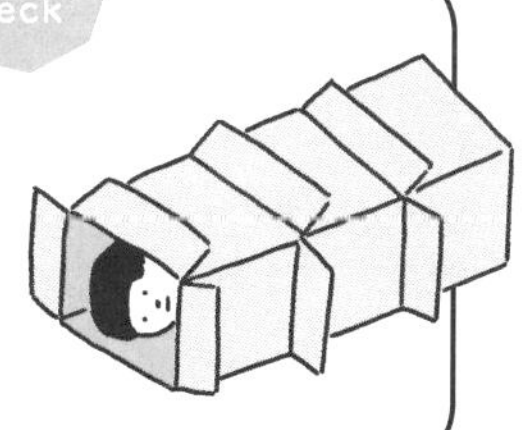

KEYWORD

乳幼児

1 タオルを抱っこひもにする

小さな子どもとの避難生活において、抱っこひもがあるのとないのとでは負担がかなり違います。そこで、抱っこひもを持って避難できなかった場合などに便利な、タオルを使って子どもを抱っこする方法を紹介します。

1

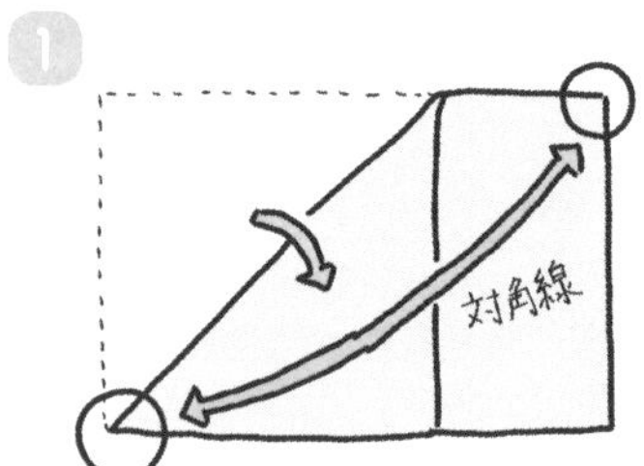

バスタオルなど大きめのタオルを用意して、一方の端を三角に折る。折ってできた角と対角線の角を合わせ、2回きつく固結びしたら準備は完了。

2

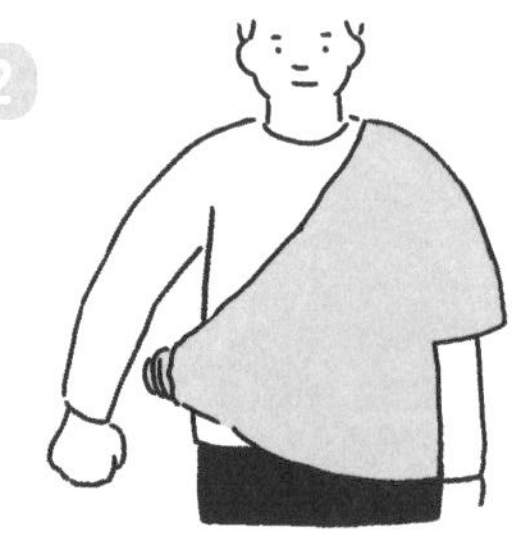

1で三角に折ったほうが上になるよう、頭からタオルを通してたすき掛けにする。タオルの結び目が、体の真横よりやや背中側にくるようにする。

3

子どもを担ぎ上げて、上から中に入れる。子どもの股の間からタオルの角を通して引き上げ、抱っこする人と子どもとの間に挟む。

4

抱いている間は、落下防止のため手を添えておくこと。抱っこする人と子どもをできるだけ密着させ、できれば抱っこする人のへその上あたりに子どものおしりがくるようにすると、より安定する。

レジ袋とタオルでおむつを作る

乳児や幼児がいる家庭にとって、被災時や避難生活での子どものおむつ問題はかなり切実。この簡易おむつはタオルを取り替えれば繰り返し使え、取り替えたタオルを洗えば再利用もできます。

●必要なもの

●レジ袋　●タオル（フェイスタオル）　●ハサミ

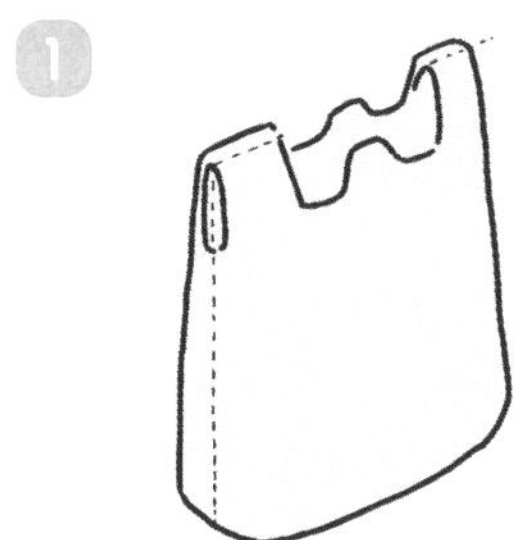

大きめのレジ袋を用意して、持ち手の端と袋の両脇を切って開く。

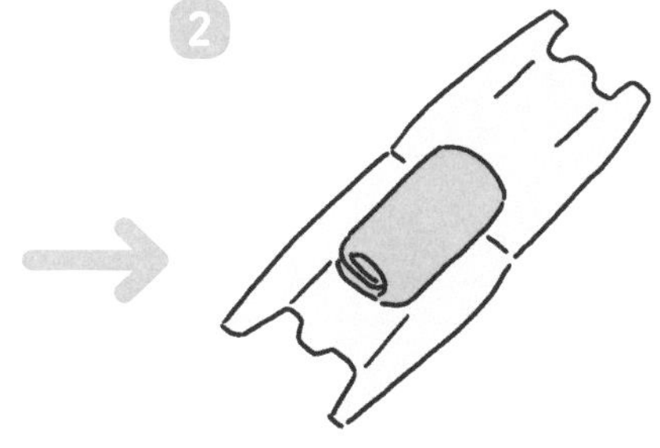

開いたレジ袋の真ん中より少し下の位置に、清潔なタオルを適当な大きさにたたんで置く。

タオルがおしりからおへその下あたりまで包めるように子どもを寝かせる。おなかの両側で袋の持ち手をそれぞれ結ぶ。

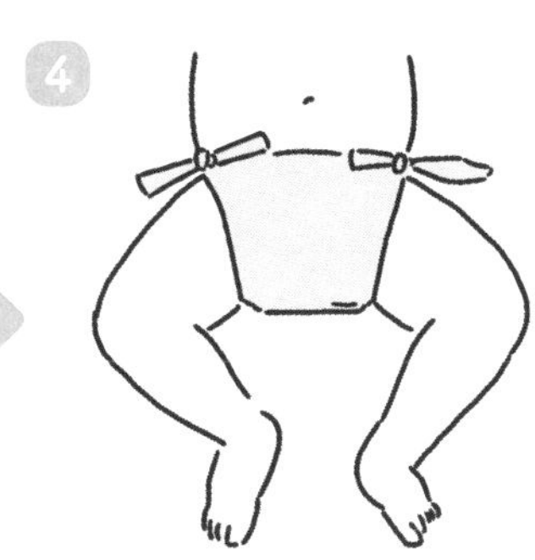

子どもが動いてもずれないようなら完成。袋が肌とこすれないように注意する。タオルはなるべくこまめに取り替えること。

KEYWORD

衛生

1 ペットボトルでハエ取り器を作る

被災後しばらくは、ゴミや下水の管理が行き届かなくなります。感染症対策はもちろん、心身の健康のためにも、衛生的な環境を維持するはとても大切です。ハエ取り器の作り方を覚えておきましょう。

●必要なもの

●ペットボトル　●日本酒70ml　●砂糖100g（約大さじ11）
●酢50ml　●カッター　●ひも

1

ペットボトルに日本酒、砂糖、酢を入れ、キャップを閉めてよく振り、混ぜ合わせる。

2

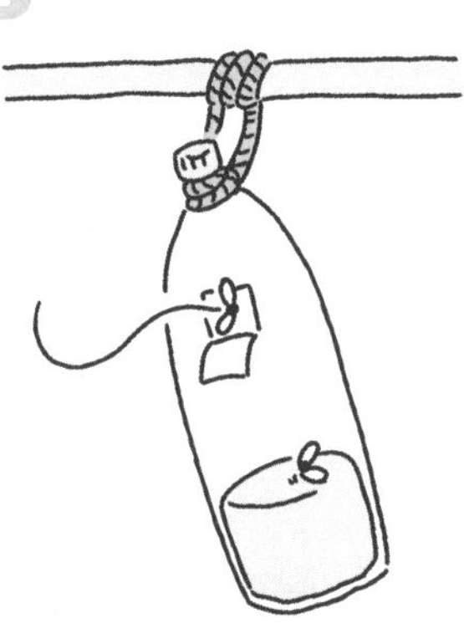

ハエの進入口として上のほうに3cm角ほどの穴をカッターなどで開ける。ペットボトルの口元にひもを巻きつけて物干し竿や軒下、木の枝などにつるす。調味料のにおいにつられてハエが中に入り、出られなくなる。

生ゴミのにおいを抑える

気をつけていても発生しやすい生ゴミのにおいも、避難生活の負担となります。避難所だけでなく自宅で避難している場合も、災害時にはゴミ収集が止まる可能性があるので、知っておくと便利です。

■新聞紙で

生ゴミを新聞紙で包み、水分を吸収させてからポリ袋に入れると、においが激減。見た目の不快感もなくなる。新聞紙はキッチンペーパーなどでも代用可能。

■酢で

レジ袋に新聞紙を入れ、水で倍に薄めた酢を大さじ3程度ふりかける。新聞紙に酢をしっかりと染み込ませてから生ゴミを入れることがポイント。こちらもキッチンペーパーなどで代用できる。

Check

意外なものも消臭剤に

■使用済みカイロ

カイロの中に入っている活性炭には、においや湿気を吸着する性質があります。使用後に靴の中などに入れておけば、防臭剤として活躍します。

■10円玉

殺菌作用のある銅でできている10円玉には、においのもととなる靴の中の雑菌などを殺してくれる効果があります。枚数が多いほど効果が高まります。

KEYWORD

トイレ

1 穴を掘って野外トイレを作る

地面に穴を掘って応急のトイレを作る方法があります。トイレットペーパーは土に帰らないので穴には捨てず、別で処理します。いっぱいになったら枝葉で覆って土をかぶせて穴を埋め、木の枝などでトイレだったことがわかる目印を残しておきましょう。

穴の深さは2mほど

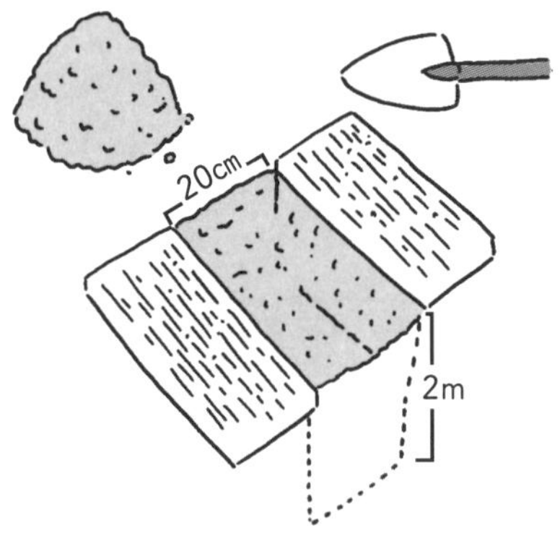

幅20cm、深さ2ｍほどの穴を掘り、足場となる板を2枚置けば、簡易トイレができる。木の板などで、ふたも用意するとよい。

Check

目隠し＆目印でより使いやすく

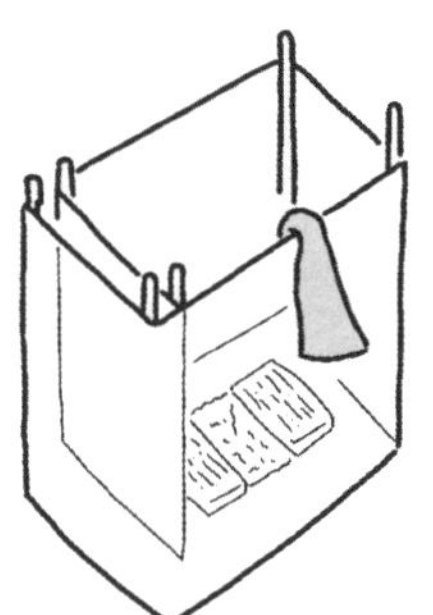

シートやテントで目隠しをしたり、死角になる場所に作るなど、少しでも使用しやすい工夫を。ただし風には弱いので注意します。またスカーフなど、外からでも分かる使用中のサインを決めておくとよいでしょう。共同で使う場合は管理者を決め、清潔な状態を保てるようにします。

2 椅子を使って洋式トイレを作る

子どもや高齢者、体の不自由な人でも使いやすいように、椅子を使って簡易的な洋式トイレを作る方法を紹介します。椅子の座面をはずして木の板などを2枚わたせば、座って用を足せるようになります。

■ダンボールで

ダンボール箱に二重にゴミ袋をかぶせ、中に新聞紙などを敷いて椅子の下に置く。使用後は消臭剤をかける。椅子の周りに布などを巻いておけば箱を隠せるので、ストレス削減になる。

■ポリバケツで

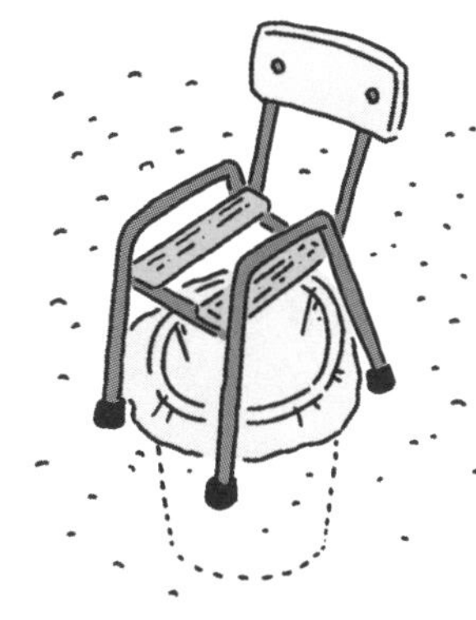

ゴミ箱用のポリバケツにゴミ袋を二重にかぶせて、中に新聞紙などを敷く。ポリバケツが入るだけの深さの穴を地面に掘り、はめ込む。上に椅子を置けば完成。使わないときはふたを閉めておく。

Check

トイレは涼しく、居住地より低い場所に設置する

トイレは作る位置にも注意。できるだけ涼しくあまり日が当たらない場所を選びます。さらに、居住地よりも風下になる低い場所にしましょう。できれば居住地からは20～30ｍは離します。水質汚染防止のため、川などの水辺からも最低10～20ｍは離しましょう。

Column

アウトドア体験が防災になる

ライフラインが止まり、ものが少ない状態で生活するためのアイデアは、アウトドア活動の中にたくさんあります。キャンプやバーベキューなどのレジャーを楽しみながら、防災のレベルを上げられるのです。とくに小さな子どもは自然と触れ合い、主体的に行動する機会になるので、家族でキャンプをしてみるのがおすすめです。

電気・ガスがない生活を工夫して楽しむ

「どうやって明かりを確保するか」「ガスや電気なしで料理をするには」「効率的に火を起こすにはどうしたらよいか」など、非常時に問題になる物事を体験できます。自ら考え、行動する経験が力になります。

アウトドアグッズがそのまま防災グッズに

キャンプ用のクッションマット、寝袋、ランタン、クーラーボックスなど、アウトドアで使うグッズは災害時に活躍します。普段から使い慣れていればいざというときに困りません。テント泊を経験しておくと、避難所へ行けないときにテント避難が選択肢に加わります。

子どもに和式トイレを使わせる練習を

避難所の仮設トイレは和式なことが多いです。小さな子どもは和式トイレを使用する機会が減っているので、非常時にうまく用を足せない可能性があります。キャンプ場などは和式トイレが多いので練習になります。

防災のため！と思わず、レジャーとして楽しみましょう。

第7章

災害時の応急処置と健康管理

いざというときのために身につけておきたい応急処置。
また、災害時に健康面で気をつけたいことを知っておきましょう。

応急処置・対処法

自分や周囲の人が怪我をしたときに、慌てず適切に対処ができるように、
応急処置や救助の基本を知っておきましょう。
知識ひとつで救える命があるかもしれません。

備える

1 災害時の心得

助け合いが人命救助のカギ

一度にたくさんの人が負傷する災害時には、医療機関などによる救護活動が追いつかなくなることが予想されます。また、電話や道路が使用困難になり、すぐに救助隊を呼べない可能性もあります。そのような状況で命を守るためには、周りの人たちとの「助け合い」が欠かせません。

●阪神・淡路大震災で生き埋めや閉じ込めにあった人の救助主体

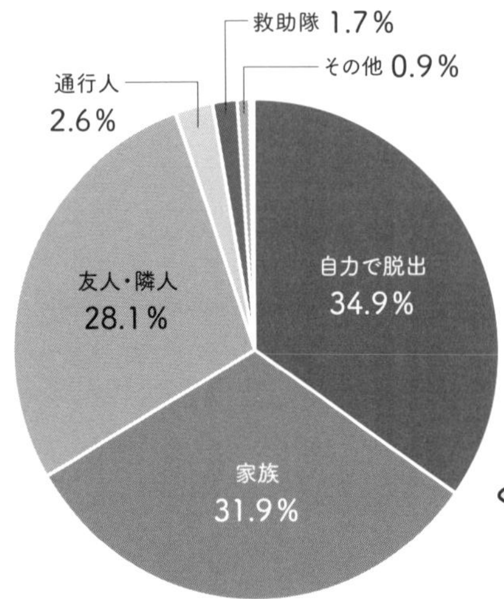

出典：内閣府「平成30年版 防災白書」

自助・共助で多くの人命が救える

阪神・淡路大震災では、7割弱が家族も含む「自助」、3割が隣人などの「共助」により救出されている。救助隊がすぐに駆けつけられない場面では、自ら行動を起こし、応急処置を行うことが、救命の可能性を高める。

いざというときに具体的に行動できるよう知識・技術を身につけておくことが大切！

応急処置の道具も不足する

災害時には、医療機関でも応急処置の道具が入手困難になるため、各家庭であらかじめ救急セットを備えておきましょう。とはいえ、緊急時には必要なものがそろっていないことも多いため、臨機応変に対応します。身のまわりのものをうまく活用した応急処置の方法を覚えておくと役に立ちます。

●備えておきたい救急セットの例

- □ ばんそうこう
- □ 包帯
- □ 三角巾
- □ 固定用テープ
- □ 滅菌ガーゼ
- □ 脱脂綿
- □ 綿棒
- □ 消毒液
- □ 常備薬
- □ とげ抜き、ピンセット
- □ ハサミ、カッターナイフ
- □ ビニール手袋

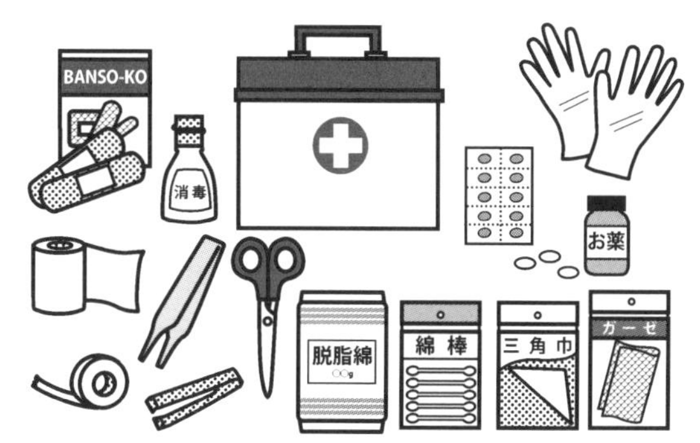

●応急処置に使える身近なもの

- □ 雑誌・新聞紙
- □ ダンボール
- □ ガムテープ
- □ ラップ
- □ ネクタイ、衣類
- □ 大判ハンカチ、風呂敷、タオル
- □ ポリ袋、レジ袋

備えよう

応急処置の講習を受けてみよう

応急処置の知識と技術を身につけるには、各消防署などで行われている救命講習に参加するのがおすすめ。講習を受け自分で実践しておくことは、いざというときの大きな自信になるはずです。

2 大出血の応急処置

患部を圧迫して止血する

人は、短時間に全血液量の約20％以上を失うと、出血性ショックという重篤な状態となり、30％以上を失うと生命に危険が及ぶといわれています。多量の出血がある場合は、迅速に止血を行う必要があります。**止血の基本は、傷口に直接ガーゼなどを当て、手で強く圧迫する「直接圧迫止血法」です。**

❶ レジ袋などで手を覆う

感染防止のため、直接血液に触れないよう、ビニール手袋やレジ袋で手を覆う。

《使用するものの例》

ビニール（ゴム）手袋、レジ袋など

❷ 傷口にガーゼなどを当てる

清潔なガーゼなどを傷口に直接当てる。

《使用するものの例》

ガーゼ、大判ハンカチ、タオルなど

❸ 傷口を圧迫する

傷口を手で強く押さえつけて圧迫する。このとき、手足からの出血の場合は傷口を心臓より高い位置に保つと、出血量を抑えられる。ただし、負傷者の負担になる場合は無理に動かさないこと。

❹ 包帯などで固定する

出血が止まったら、包帯や清潔な大判ハンカチ、ネクタイなどで固定する。

《使用するものの例》

包帯、ネクタイ、大判ハンカチ、ガムテープ（肌に直接触れないようにする）など

Check

片手で無理なら両手を使う

片手で圧迫しても止血できない場合には、両手を使ったり体重を乗せたりして圧迫します。直接圧迫法では、3～4分以上の圧迫が必要とされます。出血が止まるまで、しっかりと圧迫しましょう。

止血点を圧迫して止血する

傷口より心臓に近い動脈（止血点）を強く圧迫して一時的に血液の流れを止め、止血する方法があります。これを**「間接圧迫止血法」**といいます。出血量が多いときや出血の範囲が広いときに直接圧迫止血法と併用したり、直接圧迫止血法の準備が整うまでの応急処置として行ったりします。

●主な止血点

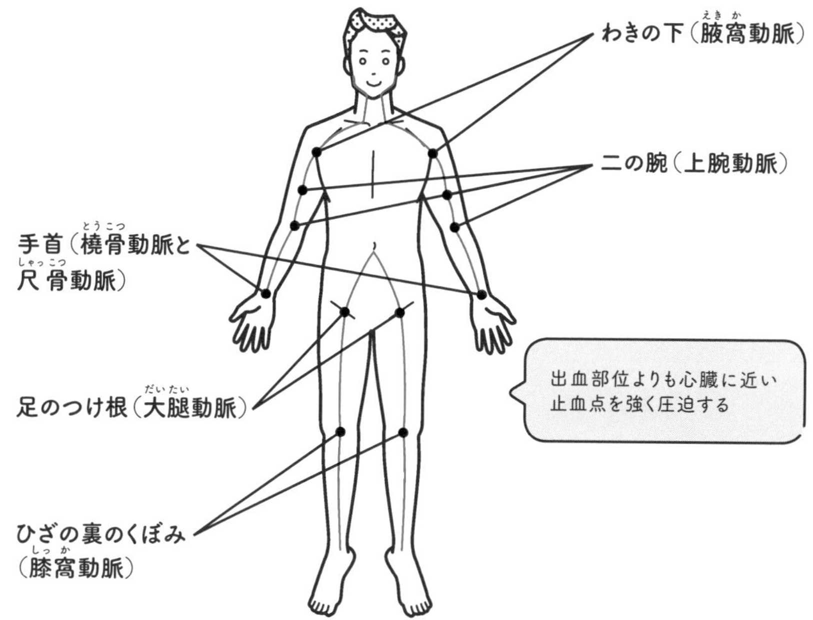

Check

どうしても出血が止まらないときの最終手段

直接・間接圧迫止血法で出血が止まらない場合には「止血帯法」という方法もあります。**止血帯法は神経などを傷つける恐れがあるため、訓練を受けた人が行うべき方法です。**この方法では、まず傷口よりも心臓に近い部分を包帯などで結び、結び目に棒を差し込んで血が止まるまで回転させます。血が止まったら棒を固定し、見えるところに止血開始時刻を記入しておきます。30分に一度は緩めて壊死を防ぐことが重要です。

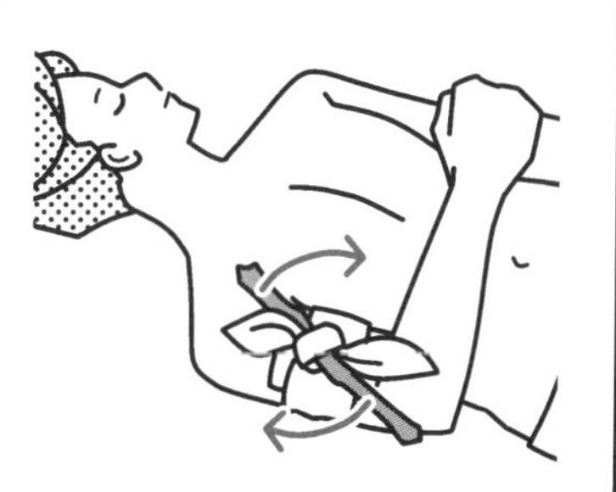

3 骨折・捻挫の応急処置

患部を添え木で固定する

怪我をした部分がひどく腫れ、動かすと激痛がある場合や、内出血が見られたり、患部が不自然に変形していたりする場合は、骨折が疑われます。患部を添え木で固定し、苦痛をやわらげるとともに二次的な損傷が起こるのを防ぎます。**緊急時には、添え木として身のまわりにあるものを使うなど、臨機応変に対応することが大切**です。症状が骨折かどうか迷うときは、ひとまず骨折として対応しましょう。

●腕の骨折の場合

丸めた新聞紙や雑誌、折りたたみ傘など、添え木になるものを用意します。**折れた骨の前後の関節を添え木で支え、布やネクタイなどで結びつけて固定します。**

三角巾や風呂敷で、固定した腕を首から吊ります。さらにネクタイなどで胸に縛りつけると安定感が増します。

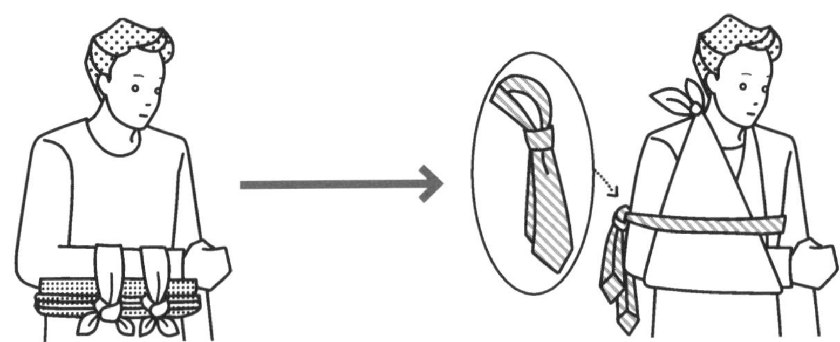

Check

三角巾はレジ袋で代用できる

三角巾がないときは、レジ袋で即席三角巾が作れます。まず、レジ袋の片側に下まで切り込みを入れます。反対側は下を2cmほど残して切り込みを入れます。下まで切った側から頭を入れ、2cmほど残したほうをひじ側に当てて使用します。

●足の骨折の場合

足全体を添え木で固定します。**添え木と足の間にタオルなどを挟み、すき間を埋めると安定しやすくなります。**ひざの骨折では、丸めた布などをひざ下に入れ、ひざを添え木に押しつけないように注意しましょう。

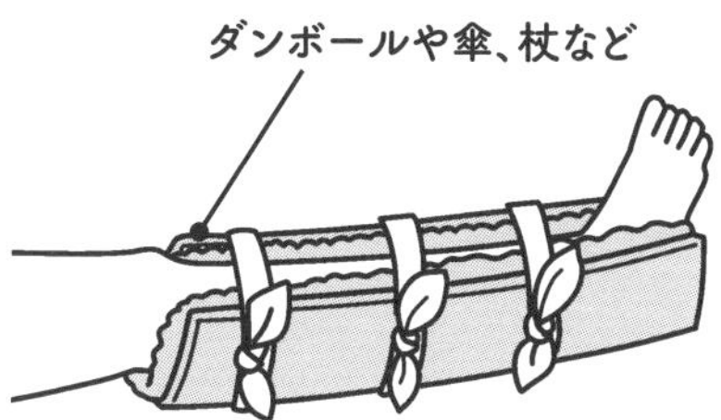

●足首の骨折の場合

足首の周りに添え木を当て、添え木と足首の間にはタオルなどを挟み、足首が動かないように固定します。できれば足を高く上げておきます。

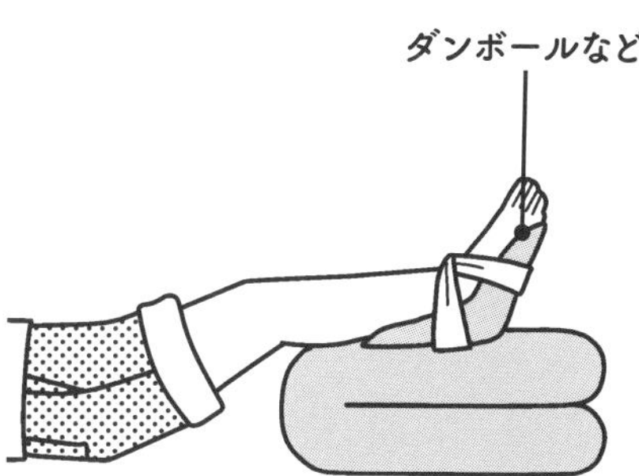

●指の骨折の場合

指全体を添え木で固定します。

Check

添え木として使えるもの

添え木には、骨折した部分の前後の関節にまたがる長さで、強度のあるものを用意します。身近なものでは、以下のようなものが使えます。

- ペンや鉛筆
- 割り箸
- スプーン
- 丸めた新聞紙や雑誌
- 折りたたみ傘、傘
- ダンボール
- 板や木の枝
- ラップ
- くつべら
- 杖
- バット
- テントのポール

知識　備える　避難　アイデア

4 やけどの応急処置

ただちに患部を冷やす

やけどをしたら、できるだけ早く患部を冷やします。**流水をかけ、痛みがやわらぐまで冷やしましょう。**水に浸した清潔なガーゼやタオルを患部に当てて冷やす方法もあります。**衣服の下にやけどがある場合は、衣服の上から流水をかけます。**やけどが広範囲におよぶ場合や、深度（下表参照）が中等度以上の場合は、医療機関での治療が必要です。

注意点

- 時間が経つと患部が腫れてくるため、腕時計などの装身具は早めにはずす
- 氷や氷水を直接当てるのは避ける
- 水ぶくれは傷口を保護する効果があるので、潰さないようにする
- 自己判断で軟膏などの薬を塗らない
- 中等度以上のやけどの場合は、冷やしたあと、患部をガーゼやラップで保護する

●やけどの深度

損傷の深さ	外観や症状
軽度（I度）：表皮まで	皮膚の表面が赤くなりヒリヒリする。
中等度（II度）：真皮まで	水ぶくれができ、強い痛みがある。皮膚の表面は薄赤や白色に近くなる。深度が深いと痛みを感じづらくなる。
重度（III度）：皮下組織まで	皮膚の表面は白色～黄褐色、黒色に変色する。神経がダメージを受け、痛みを感じない。手術による治療が必要。

Check

衣服に火がついたときの対処法

自分が着ている衣服に火が燃え移ったときは、近くに水があれば、燃えている服を脱いで水をかける、あるいは着火した部分に直接水をかけて消します。また、**その場に立ち止まり、地面に倒れ、左右に転がることで火を消す方法もあります（ストップ、ドロップ＆ロール）**。慌てて走るのは、かえって火が大きくなるので絶対にやめましょう。

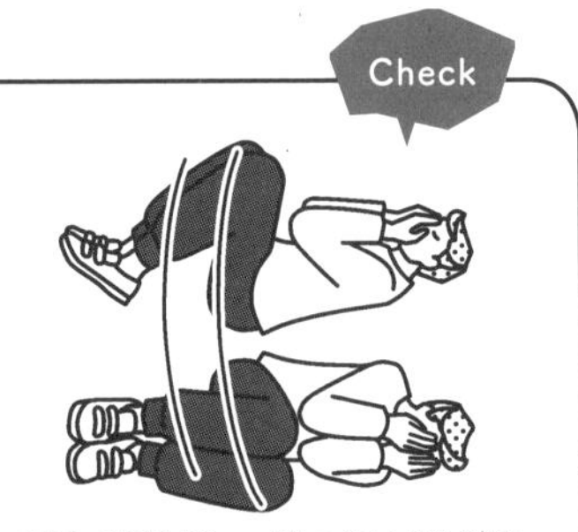
両手で顔を覆い、顔のやけどを防ぐ。

突然倒れた人への応急処置

ためらわず命を救う行動を

突然倒れたり、反応のない人を発見した場合は、心停止を疑い、すぐに救急車を呼びます。また、心肺蘇生（胸骨圧迫と人工呼吸）やAEDにより、止まった心臓や呼吸のはたらきを補助する「一次救命処置」を行う必要があります。心臓や呼吸が停止すると、時間の経過とともに救命の可能性が急激に下がり、脳に後遺症が残るリスクも大きくなります。ためらわず、命を救う行動を起こすことが大切です。

●一次救命処置の流れ

❶安全を確認する	周囲を確認し、まず自分自身の安全を確保してから傷病者に近づく。

▼

❷反応を確認する	傷病者の肩をたたきながら、「大丈夫ですか？」などと大声で呼びかける。

▼ 反応なし

❸119番通報とAEDの手配	大声で助けを求め、近くにいる人に119番通報とAEDの手配をお願いする。「あなたは119番通報を」など、できるだけ具体的に指示を出す。

▼

❹呼吸を観察する	胸や腹部の動きを見て、呼吸をしているかを10秒以内に判断する。普段どおりの呼吸があれば、様子を見ながら（とくに呼吸に注意）救急隊の到着を待つ。

▼ 呼吸なし、または異常な呼吸

❺胸骨圧迫を行う	胸骨圧迫を「強く・速く・絶え間なく」行う。

▼

❻人工呼吸を行う	人工呼吸ができる人がいれば、「胸骨圧迫30回と人工呼吸2回」を繰り返す（技術と意思がない場合は胸骨圧迫のみ行う）。

▼

❼AEDを使用する	AEDが到着したら、音声ガイダンスに従って使用する。

▼

❽胸骨圧迫を続ける	救急車が到着するまで、胸骨圧迫（と人工呼吸）を継続する。

詳しくは314～315ページを参照

※「JRC蘇生ガイドライン2015」に対応。

胸骨圧迫の手順

傷病者の呼吸が止まっている場合は、心停止と判断し、ただちに胸骨圧迫を開始します。 しゃくりあげるような不規則な呼吸（死戦期呼吸）が見られる場合や、判断に迷う場合も、心停止とみなして胸骨圧迫を行います。もし心停止でなかったとしても、胸骨圧迫が傷病者に致命的な害を与えることはほとんどありません。

●圧迫する場所

左右の乳頭を結んだ真ん中（胸の真ん中の一番高いところ）を圧迫します。

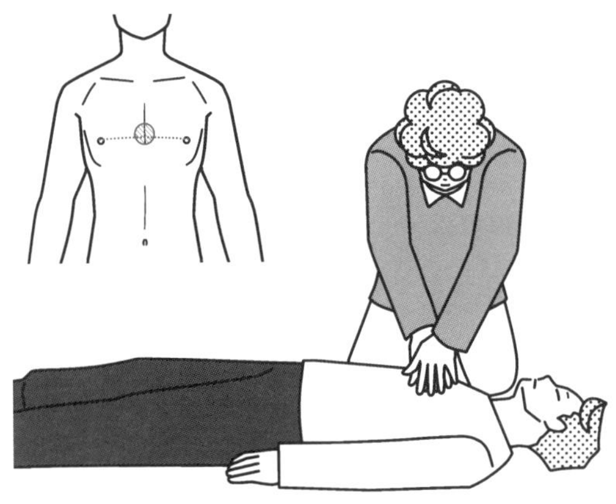

●圧迫の方法

傷病者の横にひざをつき、両腕をまっすぐ伸ばして両手を重ね、手首のつけ根の部分で圧迫します。圧迫は**「強く・速く・絶え間なく」**行います。

＜強く＞

胸が5cmほど沈み込むくらい強く圧迫します（6cmは超えないように）。圧迫後は毎回、胸の高さが元の位置に戻るまで圧を緩めます。このとき圧迫位置がずれないように注意しましょう。

※小児の場合は、胸の厚さの約3分の1が沈むくらいの強さ。両手では強すぎる場合は片手で行う。

＜速く＞

1分間あたり100 ～ 120回のペースで圧迫します。

＜絶え間なく＞

できるだけ中断しないようにします。強い圧迫を続けると体力を消耗し、強さやペースを保つのが難しくなるため、**可能なら複数人で交代しながら行いましょう。**

Check

乳児への胸骨圧迫

乳児（1歳未満）に胸骨圧迫を行う場合は、左右の乳頭を結んだ真ん中よりも少し足側の位置を、2本指で圧迫します。乳児の場合は呼吸障がいによって心停止を起こすことが多いため、できるだけ人工呼吸を組み合わせることが望ましいとされています。

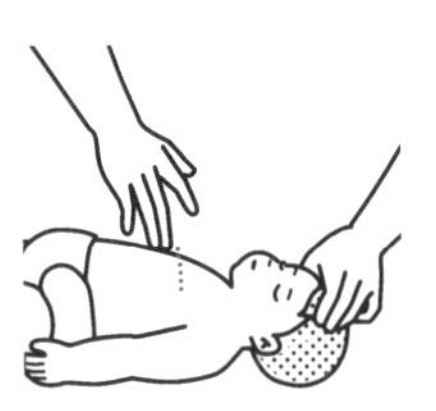

人工呼吸の手順

救助者に人工呼吸の技術と意思がある場合は、人工呼吸を行います。このとき、手元に感染防護具（人工呼吸用マウスピース）がある場合は使用します。技術に自信がない場合やためらいがある場合、あるいは血液や嘔吐物による感染の危険がある場合などは、無理に人工呼吸を行わず、胸骨圧迫に専念しましょう。人工呼吸ができる場合は、「胸骨圧迫30回と人工呼吸２回」の組み合わせを救急隊に引き継ぐまで繰り返します。

気道を確保し、鼻をつまんだうえで、約１秒かけて息を吹き込む（胸が上がるのが見える程度の量）。２回行ったら胸骨圧迫に戻る。

AEDを使う手順

AEDとは、心停止に対して電気ショックを行い、心臓を正常なリズムに戻すための医療機器です。心肺蘇生中にAEDが到着したら、音声ガイダンスに従って使用しましょう。電気ショック後、あるいは「ショックは不要です」のガイダンスが流れた後も、ただちに胸骨圧迫を再開します。

❶ 電源を入れる
❷ 傷病者の胸に直接電極パッドを貼る
❸ AEDが心電図を解析するので、傷病者から離れる
❹ AEDの音声に従ってボタンを押し、電気ショックを与える

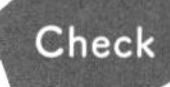

コロナ禍での一次救命処置

新型コロナウイルス感染症の流行に伴い、一次救命処置を行うときも感染防止に配慮することが求められます。厚生労働省の指針は次のとおりです。

- 反応確認などでは傷病者の顔に近づきすぎないようにする
- 胸骨圧迫を行うときは、傷病者の鼻や口にハンカチやタオル、衣服などをかぶせる
- 人工呼吸は成人には実施しない。子どもに対しては技術と意思があれば行う。感染防護具（人工呼吸用マウスピース）があれば使用する。ためらいがある場合は無理に行わず胸骨圧迫のみ行う
- 傷病者を救急隊員に引き継いだ後は手や顔をしっかり洗い、傷病者にかぶせた布は直接ふれずに処分する

※状況により随時変更される場合がある。

6 救助が必要な場面での対処法

瓦礫の下敷きになっている人がいるとき

瓦礫（がれき）の下敷きになったまま72時間が経過すると、生存率が急激に低下するといわれています。心肺が停止している場合は数分しか猶予はありません。**多くの命を救うためには、救助隊を待つだけでなく、周囲の人たちによる救助活動が必要となります。**

●救助のポイント

❶ 自分自身の安全を確保する
❷ 1人ではなく、複数人で協力して行う
❸ 励ましなどポジティブな声かけをして負傷者に安心感をもってもらう

クラッシュ症候群に注意する

長時間（2時間以上が目安）圧迫されていた体が急に解放されると、たまっていた毒素が急激に全身に広がり、心臓がダメージを受ける恐れがあります。これをクラッシュ症候群といい、命に危険が及びます。すぐに治療を施せる準備をしてから救出する必要があるため、**圧迫が長時間に及んでいる場合は無理に動かさず、負傷者を励ましながら救助隊を待ちましょう。**

慌てて瓦礫をどかさず、状況を確認する。

7 傷病者の休ませ方

苦痛がやわらぐ体位をとる

傷病者を休ませるときは、なるべく体に負担のかからない体位で寝かせます。ただし、無理強いはせず、本人が最も楽に感じる体位を優先しましょう。衣服を緩めて楽にするとよいですが、これも本人の希望を尊重しましょう。

仰向け

・最も安定した自然な体位
・全身の筋肉に無理な緊張を与えない

ショック体位

・やけどや貧血、大出血でショック症状がある場合

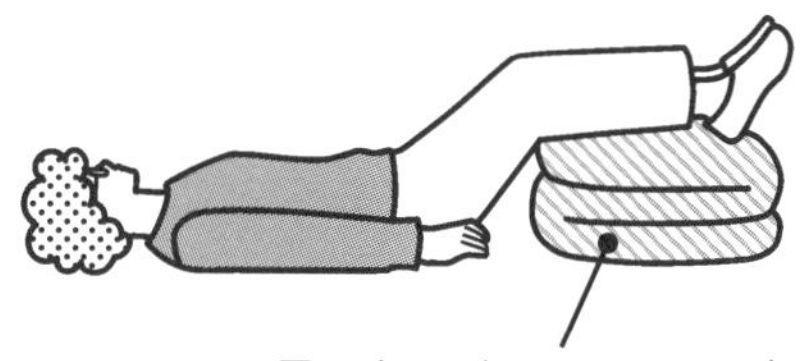

座位

・胸や呼吸が苦しそうな場合

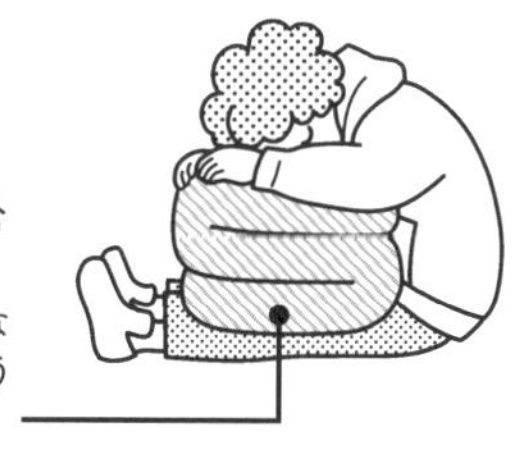

回復体位

・呼吸をしているが、意識がない場合
・嘔吐物による窒息のリスクがある場合

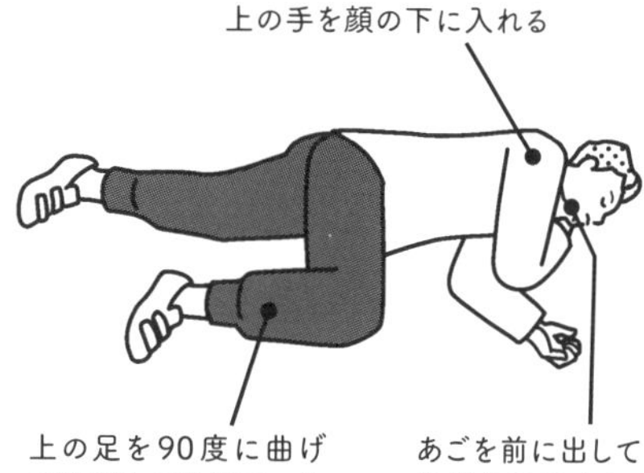

半座位

・胸や呼吸が苦しそうな場合
・頭部を怪我している、あるいは脳血管障がいが起きている場合

8 傷病者を運ぶとき

即席担架で運ぶ

傷病者を運ぶときは、担架を使うのが最も安全で、傷病者の負担も抑えられます。担架がない場合は、物干し竿、木や竹、テントのポールなどに毛布や衣類をかけて即席の担架を作ることができます。

＜毛布やビニールシートで作る＞

2本の棒に毛布を折り重ねます。毛布は余白をしっかりとって、傷病者がずり落ちないように注意しましょう。

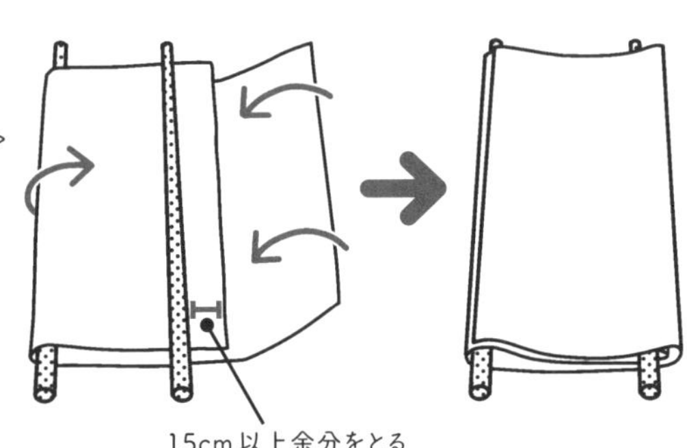

＜着ている服で作る＞

2本の棒をしっかりと握ったら、別の人に服を裏返しにまくり上げるようにして脱がせてもらい、服を棒の端に移動させます。5枚以上繋げると安定します。

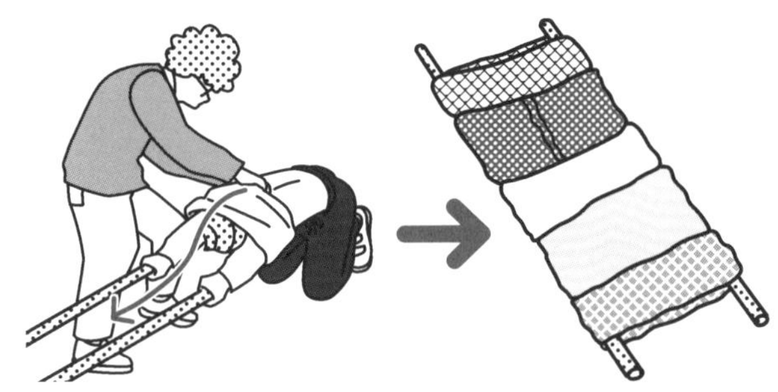

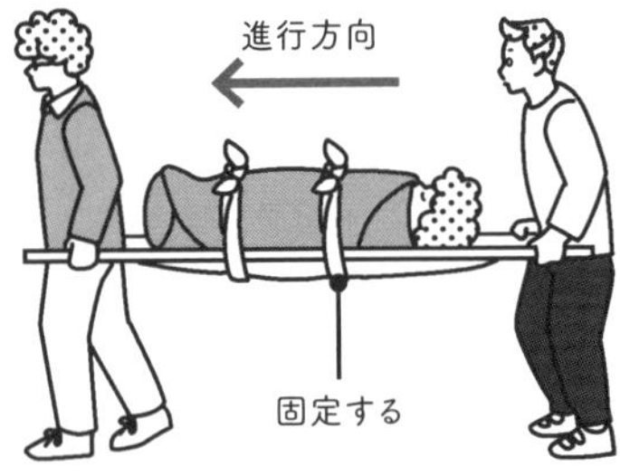

運ぶときは体を担架に固定する

即席担架を作ったら、試し乗りをして安全確認をしましょう。安全が確認できたら、傷病者を担架に固定し、足を進行方向に向けて運びます。担架はできるだけ揺らさないように注意します。

担架を用いずに運ぶ方法

担架が用意できないときは、複数人で協力して運びましょう。1人で運ぶのは危険ですし、傷病者の体への負荷も大きくなってしまいます。

＜左右から抱えて運ぶ（意識がある場合）＞

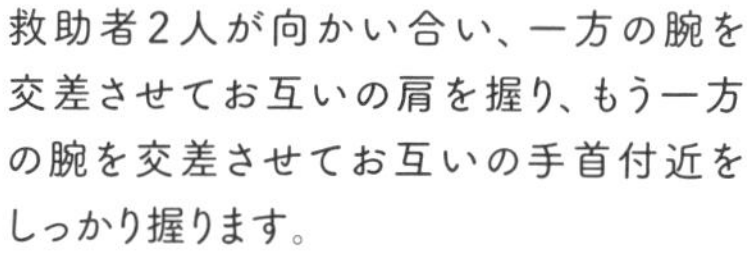

救助者2人が向かい合い、一方の腕を交差させてお互いの肩を握り、もう一方の腕を交差させてお互いの手首付近をしっかり握ります。

その状態で腰を低くし、傷病者に座ってもらいます。傷病者は救助者の肩に手を回して掴まります。救助者2人はそのまま同時に立ち上がります。

＜前後から抱えて運ぶ（意識の有無を問わない）＞

救助者のうち1人は、傷病者の足を組ませて抱えます。もう1人は両脇の下に腕を入れ、傷病者の腕を掴んで固定します。その状態で慎重に持ち上げます。

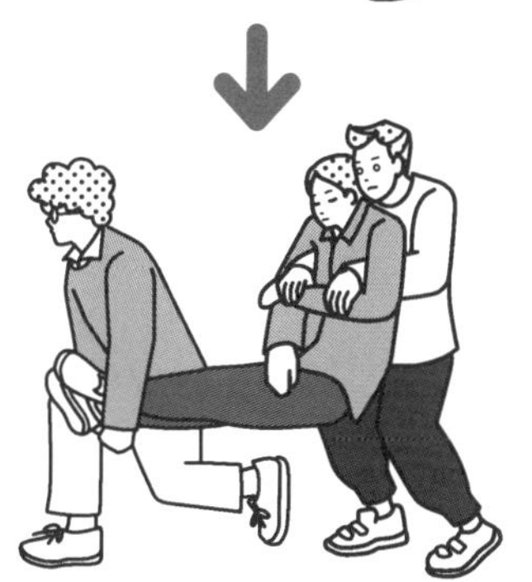

Check

1人で運ばざるを得ないとき

1人で運ぶ方法としては、まず「おんぶ」があります。おんぶでは、傷病者の腕を体の前に垂らし、手首を握って安定させましょう。短距離であれば、傷病者を背中から抱きかかえるようにして、おしりを浮かせて引きずる方法もあります。

避難所で起こる病気

大きな災害の後は衛生環境が悪化しがち。
さらに、不特定多数の人が限られたスペースで共同生活をする避難所では、
さまざまな病気のリスクがあります。対策や予防法を知っておきましょう。

知識　備える　避難　アイデア

1 感染症

避難所は感染症のリスクが高い

大勢が集団生活をする避難所は、風邪や新型コロナウイルス（→P127）、インフルエンザ、感染性胃腸炎などの感染が広がりやすい環境といえます。**自分だけでなく周りも含めて、発熱や嘔吐、下痢などの症状が見られる体調不良者がいないか、注意する必要があります。**

インフルエンザ

インフルエンザウイルスを病原体とする感染症。日本では例年12月～3月に流行します。

●主な症状

38℃以上の発熱、頭痛、関節痛、筋肉痛、全身倦怠感などのほか、普通の風邪と同じような、ノドの痛み、鼻汁、咳など。子どもの場合は急性脳症、高齢者の場合は二次性の肺炎を伴うなど、重症化することもあります。

パンデミック時の避難所はとくに注意が必要です（→P134）。

感染性胃腸炎

細菌やウイルスなどを病原体とする感染症。細菌性では病原性大腸菌、サルモネラ菌など。ウイルス性ではノロウイルス、ロタウイルス、アデノウイルスなどが病原体となります。

●主な症状

発熱、下痢、吐き気、嘔吐、腹痛など。軽症で回復する場合も多くありますが、子どもや高齢者などは重症化することもあるので注意が必要です。また、嘔吐物を吸い込むことによる窒息や肺炎のリスクもあります。

感染症を予防するには

感染拡大防止のためには、手洗いや咳エチケットなどを徹底することが大切です。自分がかからないようにするだけでなく、かかった場合は他人にうつさないことにも気をつけましょう。

手洗いを徹底する

- 調理前、食事前、トイレ使用後は必ず手洗いをする
- 断水時など流水で手洗いできない場合は、アルコールを含んだ手指消毒液やウェットシートなどを使用する
- バケツなどに汲み置きした水を使う場合は、直接バケツの中に手を入れない

手のひらだけでなく、手の甲、指と指の間、指のつけ根、手首までしっかりと洗う（→P132）

咳エチケットを守る

- 普段からマスクを着用する
- マスクがない場合、咳やくしゃみをするときはティッシュ（なければひじの裏）などで口と鼻を覆う

トイレを清潔にする

- 居住区域とは履物を分ける
- トイレの使用前後には除菌シートなどで便座をふく
- トイレ使用後は必ず手洗い、または手指消毒をする

食事の注意点

- できるだけ加熱したものを食べる
- 袋入りのパンなどは手でちぎらず直接食べるなど、できるだけ食品に直接手をふれない
- おにぎりは、使い捨て手袋を使用したり、ラップに包んだりして握る
- 調理器具や食器などは、煮沸消毒または次亜塩素酸ナトリウム液（→P130）に30分浸して消毒する（アルコール消毒はノロウイルスにはあまり効果がないといわれている）

Check

破傷風にも注意！

瓦礫の撤去作業などでは「破傷風」にも注意します。破傷風とは、土の中に生息する破傷風菌が傷口に入り込むことで発症する感染症で、菌が産生する毒素によりけいれんなどが起こり、死に至ることもあります。撤去作業の際は革手袋や分厚い靴、長袖長ズボンなどで体を保護し、傷を負った場合は小さな傷でも放置しないようにしましょう。

2 肺炎

口内環境の悪化が原因

避難所では、高齢者を中心に「誤嚥(ごえん)性肺炎」を引き起こしやすくなります。誤嚥性肺炎とは、本来は気管に入ってはいけないものが誤って気管に入ることで起こる肺炎です。口の中の細菌が、食べ物や唾液とともに気管に入り、そこからさらに肺に流れ込むことで炎症が起こります。

●誤嚥性肺炎の危険因子

口腔ケアが不十分

水や歯ブラシなどが不足して歯磨きができない、入れ歯の紛失、入れ歯の洗浄がおろそかになるなどにより、口内細菌が増殖しやすくなる。

体力や免疫力の低下

食事の偏りなどによる栄養状態の悪化、寒さ、睡眠不足や運動不足、ストレスなどによって体力や免疫力が低下する。

飲み込みづらい食事

飲み込む機能や咳をする力が低下している高齢者の場合、提供された食事が飲み込みづらいものだと誤嚥しやすい。

誤嚥(ごえん)性肺炎のリスク大

●主な症状

典型的なのは、**発熱や咳、膿のような痰**など。ただし高齢者はこうした症状が現われにくく、気づかないうちに肺炎が進行している可能性があります。**なんとなく元気がない、ぼんやりしている、食欲がない、口に含んだ食べ物をなかなか飲み込まない**などの症状が見られたら注意が必要です。

肺炎を予防するには

肺炎予防のためには、毎日の口腔ケアが欠かせません。歯ブラシがない、あるいは水があまり使えない場合でも、以下の方法で口の中を清潔にしましょう。

<うがいをする>

食後に水やお茶でしっかりとうがいをするだけでも口の中の汚れをある程度取ることができます。**1回だけでなく数回うがいをする**のがポイント。うがい薬などを用意しておくとなおよいでしょう。

<タオルなどで汚れをぬぐい取る>

歯垢を除去するには歯ブラシで歯を磨くことが必要です。歯ブラシがない場合は、タオルを指に巻き、水やお茶で浸して歯の汚れをぬぐい取ります。**口腔ケア用ウェットシート（→P185）を用意しておくとよい**でしょう。うがいと組み合わせて行います。

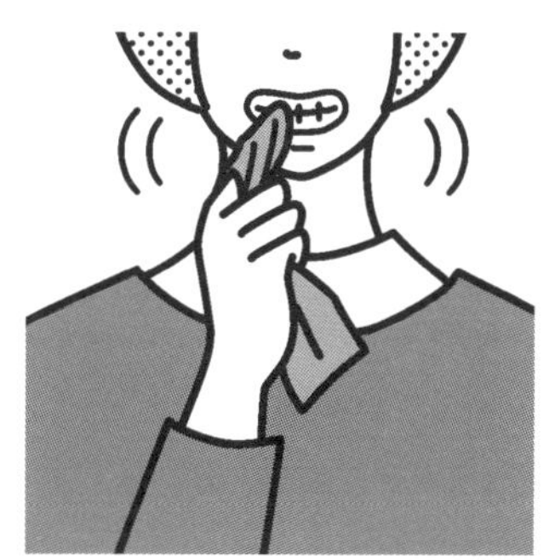

<入れ歯はしっかり手入れする>

人前で入れ歯をはずすのは抵抗があると思いますが、**食後はできるだけ入れ歯をはずして汚れを取りましょう。**口腔ケア用ウェットシートがあれば、手入れがしやすくなります。また、就寝前には入れ歯をはずしましょう。

あると便利！
液体タイプのオーラルケア用品

水が不足している状況では、液体歯磨きや洗口液があると便利です。液を口に含んですすぎ、歯ブラシがあればブラッシングをします。なければタオルなどで磨きましょう。うがい薬でも代用できます。

Check

肺炎は災害関連死に多い

1995年の阪神・淡路大震災では、肺炎が災害関連死の約4分の1にも及んでいたことがわかっています。以降、災害時の口腔ケアが重視されるようになりました。口腔ケアは肺炎予防だけでなく、インフルエンザなど、ほかの病気の予防としても効果が見込めます。非常時持ち出し袋には、口腔ケア用品（→P185）を必ず備えておきましょう。

 肺血栓塞栓症（エコノミークラス症候群）

動かない生活で血栓のリスクが高まる

避難所内の**狭いスペースで生活していると、運動不足で血行が悪くなりやすく、血栓ができるリスクが高まります**。血栓が血流に乗って肺に運ばれ、肺の血管が詰まってしまう「肺血栓塞栓症（いわゆるエコノミークラス症候群）」に注意が必要です。重症化すると命に関わります。

●主な症状

- ふくらはぎや太ももに腫れや痛み、赤みが見られる
- 足がむくむ、足がだるい
- 胸が痛む、呼吸困難になる
- 歩行時に息が切れる、呼吸困難になる

エコノミークラス症候群を予防するには

エコノミークラス症候群を予防するには、血液循環をよくすることが大切です。**こまめに立ち上がって歩いたり、水分をしっかりとる**ことを心がけましょう。避難所生活だけでなく、車中に避難して寝泊まりをする場合も注意が必要です。

●主な予防策

- 時間を決めて体を動かす習慣をつける（2～3時間に1回）
- こまめに水分補給をする※
- 弾性ソックスを履く
- ゆったりとした服を着る
- トイレを我慢しない
- タバコを控える
- なるべく足を上げて寝る（座った状態で足を下げたまま寝ない）

とくにふくらはぎの筋肉を使うと足の血行がよくなる。散歩や軽いストレッチ、足首を回す・曲げ伸ばしをする、ふくらはぎのマッサージをするのも効果的。

※ただし、利尿作用があるアルコールやコーヒーなどは水分補給としてはNG。

4 じん肺（粉じん・有害物質の吸い込み）

大気中の粉じんが肺に蓄積される

災害で家屋が倒壊すると、**大気中に大量の粉じんや、アスベストなどの有害物質が舞いやすくなります。**これらを長期間吸い込み、肺に蓄積されると、「じん肺」という病気にかかる恐れがあります。

●主な症状

- 初期症状はほとんどない
- 進行すると咳、痰、喘鳴（ぜんめい）※1、息切れなどが見られる
- さらに進行すると呼吸困難や動悸などが見られる
- 重度になると心臓の機能が低下し、全身症状が出てくる

じん肺を予防するには

粉じんが発生する現場での作業は、専門の業者に任せることが一番ですが、**個人で倒れた家を片付けたりする場合は、粉じんの発生を抑えることが大切です。**また、作業後に咳や痰、息切れが続く場合は早めに医療機関に相談しましょう。

＜防じんマスクをつける＞

粉じんの吸入を防ぐため、防じんマスクをつけます。ない場合は一般的なマスクで代用し、長時間の作業は避けましょう。マスクは正しくつけ、作業後にはうがいをします。

＜粉じんの発生を抑える＞

水をまくなど、粉状のものはあらかじめ水で濡らしておくと粉じんが舞い上がりにくくなります。

＜粉じんを除去する＞

排気装置、除じん装置があれば使用し、室内で作業をする場合には換気をします。

※1 喘鳴：呼吸をするときにヒューヒュー、ゼーゼーと音が鳴る症状。

5 熱中症

室内であっても安心できない

避難所は空調設備が整っていない場合もあり、夏場は室内に熱がこもりやすく、熱中症のリスクが高まります。とくに**高齢者は体温調節機能が低下しているため、熱中症が重症化しやすいこと**に注意しましょう。

●主な症状

- めまい、立ちくらみ
- ほてり
- 手足のしびれ、筋肉のこむら返り
- 気分が悪い
- 頭痛
- 吐き気、嘔吐
- 倦怠感、虚脱感
- まっすぐ歩けない
- 異常な汗のかき方
- いつもと様子が違う

リスクの高い環境や条件（→P110）にも注意が必要です。

熱中症を予防するには

熱中症予防のため、暑さを避け、こまめに水分補給をしましょう。気温が急に上がった日はとくに注意します。体調不良を感じたら、涼しい場所に移動して体を冷やし、休むこと。**自力で水が飲めないような場合は、すぐに救急を呼びましょう。**

＜作業は定期的に休憩を挟む＞

夢中になると休むのを忘れがちなので、何分で休む、とあらかじめ決めてタイマーをかけておきます。

＜電池式の扇風機などを使う＞

USB充電や乾電池で動く携帯扇風機などを備えておけば、停電中でも便利。締めつけの少ない衣服を着るなどの工夫も必要です。

＜水分と塩分を摂取する＞

水だけだと体内の塩分（ナトリウム）濃度が下がり、脱水症状に繋がるので、イオン飲料や経口補水液（→P287）で水分補給をします。

＜太い血管を冷やす＞

首の後ろや、わきの下などにある太い血管を濡れタオルや保冷剤で冷やすと、効率的に体温を下げられます。

6 低体温症

低体温により体の機能が低下する

通常、人の体の中心部の温度（深部体温）は37℃程度に保たれていますが、これが35℃以下に低下した状態を「低体温症」といいます。**深部体温が低下すると、脳や心臓などの機能を維持できなくなり、最悪の場合、死に至ることもあります。**

●主な症状

・手足が冷たくなり、激しく震える
・歯がカチカチ鳴る

重度になると……

・体温が上がらないまま震えが止まる
・ふらつく、動作がぎこちなくなる
・意識が朦朧（もうろう）とする
・つじつまの合わないことを言う
・錯乱状態になる

低体温症を予防するには

低体温症を防ぐには、防寒対策をしっかりと行い、十分に栄養補給をすることが大切です。乳幼児や高齢者は、寒さへの適応能力が低いため、とくに注意しましょう。

ダンボールを敷く

地面にマットやダンボールを敷いて、床の冷たさが直接伝わらないようにする。

新聞紙で暖をとる

くしゃくしゃにした新聞紙をゴミ袋の中に詰め、そこに足を入れると暖かい。

ペットボトルを湯たんぽに

耐熱性のペットボトル※にお湯を入れてタオルでくるむと湯たんぽになる。

※ キャップがオレンジ、または飲み口が白色のもの。

7 健康管理のために知っておきたいこと

避難所の衛生を保つ工夫を

長期に及ぶことが多い避難生活をなるべく健康で快適に過ごすためには、食事や睡眠をしっかりとるようにするほか、これまでに述べた病気の予防策なども意識して、自身で健康管理をしていくことが大切です。また、**避難所の衛生を保つため、ルールを作り、お互いに協力していく**ことも必要となります。

●ルールの例

・ゴミは決められた場所に分別収集し、害虫や悪臭を防ぐ。
・布団を敷くところと通路をはっきりと分ける。
・布団を敷きっぱなしにせずにたたみ、晴れた日には干す。
・整理整頓をして転倒などを防ぐ。
・入浴ができない場合は、温かいおしぼりなどで体をふくなどして体を清潔に保つ。可能なら足湯など部分的な入浴を行う。

Check

積極的に体を動かそう

体を動かす機会が減ると、エコノミークラス症候群（→P324）のリスクが高まる以外にも、筋力が低下したり関節が硬くなったりして、だんだん動けなくなる「生活不活発病」のリスクも高まります。**動かない、あるいは動けないと気分も沈みがちになる**ので、積極的に体を動かしましょう。高齢者に対しては周囲からはたらきかけることも大切です。たとえば、**自分でできることは自分でしてもらったり、役割を与えて作業に参加してもらったりする**のもひとつの方法です。

配慮が必要な人もいる

さまざまな人が集まる避難所では、**高齢者や障がい者、妊産婦、持病のある人、外国人など、特別な配慮が必要な人もいます。**何か困っていないか、体調を崩していないか、避難者全員がお互いを気にかけ合うのが理想的です。たとえば、高齢者の場合なら以下のような点に気をつけます。

脱水症状が見られないか？

口や皮膚が乾燥している、目が落ちくぼんでいる、ぼんやりしている、などは脱水症状の兆候です。しっかりと水分をとっているか気にかけましょう。**食事のほかに1日1L以上の水分補給が必要です。**

転倒に繋がる危険はないか？

床に転倒に繋がるようなものが落ちていないようにして、段差などもなるべく作らないようにします。**廊下や階段は照明で明るく照らしましょう。**

衣服の着替えや衛生管理はしているか？

避難所生活ではついおっくうになりがちですが、体を清潔に保つことは病気予防の基本です。**口腔ケアを行っているか、きちんとトイレへ行っているかも注意して確認しましょう。**

見当識障害が起きていないか？

時間や季節、今いる場所がわからなくなる「見当識障害」が起こる可能性があります。**居住スペースに時計やカレンダーを備える、使い慣れたものを置く、できるだけ静かに過ごせる空間をつくる、**などが見当識障害の予防になります。

食べづらい食事はないか？

配給される食事は、必ずしも高齢者にとって食べやすいものとは限りません。必要な栄養をとってもらうためには、食べやすくする工夫も必要となります。

《食べやすくする工夫の例》

- 冷たいもの→冷たくなったおにぎりやご飯は耐熱のポリ袋に入れ、お湯につけて温める。
- 水分量の少ないもの→パンは牛乳などの水分に浸す。汁物と一緒に食べる。弁当などは、水分を加えて再調理する。
- 具材が大きいもの→細かく刻んで再調理する。
- 揚げ物など好みに合わないもの→味つけを変える、具材をバラして再調理をする。

被災後のメンタルヘルス

大きな災害の後は、喪失感やストレスから、さまざまな心理的不調が現れます。
相談できずに抱え込み、悪化させてしまうこともあります。
どんなことが起こるのか知っておけば、いざというとき「自分だけじゃない」と思えます。

知識　備える　避難　アイデア

1 被災後、どのような変化が起こるか

さまざまなストレス反応

災害にあうということは、心に大きなストレスがかかるものです。今後の仕事や生活が心配にもなるでしょう。そのため、**メンタル面に不調をきたし、不安や落ち込みなど、人によってさまざまな反応や変化が現れます。**これらは正常な反応であり、多くの場合は時間とともに少しずつ回復していきます。

心理的な変化

気分の落ち込みや強い不安感、孤独感を感じやすくなります。現実感を感じられなくなる人もいます。**怒りっぽくなったり、不必要に自分を責めたり、感情が不安定になる**こともあります。

思考の変化

集中力や思考力、決断力が低下したり、無気力になったりします。いろいろなことがうまく思い出せなくなる人もいます。

体調や行動の変化

動悸がする、よく眠れない、だるさや吐き気を感じるなどの不調が出やすくなります。過食になったり、逆に食べられなくなったりすることも。飲酒や喫煙の量が増加するケースもあります。

Check

慣れてきたころが危ない？

人が気を張っていられる時間は3週間が限界といわれています。被災直後は平静を保っていられた人でも、慣れてきたころに急激に心身の状態が悪化することもあります。

ささいなことがトラブルの火種に

避難生活では、ささいなことから周囲とトラブルになることもあります。心にゆとりがなく、周りを思いやり助け合うことが難しい面もあるのです。

物資や食べ物の取り合いになる

十分な物資や食べ物がない状況では、物資をめぐって不満や対立が起きることがあります。避難所生活の初期では場所の取り合いが起きることも。

物音が気にさわる

大勢の人が暮らす避難所では、それなりの生活音が出てきます。物音や話し声に対して過敏になり、イライラしやすくなることがあります。

猜疑心(さいぎしん)がわいてくる

「一部の人だけが得をしているのでは?」といった疑いの気持ちが強くなったり、周りから不信感を抱かれたりすることがあるかもしれません。

PTSDになることがある

被災後1カ月以上が経っても以下のような症状が続く場合、PTSD(心的外傷後ストレス障害)が疑われます。PTSDは、怖い思いをした記憶が何度も呼び起こされて、恐怖を感じ続ける病気です。つらい症状がある場合は、専門家に相談しましょう。

●症状の例

- 災害を体験したときのつらい記憶が突然フラッシュバックしたり夢に出てきたりして、繰り返し蘇ってくる。
- 常に神経が張りつめ、イライラする、ささいなことで驚く、過剰な警戒を抱くなど、過敏な状態が続く。
- 感覚が麻痺したようになり、愛情や幸福を感じにくくなったり、一部の記憶を思い出せなくなったりする。

ストレスを減らすためにできること

自分でできる取り組み

「非常時なのだから○○しなければならない」という思いに駆られるあまり、無理をしすぎてストレスをためないようにしましょう。**特別なことをしようとするのではなく、日常的に行ってきたストレス発散方法を、非常時にもうまく活用する**ことが大切です。

＜無理した行動をしない＞

人には向き不向きがあります。**避難所で任された役割などが自分にとって負担な場合は、その旨をしっかり伝えて、別の役割を担いましょう。**また、人と話すことがストレス発散になる人もいれば、1人でいるほうが好きな人もいます。無理強いは避けましょう。

＜ゆっくりと呼吸をする＞

ゆっくりと呼吸をすることには、不安や心配をやわらげる効果が期待できます。**「3〜4秒かけて吸い、倍の時間かけて吐く」という呼吸法を、朝と夕方に5分ずつ**行い、心身をリラックスさせましょう。

太陽の光を浴びながら深呼吸をしたり、体を動かすのがおすすめ。

＜生活リズムを整える＞

体を休めることが、心を休めることに繋がります。**眠れなくても、横になるだけで心身は休まります。**昼寝もOK。眠れるときにしっかり休みましょう。必要ならアイマスクや耳栓を使用しても。

＜過度な飲酒は控える＞

トラブルに繋がりやすいので、避難中は飲酒を控えたほうがよいでしょう。

困ったことがあったら、我慢せずソーシャルサービスなどに相談しましょう。

3 子どものメンタルヘルス

子どもに現れやすいストレス反応

災害が起こったという状況を理解して、自分の心の状態を客観的に把握することは、子どもには難しいものです。**子どもは大人よりも大きなストレスを受けるといわれますが、自分の気持ちをうまく言葉にできないことも少なくありません。**その結果、心身にさまざまな変化が現れます。周りの大人が受け止めることで、少しずつ回復していきます。

●心の変化

・赤ちゃん返りをする
・わがままを言うなど、甘えが強くなる
・親につきまとったり、親がいないとパニックになったりする
・自分が悪いことを引き起こしたと思い込む
・強い孤独感を感じる
・落ち着きがなくなる
・反抗的、乱暴になる
・災害体験に関連した遊びを繰り返す
・自分の感情を抑え、必要以上に周りに気を使う

Check

津波ごっこ、地震ごっこ

大きな災害の後、子どもたちがトラウマを「ごっこ遊び」にする事例があります（机の下にもぐって机を揺らす、津波に飲まれる様子を再現するなど）。戸惑うかもしれませんが、これらは子どもが感情を表出し、遊びを通してトラウマを克服しようとする行動だといわれています。**大人は子どものそんな遊びを受け入れ、見守ることが大切です。**

●体の変化

・食欲がなくなる、あるいは食べ過ぎる
・寝つきが悪くなり、何度も目を覚ます
・おねしょをする
・吐き気や腹痛、下痢、めまい、頭痛、息苦しさなどの症状を訴える
・ぜんそくやアトピーなどのアレルギー症状が強まる

子どもに対するメンタルケア

災害時に、**赤ちゃん返りなどの普段とは異なる反応や行動が現れるのは、ごく自然なこと**です。これらを受け止め、できるだけ安心できる環境をつくりましょう。食事や睡眠などの生活リズムを整えることも大切です。周りの大人が落ち着いていれば、子どもは自然と安心感を持つものです。

<子どもといる時間を増やす>

子どもをなるべく1人にしないようにして、安心感を与えます。**抱っこや体をさする、添い寝をするなどのスキンシップを増やす**とよいでしょう。乳児に対しては、冷えないように温度を保ち、静かな環境をつくります。

<行動の変化を受け止める>

赤ちゃん返りや甘えなど、行動に変化があってもむやみに叱ったりせず、受け止めてあげましょう。**子どもが安心感を持てるよう、安全であるということを言って聞かせたり、愛情を言葉や態度で示したりする**ことが大切です。

<「遊び」で感情を発散させる>

子どもが安全に遊べる場をつくり、気持ちを発散できるようにしましょう。 遊ぶことで不安感や恐怖心が少しずつやわらぎ、気持ちが安定してくることも多く見られます。

Check

状況によっては専門家を頼る

よく眠れない日が長く続いている、食べられない、体の疾患症状が目立つ、気持ちがどんどんふさぎ込んでいるなどの場合は、医療機関や自治体のメンタルケアの担当者などに相談することも必要です。

＼ここが気になる／

防災Q＆A①

災害に関する知識から備え、発災時の対応まで、よくある疑問に回答します。
ここまでのおさらいのような内容も含んでいるので、
改めて本文を確認して理解を深めましょう。

Q1 これまでなかったような大雨や台風の被害が多発しているのはなぜ？

A 気候変動によって豪雨が頻発・激甚化している

国土交通省「気候変動を踏まえた治水計画のあり方」によると、地球温暖化などの気候変動が豪雨被害を深刻化させていると考えられています。短時間強雨の発生量が増え、1時間あたりの降水量が観測至上最高を更新した地点も多くあります。年々、河川整備計画の目標流量や氾濫危険水位を上回る河川が増えていて、治水対策が追いついていないともいわれています。

Q2 避難所は誰が運営している？

A 基本は自主運営

学校など、避難所になる場所の施設管理者（校長など）、自治体職員などが開設しますが、その後の運営は避難者による自主運営になります。施設管理者も自治体職員も、災害や避難所運営に関して専門的な知識を持っているとは限りません。「避難所に行けば行政が何とかしてくれる」という考えはNGです。

Q3 在宅避難をしていても物資はもらえる？

A もらえるが、なるべく備蓄でまかなえるように

在宅避難者も、避難所で食料や日用品などの物資をもらうことは可能です。しかし、数には限りがあります。避難所の生活者の中には家を完全に失ってしまった人などもいるので、在宅避難が可能な人はなるべく備蓄でまかなえるように、準備をしっかりしておくことが大切です。

Q4 マンション住まいでも避難指示が出たら避難したほうがいい？

A 安全が確保できているなら自宅にとどまって

台風や豪雨などで避難指示が出された場合、危険地域にいる人たちは全員避難が原則です。しかし、浸水や崩壊の危険の少ないマンション住民は、無理に避難所に行く必要はありません。ただし、停電や水が止まる可能性があるので、ライフライン停止の備えや備蓄は不可欠です。

Q5 災害時に便利な新聞紙。でも新聞をとっていない場合は？

A 印刷されていない更紙(ざらがみ)が販売されている

新聞紙はさまざまな用途に使えて便利なので、1人あたり2日分の朝刊・夕刊は家に置いておきましょう。文字や写真が印刷される前の新聞用の更紙が販売されているので、新聞を購読していない家庭はそちらを利用してもよいでしょう。ネット通販などで購入可能です。非常用トイレなどの用途であれば、ペットシーツも便利です。

第8章

被災後の生活

災害は、発生の瞬間やライフラインが止まっている期間だけをしのげば
終わりというわけではありません。
生活を再建し、元の暮らしに戻る方法を知る必要があります。

被災後の住まい

被災後の混乱の中、大きくのしかかってくるのが、生活の基盤である住まいの問題。
被害を受けた家に住み続けることができるのか、それとも新たな家を探さなくてはならないのか。
どんな選択肢があるのか、知っておきましょう。

◎仮住まいフローチャート

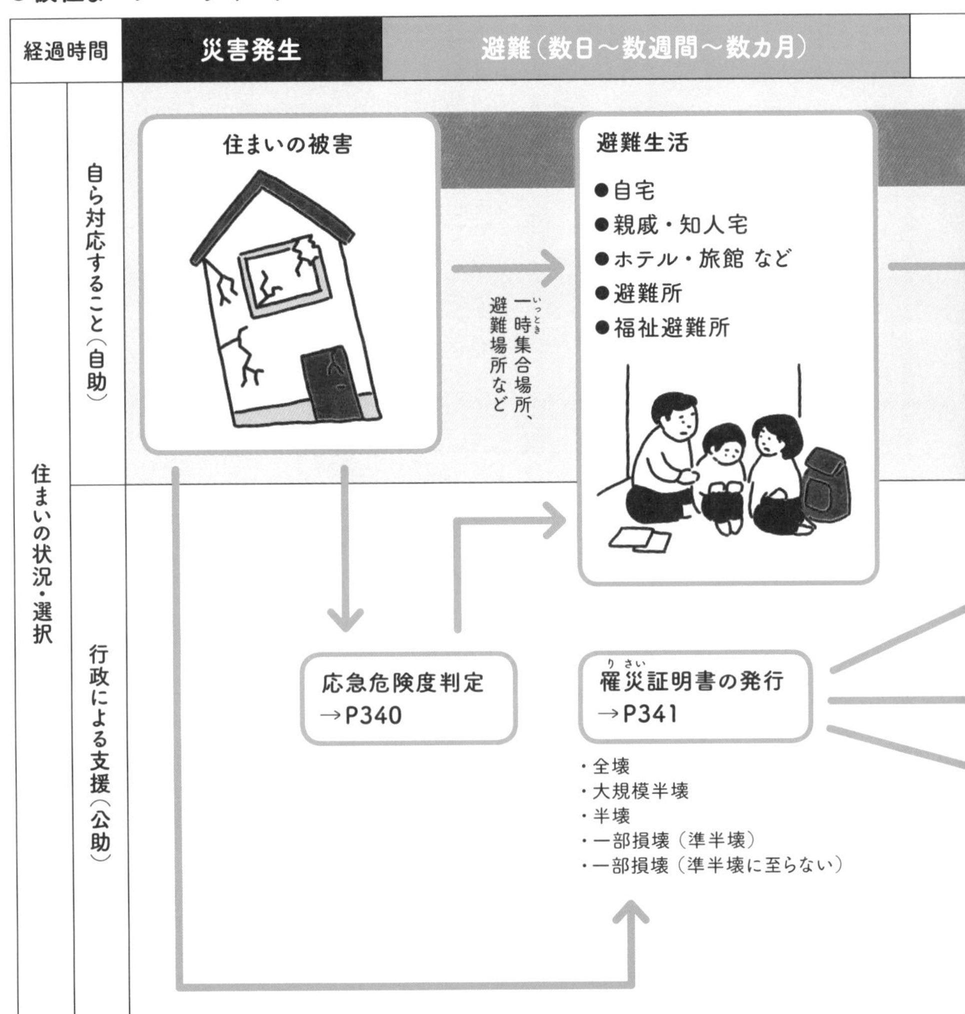

1 生活再建の流れ

住まいの状況に合わせて選択する

被災から住まいの再建までの道のりは、住まいの被害の程度や家族構成、仕事や学校、そして資金など、世帯によってさまざまです。

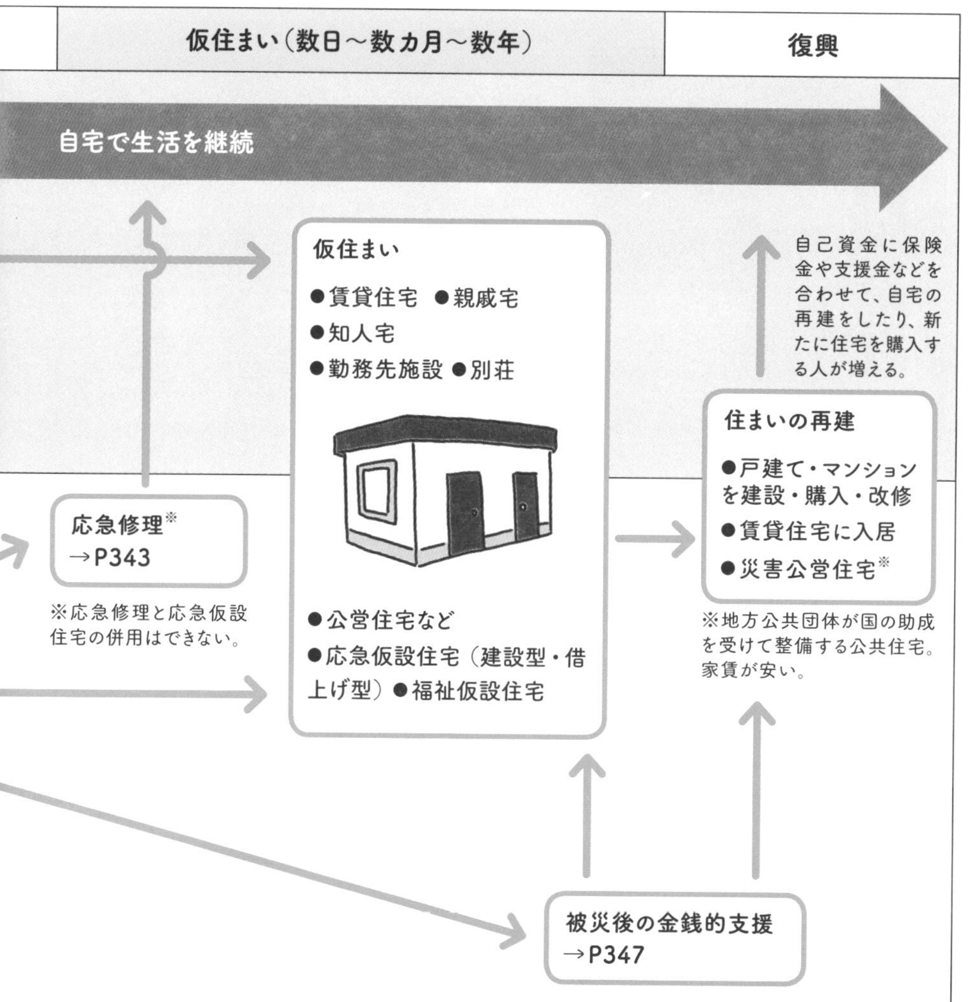

出典：東京都住宅政策本部 リーフレット「東京仮住まい」

応急危険度判定

応急危険度判定とは、地震により被災した建築物について、その後の余震などによる倒壊の危険性や外壁・窓ガラスの落下、付属設備の転倒などの危険性を調査し、当面の使用の可否について判定するものです。判定は、被災した市区町村に設置された災害対策本部からの要請により、資格を持った応急危険度判定士がボランティアとして行います。

◎危険度のレベル

要避難	危険（赤紙）	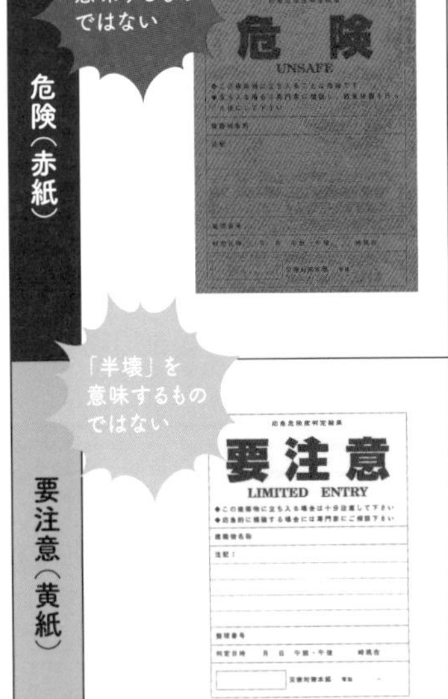	**●判定の意味** 被災した状態で、何らかの処置・対策がないままで建物の中に入ることは危険である。しかるべき安全対策や措置を講じ、危険要因を除去すれば、立ち入り可能となる場合も。 **●「危険」とされる例** すでに倒壊した建物、倒壊の危険性のある建物、瓦や外壁の落下の危険があるもの、健全な建物であっても、隣家や塀が倒れかかっている場合など。
要避難	要注意（黄紙）		**●判定の意味** ただちに危険を及ぼすものではないが、強い余震などによって、より危険性が増す可能性があり、立ち入りには注意を要する。 **●「要注意」とされる例** 基礎に亀裂が生じた建物、建物のたわみや土台のズレがある場合など。
	調査済（緑紙）		**●判定の意味** 上記2種のいずれにも該当せず、建物の継続使用に問題がないもの。 **●「検査済」とされる例** 応急危険度判定の結果、外見上とくに安全性に問題がないとされた場合。

提供：一般財団法人 日本建築防災協会

罹災証明書

災害や火災で住居が被害を受けたとき、保険金の請求やさまざまな支援制度を受ける際に必要なのが「罹災証明書」です。市区町村が被災者からの申請を受けて、被災した家屋の被害認定を行い発行します。場合によっては、発行までに時間がかかることもあるため、被災した場合はすみやかに申請しましょう。

◯罹災証明書で証明される被害の程度

全壊
50％以上の損壊

大規模半壊
40％以上50％未満の損壊

半壊
20％以上40％未満の損壊

一部損壊（準半壊）
10％以上20％未満の損壊

一部損壊（準半壊に至らない）
10％未満の損壊

Check

応急危険度判定と罹災証明書の判定は別

「応急危険度判定」と「罹災証明書」における被害認定調査は、同じものではありません。応急危険度判定で「危険」と判断されても、罹災証明書では必ずしも「全壊」と認定されるわけではないことに注意しましょう。

一部損壊であっても生活を続けるのが難しくなることがあります。

◎申請から支援までの流れ

市区町村へ申請する
役所で申請書をもらうか、ホームページからダウンロードし、居住者または所有者が申請する。申請に必要なものは自治体によって異なるが、印鑑と身分証明書など。

被災証明書との違い
罹災証明書は住居の被害程度を証明するもので、被災証明書は住居に限らず被災した事実を証明するもの。自治体によっては農業用施設や設備なども対象となる。

被害状況を写真に撮っておく
大規模災害では、災害の発生から被害認定調査の開始までに1週間以上、罹災証明書の発行までには1カ月以上かかることもあるため、片付けの前に被害状況の詳細を写真に撮っておくことが大切。

調査は2回申請できる
調査結果に不満がある場合、再調査を申請できる。ただし、市区町村によっては、2回目のほうが軽い結果でもそちらが優先されることもあるので、申請前に確認すること。

申請期限に注意
罹災証明書の申請は、被災から1カ月以内、3カ月以内、半年以内など、期限が決められている。大規模災害では期限が延長されることもあるが、早めに申請すればその後の手続きもスムーズ。

被害状況の調査
市区町村の担当者が住居の被害程度を調査しに来る。建物の外から全壊か否か、傾きがあるかなどの損傷程度を判断する。

罹災証明書の発行
発行されたら、下記の支援や給付に活用する。

◎罹災証明書を利用して受けられる支援

- 被災者生活再建支援金、義援金などの給付
- 住宅金融支援機構、災害援護資金などの融資
- 税金、保険料、公共料金などの減免・猶予
- 応急仮設住宅の支給、住宅の応急修理 など

応急修理

災害のために住居が半壊・半焼の被害を受け、そのままでは住めない場合や、応急的に修理すれば居住可能となり、かつ自らの資金では修理できない場合などに、自治体が限度額の範囲内で必要不可欠な最小限度の修理を行う制度です。戸建てに限らず、マンションなど、すべての持ち家が対象となります。

対象者の条件
①原則、半壊または大規模半壊の被害を受けたこと
②修理した住宅での生活が可能となると見込まれること
※応急仮設住宅の入居者は除く

所得要件
①半壊の場合
前年の世帯収入が、原則年収≦500万円の世帯
ただし、世帯主が45歳以上の場合は、700万円以下、
世帯主が60歳以上の場合は、800万円以下、
世帯主が要援護世帯の場合は、800万円以下
②大規模半壊の場合
所得要件はない

応急仮設住宅に入居しながら応急修理を利用することはできません。

住宅の応急修理の範囲
住宅の応急修理の対象範囲は、屋根、壁、床など、日常生活に必要欠くことのできない部分で、より緊急を要する箇所について実施する。

基準額
「大規模半壊」「半壊」「半焼」の場合は、約60万円、半壊に準ずる程度の被害の場合は30万円が限度となっており、それ以上かかる場合は、自己負担となる。

応急修理の期間
災害発生の日から1カ月以内に完了すること。

2 仮住まいの選択

行政支援による仮住まい（応急仮設住宅）

災害が起きた都道府県では「災害救助法」に基づき、自らの資力では住宅を得ることができない人に対して、**原則として２年間（完成日から最長２年３カ月）、無償で入居できる２種類の応急仮設住宅**を提供しています。

【応急建設住宅】

公園や学校の校庭など、被災地近くに建設される仮設住宅。**今までの生活スタイルやコミュニティーが維持しやすく、同じ敷地内に複数設置されるため、入居者への効率的な生活支援や情報伝達が可能です。**プレハブ住宅が一般的ですが、最近はプレハブのほかにもログハウスやロフトつき木造住宅などがあります。

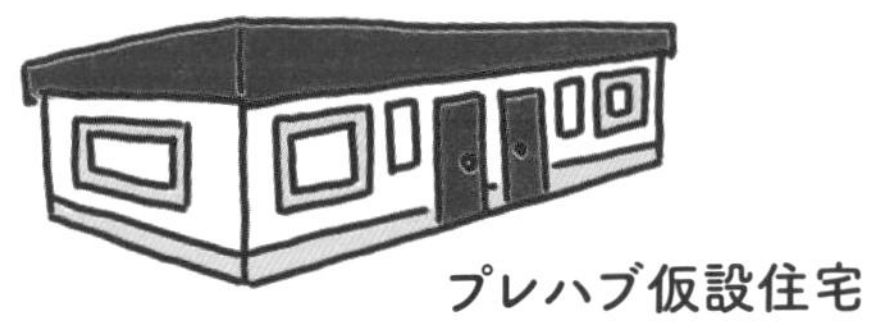

プレハブ仮設住宅

木造仮設住宅

【応急借上げ住宅（みなし仮設住宅）】

大規模な災害では、都道府県が民間の賃貸物件や公営住宅、空き家などを借り上げて、被災者に提供します。**毎月の賃料、共益費、管理費、火災保険等損害保険料は、上限内で地方自治体が負担します。**近年の大規模災害では、入居者数で応急建設住宅の入居者を上回っています。

自ら住まいを確保する

応急建設住宅は、通常着工から完成までに3～4週間かかり、その間避難所生活が続くことや、入居のための倍率が高いことがデメリットです。また、応急借上げ住宅は被災地の近くでまとまった戸数を確保するのが難しかったり、希望の条件に合う物件がなかったりします。そのため、多くの人が自力で被災後の住まいを確保しています。住宅再建までは賃貸住宅を借りたり、親戚や知り合いの家で仮住まいをしたりすることが多いようです。

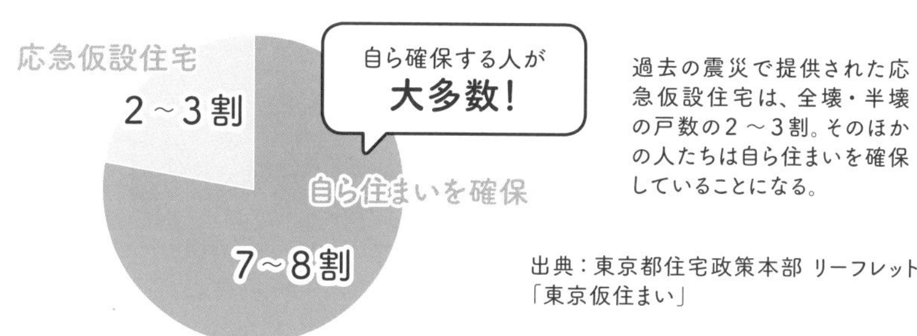

過去の震災で提供された応急仮設住宅は、全壊・半壊の戸数の2～3割。そのほかの人たちは自ら住まいを確保していることになる。

出典：東京都住宅政策本部 リーフレット「東京仮住まい」

＜自力で賃貸住宅を借りる＞

被災者が、自分で賃貸物件を探して契約し、入居するものです。**地域や住まいの種類（戸建て、マンション・アパート）、間取りなど自由に選べる一方で、経済的負担が大きくなる**などの問題があります。なお、東日本大震災時には、被災者自身が契約した物件も応急借上げ住宅とみなされ、賃料が補償されました。

＜親戚や知人の家＞

親戚や知人の家に住まわせてもらうという選択肢もあります。この場合、**仮住まいが長期化するとお互いストレスになるので、はじめにある程度の期限を決めておく**とよいでしょう。また、親戚や知人が所有している空き家を借りて住む場合は、トラブルを避けるためにも、口約束だけでなく賃貸契約書を作っておくようにします。

遠方地域での仮住まい

近年は、大規模災害が続いたこともあり、被災地を離れて遠方に住まいを移す「広域仮住まい」をする人も増えています。広域仮住まいでは、場合によっては家だけでなく仕事や学校なども変わらなくてはいけません。このように、生活の再建には仮住まいのあり方が大きく影響するため、さまざまな可能性を探って決めることが大切です。

＜広域仮住まい＞

被災地での治安の悪化や子どもの安心・安全、生活再建の難しさなどを考慮して、実家や縁のある遠方に避難する選択肢もあります。こうした場合、**仮住まいが“移住”になる可能性もあるため、十分な検討が必要です**。また、**遠方に住まいを移した場合も、被災した自治体が発信する情報をこまめにチェックする**ことが大切です。

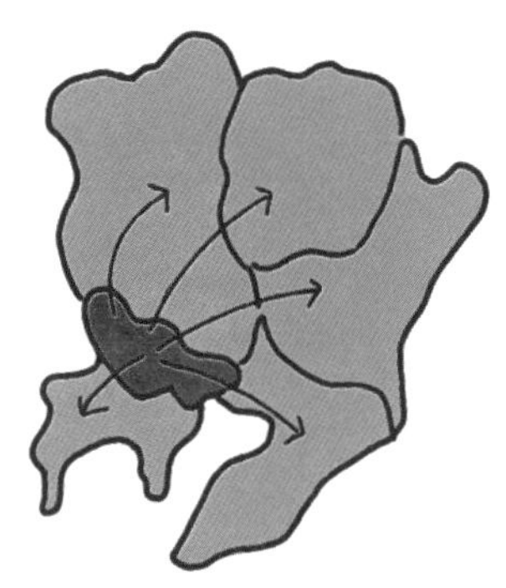

被災後の混乱状況の中では、隣県、沿線で仮住まいを探すのが現実的。

◎メリット

- 余震などの危険が少なくなる
- 治安悪化の心配が減り、落ち着いて生活ができる
- 物流などが安定しているので暮らしやすい

◎デメリット

- 地元の情報が得づらくなる
- 地元での仕事再開の予定が立てづらい
- 慣れない土地での不安が大きい

いろいろな選択肢があることを知っておきましょう。

Check

仮住まいをサポートするWebサイト

近年の大きな災害では、被災者の物件探しの手助けとなるWeb サイトも登場しています。自治体が運営するものからNPO法人、企業によるものなどさまざまですが、被災した家の修繕・建て直しのための支援策や、仮設住宅の情報を紹介・支援している場合も多いので、仮住まいを決める際には参考にしてみるとよいでしょう。

被災後のお金

生活再建には、壊れた家の建て直しや修理、家財の買い替え、仮住まいの費用など、まとまったお金が必要になります。使える支援制度や事前の対策について考えましょう。

知識　備える　避難　アイデア

1 被災後の金銭的支援の実情

さまざまな支援や制度はあくまで生活再建のための“一助”

「被災後は国が何とかしてくれる」という考えでいると、生活再建までに苦労することになるかもしれません。国の支援にも限界があります。1人ひとりすべての被害額をまかなえるものではないため、あくまでも生活再建の補助として考えておいたほうがよいでしょう。だからこそ、事前の備えや、支援を最大限に活用するための知識が必要です。

◎主な生活再建支援制度

状況	受けられる可能性がある制度
家族が死亡した	災害弔慰金
負傷や疾病による障がいが出た	災害障害見舞金
当面の生活資金や生活再建の資金が必要	被災者生活再建支援金 災害援護資金
税金の減免を受けたい	所得税の雑損控除 所得税の災害減免
住宅を再建したい	災害復興住宅融資
仕事を再開したい	公共職業訓練 求職者支援訓練 職業訓練受講
学校に復学したい	日本学生支援機構の緊急・応急の奨学金 国の教育ローン災害特例措置
事業を再興したい	災害復旧貸付 中小企業・農林漁業者への融資制度

生活再建のためには事前の対策が必要

多くの人を支援する公的支援はどうしても応急処置的なものが多く、受給にも条件があるなど、公的支援だけでは生活再建が難しいことがほとんどです。もしものときに大きな安心となる保険への加入や、できるだけ被害を抑えるための防災対策を行うなど、日ごろからできることを備えておくことが必要です。

◎公的支援だけでは住宅再建はできない――費用の例

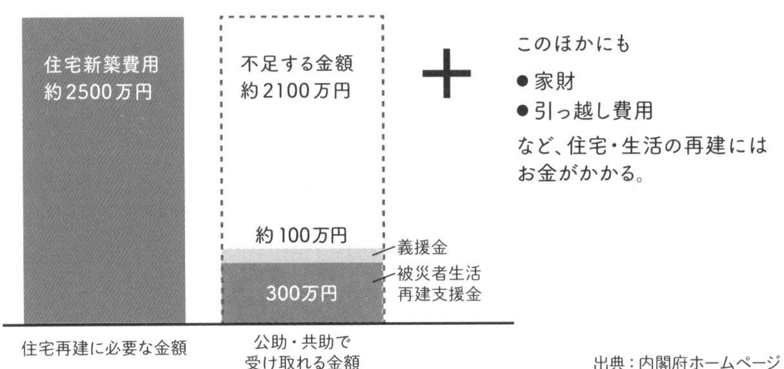

出典：内閣府ホームページ

上の例は、東日本大震災で住まいが「全壊」し、住宅を新築した場合にかかった費用の一例と、支援金などで得られたお金を比べたものです。**新築費用だけでなく、家財の買い換えや仮住まいの費用などを考えると、支援金だけでは圧倒的に足りない**ことがわかります。さらに、住宅ローンを抱えている人の場合は、全壊した住宅のローンも払わなければならないために「二重ローン」となったり、家を再建せず賃貸を選ぶ場合もローンと家賃の二重払いとなるなど、経済的負担が重くのしかかります。家を建てる際は、できるだけ右のような対策をしておきましょう。

◎住宅のリスク削減のための対策

地震・火災・家財保険など、
被災した場合の経済的損失を補償する
保険に入っておく

自宅が全壊・半壊した場合に一定期間
返済が免除される特約のついた
住宅ローンを選ぶ

家を建てるときに災害リスクが低い
土地を選ぶ

被災により住宅ローンが返済できない場合は
被災ローン減免制度を利用する

公的支援金や特別措置

人的被害に対する支援金

災害によって亡くなったり、行方不明になった人が家族にいる場合、「災害弔慰金」を受け取ることができます。また、災害により重度の障がいを負った場合は、「災害障害見舞金」が支給されます。どちらも旅行先などで被災した場合は、被災した人が居住する市区町村が支給認定を行うなどの規定があり、受給には居住地の市区町村への確認が必要です。

◎災害弔慰金

弔慰金額	●生計維持者が死亡した場合・500万円 ●そのほかの者が死亡した場合・250万円
対象者	●災害で亡くなった人の遺族（配偶者、子、父母、孫、祖父母） ●いずれもいない場合には兄弟姉妹（ただし死亡当時その人と同居、または生計を同じくしていた人）

◎災害障害見舞金

見舞金額	●生計維持者が重度の障がいを受けた場合・250万円 ●その他の者が重度の障がいを受けた場合・125万円
対象者	●両眼が失明した人 ●咀嚼およびび言語の機能を廃した人 ●神経系統の機能または精神に著しい障がいを残し、常に介護を必要とする人 ●胸腹部臓器の機能に著しい障がいを残し、常に介護を必要とする人 ●両上肢をひじ関節以上で失った人 ●両上肢の用を全廃した人 ●両下肢をひざ関節以上で失った人 ●両下肢の用を全廃した人 ●精神または身体の障がいが重複する場合における当該重複する障がいの程度が、前各項目と同程度以上と認められる人

生活再建のための支援金

阪神・淡路大震災をきっかけに生まれた、生活基盤に著しい被害を受けた世帯に支給される「**被災者生活再建支援金**」をはじめ、災害により負傷または住居、家財に被害を受けた人が借りられる「**災害援護資金**」、災害によって被害を受けた住宅建て替えのための「**災害復興住宅融資**」など、支援金だけでなく、被災者が低金利で再建資金を借りられる融資もあります。

○被災者生活再建支援金

支給額	●全壊など　100万円 ●大規模半壊　50万円
住宅の再建方法に応じて支給する支援金（加算支援金）	●建設・購入　200万円 ●補修　100万円 ●賃借（公営住宅を除く）　50万円

※ 一度住宅を賃借した後、自ら居住する住宅を建設・購入（または補修）する場合は、合計で200（または100）万円。
※ 世帯人数が1人の場合は、各支給額の4分の3の金額。
※ 詳細は、各市区町村へ確認を。

○災害援護資金

世帯主に1カ月以上の負傷がある場合の貸付額	●当該負傷のみ　150万円 ●家財の3分の1以上の損害　250万円 ●住居の半壊　270（350）万円 ●住居の全壊　350万円
世帯主に1カ月以上の負傷がない場合の貸付額	●家財の3分の1以上の損害　150万円 ●住居の半壊　170（250）万円 ●住居の全壊　250（350）万円 （全体の滅失または流失の場合を除く） ●住居の全体の滅失または流失　350万円
貸付利率	年3%（据置期間中は無利子）
措置期間	3年以内（特別の場合5年）
償還方法	10年以内（据置期間を含む）

※被災した住居を建て直す際にその住居の残存部分を取り壊さざるをえない場合など、特別な事情がある場合は（　）内の貸付額。
※対象者は、前年の世帯の総所得金額が1人＝220万円未満、2人＝430万円、3人＝620万円、4人＝730万円未満、5人以上の場合は、1人増すごとに730万円に30万円を加えた額未満。ただし、その世帯の住宅が滅失した場合は1270万円とする。
※詳細は、各市区町村へ確認を。

◎災害復興住宅融資

実施機関	独立行政法人住宅金融支援機構
申し込みができる人	半壊以上の「罹災証明書」を受けた住宅の所有者、賃借人または居住者
融資限度額	●建設（土地を取得する場合） 3700万円 ●建設（土地を取得しない場合） 2700万円 ●購入 3700万円 ●補修 1200万円
利率	住宅金融支援機構のホームページで最新情報を確認
返済期間	●建設、購入 35年以内 ●補修 20年以内

※半壊または大規模半壊の罹災証明書を受けた人は、被災住宅の修理が不能または困難であることを申込書に記入することで申し込みが可能になる。
※融資対象となる住宅については、住宅金融支援機構の定める基準を満たすことが必要。
※詳細は、融資を行っている住宅金融支援機構利用機構に確認を。

memo

法的手続きで困ったときは「法テラス」へ相談を

行政への支援金の申請、ローンや保険料の支払い、建物の賃貸借契約のトラブルなど、被災後のさまざまな法的手続きで困ったことがあるときは、「法テラス」に連絡してみましょう。法テラスは国民向けの法的支援を行う、国が設立した法律の総合案内所で、弁護士が無料で相談に乗ってくれることもあります。まずは電話で相談してみましょう。

法テラス・サポートダイヤル
0570-078374
平日9時～21時、土曜9時～17時

必ず無料相談の対象になるわけではないので、電話をしたときに確認しましょう。

税金の減免

災害によって住宅や家財に被害を受けたときは、災害減免法によって、所得税が軽減免除されるほか、国民健康保険料や介護保険料、国民年金、電気・ガス・上下水道などの生活インフラの料金が減免・控除されることがあります。それぞれ申請先が異なるため、申請先を確認して、申請しましょう。

◎所得税の減免

損害の程度が住宅および家財の価格の10分の5以上の場合	合計所得金額500万円以下	全額減免
	合計所得金額500万円以上750万円以下	2分の1減免
	合計所得金額750万円以上1000万円以下	4分の1減免
	合計所得金額1000万円以上	減免なし

※対象者は、所得税の雑損控除を受けない場合に限られる。
ただし、状況や被害額、申請時期などにより、減免よりも雑損控除を行ったほうがよい場合もあるため、詳しくは在宅地を管轄する税務署に確認・相談を。

◎そのほか減免される税金・公共料金など

税務署に申請	相続税・贈与税など
最寄りの市区町村に申請	住民税・固定資産税など 国民健康保険料・介護保険料
各都道府県税事務所に申請	個人事業税
最寄りの年金事務所に申請	国民年金保険料
契約している事業所に申請	電気・ガス・上下水道・電話料金・NHK受信料など

※それぞれ対象となる被害の程度や減免・控除の基準が異なるため、各担当機関に確認・相談を。

復学のための支援

被災によって家計が急変し、学業を続けることが難しくなった場合や、学校が被災した場合、就学費用や転校のための費用など、緊急・応急の奨学金の貸与や給付制度があります。また、小・中学校の就学が困難な児童・生徒の保護者を対象に、**必要な学用品や通学費、学校給食費などを援助する「小・中学生の就学援助措置」**もあるので、学校や市区町村に問い合わせてみましょう。

◯学校への復学を支援

日本学生支援機構の緊急・応急の奨学金	貸与条件	家計急変が発生してから1年以内、災害救助法適用地域に居住している世帯
	問い合わせ先	現在通っている学校
国の教育ローン災害特例措置	貸与条件	罹災証明書などを持っている人を対象とした「災害特例措置」を実施することがある。また、所得制限の一部緩和や返済期間の延長などの特例措置もある。
	問い合わせ先	日本政策金融公庫

※このほかにも、大学が独自に被災学生への奨学金制度を設けたり、地方公共団体や奨学事業団体などによる奨学金が受けられる場合もあるので、学校に確認・相談してみるとよい。

◯国の教育ローンにおける災害特例措置

項目	災害特例措置の内容	（参考）災害特例措置以外
所得制限	子ども1人および2人世帯の世帯年収（所得）上限額を引き上げ 子ども1人世帯・2人世帯　990（770）万円 ※子ども3人以上の世帯は現行通り。	子どもの人数に応じて、世帯年収（所得）が以下の金額以内 子ども1人世帯　790（590）万円 2人世帯　890（680）万円 3人世帯　990（790）万円 ※子ども4人以上の世帯は一定額を上乗せ。
返済期間	18年以内へ延長	15年以内
融資利率	通常の利率より0.4％引き下げ	通常の利率

※国の教育ローンにおける災害特例措置については、教育ローンコールセンター（0570-008656）または最寄りの支店（国民生活事業）へ確認・相談を。

事業再開のための支援金

災害で被害を受けた中小企業に対しては、日本政策金融公庫が一般の融資より返済期間や元金の据置期間が長い「災害復旧貸付」を行っています。また、商工組合中央金庫が設備資金や運転資金を融資し、銀行からの借り入れに対して信用保証協会が保証するほか、農林漁業者や農協などの組合に対しても低金利で事業資金を融資しています。

○災害復旧貸付

利用できる人	指定災害により被害を受けた中小企業者
資金の使い道	災害復旧のための設備資金および長期運転資金
融資限度額	●直接貸付　1億5000万円 ●代理貸付　直接貸付の範囲内で別枠7500万円
基準利率	1.11～1.30%（2021年1月現在）
返済期間	●設備資金　15年以内（うち据置2年以内） ●運転資金　10年以内（うち据置2年以内）
担保・保証人	担保設定の有無、担保の種類は相談のうえで決定

○中小企業・農林漁業者への融資制度

主な融資内容	●商工組合中央金庫による中小企業への災害復旧資金 ●各地域の信用保証協会による中小企業への信用保証 ●日本政策金融公庫による農林漁業者支援 ●居住地の市区町村による農林漁業者の天災融資制度

※中小企業の融資に関しては「商工組合中央金庫」「信用保証協会」、農林漁業者については「日本政策金融公庫」および各市区町村に相談を。

3 地震保険について

地震保険の特徴

地震保険は、火災保険ではカバーできない※**地震や噴火、津波による建物や家財の損害を補償する保険です。**単独での加入はできず、**必ず火災保険とセットでなければ加入できません。**被災後の住宅ローンの軽減や生活費の補償など、もしものときの生活再建の大きな助けとなるため、火災保険とともに加入を検討しましょう。

※特約で保険金が払われる保険もある。

○火災保険と地震保険の特徴

	火災保険	地震保険
補償対象	建物のみ or 建物＋家財	建物のみ or 建物＋家財（＋生活再建に必要なあらゆるもの）
対応している災害	火災、落雷、水災、水漏れ、ガス爆発、風災、積雪による損傷など	地震、噴火、またはこれらによる津波などの被害
地震による災害	補償対象外	補償対象
単独での契約	可能	火災保険とのセット、または後づけでの加入のみ
保険金額	建物の評価額をもとに算出（建物が評価された保険価格が上限）	火災保険の設定額の30～50％（ただし建物は5000万円、家財は1000万円が限度額）
受け取りまでの日数	現地調査後2週間～1カ月	現地調査後1週間～1カ月

※受け取りまでの日数は目安。

マンションでは保険適用が専有部分と共用部分に分かれる

多くの世帯が暮らす**マンションの場合、玄関ホールや廊下、外壁などの「共用部分」と、室内や床や壁、家具、電化製品などの「専有部分」では、保険の種類が異なります。**共用部分はマンションの管理組合が、専有部分は区分所有者がそれぞれ契約することになるため、一戸建てに比べて保険料が低額ですむというメリットがあります。

○地震が起きたときに支払われる保険金

	被害の状況（建物）	被害の状況（家財）	支払われる保険金
全損	基礎・柱・壁などの損害額が建物の時価の **50%以上** 焼失・流出した部分の床面積が建物の延床面積の **70%以上**	家財の被害額が家財の時価の **80%以上**	契約金額の 100%
大半損	基礎・柱・壁などの損害額が建物の時価の **40～50%未満** 焼失・流出した部分の床面積が建物の延床面積の **50～70%未満**	家財の被害額が家財の時価の **60%～80%未満**	契約金額の 60%
小半損	基礎・柱・壁などの損害額が建物の時価の **20～40%未満** 焼失・流出した部分の床面積が建物の延床面積の **20～50%未満**	家財の被害額が家財の時価の **30%～60%未満**	契約金額の 30%
一部損壊	基礎・柱・壁などの損害額が建物の時価の **3～20%未満** 全損・大半損・小半損に至らない建物が **床上浸水**	家財の被害額が家財の時価の **10%～30%未満**	契約金額の 5%

たとえば、窓や玄関ドアはマンションの共用部分となり、被災しても区分所有者が勝手に修理することはできず、マンションの管理組合の発注による修理を待つことになります。

これまで火災保険にしか入っていなかった場合でも、後から追加で地震保険に加入することが可能です。ただし、地震保険の保険金額は、火災保険の30～50%、限度額は建物が5,000万円まで、家財は最高1,000万円までという条件があります。

悪徳商法や詐欺に注意！

大きな災害の後は、不安や混乱に便乗した悪徳商法や詐欺が起こりやすくなります。たとえば、保険を使って修理ができると言って修理工事を契約するように勧誘し、後で法外な料金を請求する、などといった被害が報告されています。**建物に損害を受けた場合は、業者と契約する前に必ず損害保険会社や代理店に連絡するようにしましょう。**

◎こんな手口に気をつけよう

業者が作成した見積もりや図面を使って保険会社へ保険金を請求したものの、認められなかったため解約したいと言ったら、法外な違約金を要求される。

業者を装って自宅を訪れ、「屋根から変な音がするようなので、点検のために屋根に上がらせてほしい」などと言い、屋根へ上がらせると実際に壊れた屋根の写真を見せ、工事を契約させようとする。しかし、よく確認すると、屋根には問題がなく、彼らがわざと壊し、写真に撮っていたことがわかった。

実際には災害による破損ではなく、経年劣化が原因なのに、被災による破損として見積もり、保険金を請求させようとする業者。言われた通り保険金を請求した場合、認められないリスクが高くなるので注意が必要。

業者の指示に従って保険会社へ保険金の請求を行い、保険金を受け取ったうえで業者に工事の手数料を支払ったが、いつまでたっても工事を始めない。

◎もしかして……と思ったら

サービス名、実施団体	電話	受付時間	内容
消費者ホットライン 188（いやや！） 消費者庁	188（全国共通）	午前10時～午後5時（原則毎日、年末年始除く）	「188」をダイヤルして自宅の郵便番号を入力すると、最寄りの市区町村や都道府県の消費生活センターなどの相談窓口を案内される。
住まいるダイヤル 住宅リフォーム・ 紛争処理 支援センター	0570-016-100	午前10時～午後5時（土日・祝日、年末年始除く）	国土交通省指定の住宅専門の相談窓口。住宅リフォーム工事のほか、新築契約に関するトラブルや不安などを電話で相談できる。
そんぽADRセンター 日本損害保険協会	0570-022808	午前9時15分～午後5時（土日・祝日、年末年始を除く）	専門の相談員による損害保険に関する相談を無料で受けられる。

Special Column

災害ボランティア

「被災地や被災者のために何かしたい」と現地に行っても、
混乱のためにボランティアの受け入れ体制が整っていないことがあります。
ボランティアを希望する際は、災害ボランティアセンターが設置され、
始動してから行くようにしましょう。

発災～72時間

被災地の状況

プロによる人命救助

人命救助においては「72時間の壁」といわれるように、72時間を過ぎると生存者の救出は非常に難しくなります。そのため、被災後の3日間は自衛隊や救助隊による人命救助と被災者の命を繋ぐ物資輸送が最優先となり、一般の支援者ができることは自治体や日本赤十字社などが行う義援金、支援金などへの寄付が中心となります。

個人レベルの支援

- 通訳ボランティア※1
- チャリティバザー
- 義援金や支援金などへの寄付
- 事務ボランティア
- 間接的支援

4日～3週間

被災地の状況

ボランティアセンター発足

医師や看護師などの医療関係者や建築士、弁護士などの専門知識を持ったボランティアが活躍する時期。災害ボランティアセンターの発足により、一般のボランティア参加も可能となり、瓦礫撤去や物資の仕分けなどの体力系や炊き出しのボランティアが活躍します。ボランティアでは被災地に負担をかけないよう、食事や宿泊場所は自分で手配します。

個人レベルの支援

- 通訳ボランティア
- チャリティバザー
- 義援金や支援金などへの寄付
- 事務ボランティア
- 間接的支援
- 情報ボランティア※2
- 体力系、炊き出しボランティア

※1 通訳ボランティア：災害発生時、日本語が話せない外国人被災者に対して支援を行う。
※2 情報ボランティア：被災地にパソコンを持ち込み、必要な情報を集めたりまとめたりして、インターネットで発信する。

必要な支援は時間の経過によって変化する

被災地では多くの人の働きによって刻一刻と状況は変わり、それに伴って被災者のニーズも変化します。個人レベルでできる支援には、片付けなどの体力系ボランティアだけでなく、経済活動の支援など、長期的な取り組みが必要となるものもあります。**災害後の"一時的なブーム"に終わらず、被災者に寄り添った、無理なく続けられる支援の仕方を考えていきましょう。**

4週間〜6カ月

個人に寄り添ったケアリング

災害による被害が甚大な場合、避難生活が1カ月以上に及ぶことも多く、被災者個人によって必要な支援も変わってきます。ボランティアも多様化し、ヨガやアロマ、手芸などの趣味や特技をいかして被災者が参加できるサークルをつくったり、子どもと遊ぶ、高齢者の話相手になるなど、被災者1人ひとりに寄り添う活動が求められます。

- 義援金や支援金などへの寄付
- 事務ボランティア
- 間接的支援
- 体力系、炊き出しボランティア
- 情報ボランティア
- 個人へ寄り添ったケアリング
- 物資の支援

6カ月以降

持続的な支援

仮設住宅での生活が本格化すると、被災者のニーズはより多様化し、長期的な支援が求められます。住まいが避難所から個別住宅に移ることで、ボランティアも情報収集が重要になります。また、被災地への旅行やお取り寄せ、チャリティ商品の購入やチャリティイベントへの参加などで「間接的支援」をすることも可能です。

- 義援金や支援金などへの寄付
- 事務ボランティア
- 間接的支援
- 物資の支援

ボランティアとして現地へ行く

被災地では、さまざまな分野でボランティアが活躍します。瓦礫撤去や清掃のような、短期間に大勢のボランティアが必要となる場合から、被災者とのコミュニケーションや人間関係づくりが求められる長期的、継続的なものまで、ニーズに合わせた支援が求められます。被災地に入る前に必ず現地の最新情報を入手するようにしましょう。

◎ボランティアに行くときの原則

正しい情報の入手

被災地の状況はそれぞれ異なる。混乱を防ぐために1日に受け入れるボランティアの数を制限している場合もあるので、必ず最新情報の確認を（下記「memo」参照）。

十分な準備

水害の場合は右ページを参考に。地震災害の場合は、金具の入った安全靴や革手袋、ガムテープ、とげ抜き、油性マジックなどもあると便利。

識別できる服装

ボランティアセンターでは、所属する団体・グループなどの腕章・ビブス（ゼッケン）などをつけ、その人がボランティア活動中であることが識別できるよう呼びかけているので協力する。

「ボランティア活動保険」に加入

ボランティア中に事故や怪我をした場合だけでなく、被災地への往復途上の事故や、誤って被災者が大切にしていた飾りや置物などを壊してしまった場合の損害賠償責任などが補償される。

ボランティアを「してあげる」のではなく「させてもらう」気持ちで

ボランティアで、お礼の言葉や見返りを求めてはいけません。自分が望まない作業でも、「させてもらう」気持ちを持って行いましょう。また、「被災地」ではなく「〇〇（地名）」、「瓦礫」ではなく「ご自宅」、「ゴミ」ではなく「家財」など、被災者の気持ちになって、言葉遣いにも気をつけましょう。

memo

最新のボランティア情報をチェック

ボランティアのために現地へ行く前に、必ず最新の情報を確認しましょう。全社協のWeb サイト「被災地支援・災害ボランティア情報」でボランティア情報が随時更新されています。

■全社協「被災地支援・災害ボランティア情報」
https://www.saigaivc.com/

ボランティア参加時の感染症対策

あらゆるものが汚泥や汚水につかった水害をはじめ、**衛生環境が悪化する被災地では、体調管理や感染症対策が重要になります。**被災地にボランティアに行く際は、下記を参考に十分な準備をしましょう。少しでも体調がすぐれないときは活動を控え、作業の前後には丁寧な手洗いやうがいを行うなど、1人ひとりが感染症予防の行動を心がけることが大切です。

◎水害の被災地でボランティアを行うときの装備の一例

- □帽子 or ヘルメット
- □ゴーグル
- □タオルや手ぬぐい
- □防じんマスク
- □厚手で長めのゴム手袋（地震の場合は革手袋）
- □（夏でも）長袖、長ズボン
- □長靴（地震の場合は安全靴）
- □名札
- □雨具（上下別）
- □携帯非常食
- □ミニ救急セット
- □着替え
- □水筒（目や手が洗えるように中身は水がベスト）
- □ウエストポーチやデイパック
- □塩アメや梅干し（熱中症対策）
- □除菌シート、消毒液
- □自分用の石けん

寄付金や経済活動を通して支援する

時間のない人でも手軽にできるのが、「お金」での支援です。自治体への寄付や義援金、支援金だけでなく、クリック募金や、たまったポイントやマイレージでの寄付は、少額からでも気軽にできる支援です。また、**被災地への旅行や名産品のお取り寄せなど、楽しみながらできる支援もあるので、長く続く支援を心がけましょう。**

◎寄付以外の経済活動

被災地の名産品、特産品を買う	アンテナショップや通販サイトを利用して、被災地の名産品や伝統工芸品などを購入することで、地元企業を支援。観光客が減少した被災地を訪れて、その土地の魅力をSNSなどで発信することも応援になる。
チャリティ商品の購入、チャリティイベントに参加	売り上げの全額、あるいは一部が寄付されるチャリティ商品やオークション、コンサートなどのチャリティ企画に参加することで、楽しみながら被災地を応援することができる。
復興ファンドを利用する	被災地の企業の再生基金を「投資」という形で募る、投資ファンドや復興オーナー制度があります。企業が再生されれば、出資者には“還元”として商品などの現物が届くなどの特典も。

◎主な寄付の種類

各自治体などへの寄付

大きな被害を受けた県や、縁のある自治体に直接寄付するもの。寄付金の使い道は自治体に一任される。近年は、ふるさと納税を通じて被災自治体に直接寄付を行う、手軽な「ふるさとチョイス災害支援」も注目されている。

<寄付の受け付け先（例）>
- 各自治体の特設サイト

被災者のための義援金

被災者へのお悔やみや応援の気持ちを込めて贈るお金。日本赤十字社や赤い羽根共同募金、自治体、放送局などが受け皿となってお金を集め、100％公平・平等に被災者へ分配される。配布作業を被災した自治体が行うため、被災者の手元に届くまで時間がかかる。

<寄付の受け付け先（例）>
- 日本赤十字社
- 赤い羽根共同募金

団体のための支援金

応援したい団体などを選んで寄付し、支援活動に役立ててもらうお金。集まったお金は各機関や団体が各自の判断により、人命救助やインフラ整備などの復旧活動に役立てられる。支援金の使い道と収支は支援先団体に任せることになるため、各団体ごとに報告を行う。

<寄付の受け付け先（例）>
- 日本財団
- ジャパン・プラットフォーム

物資を提供する

支援物資は、**たとえ善意であっても汚れたままの古着や消費期限の短い食品などを送ると、支援にならないばかりかゴミと仕事を増やすだけ**、ということも。必ず現地の自治体や支援団体のホームページなどで確認して、そのときのニーズに合ったものを送りましょう。

●支援物資を送るときの注意

❶ サイズのそろった、しっかりしたダンボール箱に入れる。

❷ ひとつの箱には1種類の品物を入れる。

❸ 油性ペンでラベル（品名、数量、重さ、送り先と送り元の住所）を書く。

❹ 上面と横面（できれば横全面）にしっかりとラベルをのりづけする。

NGな送り方（梱包）

- 何が入っているのか、箱の外面に書かれていない
- ひとつの箱にいろいろなものが入っている
- 箱のサイズがバラバラ
- 箱のサイズと中身が合っていない
- 宛名やラベルが達筆すぎて読めない
- 持つと手が汚れる
- テープでがっちりとめてある
- 緩衝材がたくさん入っていてゴミが増える
- 水性ペンで書いたため、文字が読めない
- 腰を痛めるほど重い

できるだけまとまった量を送れるように、グループなどで一緒に送るとよいでしょう。

＼ここが気になる／

防災Q＆A②

非常時の困りごとへの対処法や防災グッズについて回答します。
災害の後は予想外のことも起きるので、柔軟に対応できるようにしましょう。

Q6 感染症が流行っていても、困っている人に近づき声をかけて大丈夫？

A 予防策をしたうえで声をかけて

感染症流行時は、不要な会話や接触を避けるのが原則です。しかし障がいのある人や高齢者、外国人をはじめ、困っている人がいるときは、マスクを着用し、感染対策をしたうえで声をかけてください。目の不自由な人へ声をかけるときは、「私はマスクをつけています」と伝えると、相手も安心できるでしょう。心肺蘇生が必要な場合は人工呼吸を避け、胸骨圧迫に専念しましょう。傷病者が感染している可能性を考慮し、口や鼻にハンカチやタオル、衣服をかぶせてから胸骨圧迫を始めます。（→P315）

Q7 赤ちゃんのおしりふきがなくなってしまったら？

A 赤ちゃん用の沐浴剤とコットンで代用を

赤ちゃん用の沐浴剤（少量）を水に溶かし、コットンを浸して容器に保管しておきます。使うときに、少し滴る程度にしぼればおしりふきとして代用できます。1日分を朝作り、使い切れなかった分はその日のうちに破棄してください。

Q8 非常時の料理で便利なアイテムは？

A キッチンバサミやピーラー、耐熱性のポリ袋

水が満足に使えない状況で包丁やまな板を使うと、洗いものが増え、手も汚れて大変です。ステンレスのキッチンバサミは、さまざまな食材を切れて、洗いものも増えません。また、湯せんに使えるのでポリ袋は耐熱のものが便利です。もちろんカセットコンロやカセットボンベは忘れずに準備しておきましょう。

Q9 非常時持ち出し袋は市販のものを1つ買っておけばいい？

A 1人1つ、自分に合ったものを自分で用意するのがおすすめ

市販の持ち出し袋（2万円程度）を買ってもいいですが、買っただけで満足しないこと。中身を確認し、P191を参考に、足りないものを追加してください。とくに、要配慮者などに必要な特別なものはほぼ入っていないと考えましょう。持ち出し袋は1家庭1つではなく、必ず1人1つ用意します。

Q10 防災グッズはどこで買えばいい？

A 量販店やネットショッピングで

上記のほか、アウトドアショップでも役立つものを購入できます。下記では、本書の監修者所属団体（NPO法人プラス・アーツ）がおすすめする防災グッズを紹介しています。都度更新しているので参考にしてみてください。

●家具転倒防止グッズ

http://amzn.asia/0EvF4T9

●在宅快適避難グッズ

http://amzn.asia/9sg8aM9

※購入の際はAmazonへの登録（無料）が必要。

参考文献・資料

IWATANI ホームページ「よくあるご質問(カセットボンベ)」(→P28、177)

内閣府「南海トラフの巨大地震による津波高・浸水域等(第二次報告)及び 被害想定(第一次報告)について(資料1-5都府県別市町村別津波到達時間一覧表)」(→P44)

東京都建設局ホームページ「用語の解説:土砂災害警戒区域(通称:イエローゾーン)・土砂災害特別警戒区域(通称:レッドゾーン)」(→P70)

首相官邸ホームページ「雪害では、どのような災害が起こるのか」(→P74 ~ 76)

JAF ホームページ「豪雪で身動きが取れなくなったときの対応は?」(→P76)

国土交通省ホームページ「砂防(雪崩防災)」(→P77 ~ 80)

政府広報オンライン「暮らしに役立つ情報(令和2年(2020年)12月15日)」(→P77 ~ 80)

全国地すべりがけ崩れ対策協議会 雪崩部会「雪崩対応安全ガイドブック」(→P81)

防災科学技術研究所「降灰への備え-事前の準備、事後の対応-」(→P87)

内閣府「大規模噴火時の広域降灰対策について—首都圏における降灰の影響と対策—~ 富士山噴火をモデルケースに ~」(→P91)

気象庁ホームページ「雷から身を守るには」(→P98)

京都市消防局ホームページ「火災から命を守る避難の指針」(→P108 ~ 109)

大塚製薬ホームページ「効率的な水分補給」(→P112)

理化学研究所「室内環境におけるウイルス飛沫感染の予測とその対策 2020年10月13日記者勉強会動画資料final(修正)」(→P122)

理化学研究所「室内環境におけるウイルス飛沫感染の予測とその対策
2020年11月26日記者勉強会動画資料final修正版1（12月23日）」（→P122）

厚生労働省「食中毒予防のための衛生的な手洗いについて」（→P132）

公益社団法人 日本医師会「新型コロナウイルス感染症時代の避難所マニュアル」（→P137）

木耐協ホームページ「耐震補強工事の考え方・優先順位」（→P152）

東京消防庁「家具類の転倒・落下・移動防止対策ハンドブック」（→P187）

国土交通省ホームページ 川の防災情報「浸水深と避難行動について」（→P240）

サンスターグループ「Mouth & Body Topics VOL.3」（→P323）

警視庁ホームページ「災害対策課ベストツイート集」
東京都 東京動画「東京都公式動画チャンネル」
『自衛隊防災BOOK』（マガジンハウス）
『東京防災』（東京都総務局総合防災部防災管理課）
永田宏和、ボーイスカウト日本連盟『"今"からできる！ 日常防災』（池田書店）
かざまりんぺい『新冒険手帳【決定版】』（主婦と生活社）
（→P274 ～303）

「CraftMAP」http://www.craftmap.box-i.net/
（→P35、38、84 ～85 日本地図白地図）

※本書の情報は2021年1月現在のものです。
※警戒レベルについては2020年12月24日に公表された改正案の最終報告の内容を採用しています。
※南海トラフ地震、首都直下地震は発表されている被害想定の最大値を掲載しています。

監修

永田宏和（NPO法人プラス・アーツ）

2006年、NPO法人プラス・アーツを設立し、理事長に就任。ファミリーで楽しみながら防災の知識や技術を学ぶ防災訓練「イザ！カエルキャラバン！」を国内外で展開中。多くの企業や自治体の防災アドバイザーを務めるほか、一般向けに「地震ITSUMO講座」も開催している。『地震イツモノート』（木楽舎）、『地震イツモマニュアル』（ポプラ社）、『"今"からできる！ 日常防災』（池田書店）、『クレヨンしんちゃんの防災コミック 地震だ！ その時オラがひとりだったら』（双葉社）など監修・著書多数。

石井美恵子

国際医療福祉大学大学院　災害医療分野　教授　医学博士。日本災害医学会理事、JICA国際緊急援助隊医療チーム総合調整部会アドバイザー、災害人道医療支援会（HuMA）アドバイザー、東京都防災会議委員。アメリカで危機管理システムや災害医療を学び、教育や医療支援活動に従事。2011年東日本大震災では延べ3770人の看護師派遣を取りまとめ、行政支援にも従事。イラン大地震、中国・四川大地震、ネパール中部地震など海外での医療支援活動も行う。日経WOMAN「ウーマ ン・オブ・ザ・イヤー2012」で大賞を受賞。著書に『幸せをつくる、ナースの私にできること』（廣済堂出版）などがある。

カバー・本文デザイン／松田 剛、浮岳 喜、前田師秀、伊藤駿英、石倉大洋
（東京100ミリバールスタジオ）
イラスト／井上明香、Q.design（別府拓）
文／石森康子、長谷部美佐、前田明子、株式会社ケディトリアル（吉井康平）
編集／株式会社童夢
校正／関根志野、木串かつこ
企画・編集／端 香里（朝日新聞出版 生活・文化編集部）

保存版（ほぞんばん）

新しい防災のきほん事典

2021年2月28日　第1刷発行

監　修　永田宏和、石井美恵子
発行者　橋田真琴
発行所　朝日新聞出版
〒104-8011　東京都中央区築地5-3-2
電話（03）5541-8996（編集）
（03）5540-7793（販売）
印刷所　中央精版印刷株式会社

ISBN　978-4-02-334005-3

定価はカバーに表示してあります。
落丁・乱丁の場合は弊社業務部（電話03-5540-7800）へご連絡ください。
送料弊社負担にてお取り替えいたします。